니체와 도덕

허무의 극복과 도덕 비판

니체와 도덕

허무의 극복과 도덕 비판

전경진 지음

새날출판사

| 지은이의 말 |

 필자가 니체(F. Nietzsche)를 만난 지 벌써 20년이 흘렀다. 짧다면 짧고 길다면 긴 시간이지만, 그 만남에서 얻어진 작은 결실들이 이제야 한 권의 책으로 나오게 되었다. 마냥 기뻐하기에는 여전히 부족한 것 투성이라 부끄러움이 앞선다. 60갑자를 눈앞에 두고서야 겨우 제 이름으로 된 책 한 권 내놓으며 속으로 이러쿵저러쿵 핑계를 대보지만 결국 필자의 과문함과 게으름 탓이다. 그래도 마음 한구석에서 일말의 뿌듯함이나마 스쳐 지나간다면, 그것은 전적으로 니체와의 만남 덕분이리라.
 필자의 삶에서 니체와의 만남은 운명처럼 다가왔다. 돌이켜 보건대 어린 시절 필자의 삶은 두 개의 단단한 울타리 안에 놓여 있었다. 하나는 태어날 때부터 이미 필자의 삶을 규정했던 가톨릭 신앙이라는 선천적 울타리였고, 다른 하나는 5·18이라는 시대적 상황에 의해 주어진 5·18 유가족이라는 사회적 울타리였다. 이 울타리들은 필자의 의지와는 무관하게 필자가 살아온 삶의 내용들을 강력하게 규정했다. 그 단단한 울타리 안에서 필자는 가톨릭 성직자라는 성스러운 꿈을 안고 20대를 보냈고, 사회적 정의와 민주주의의 실현이라는 시대적 과제 아래 30대를 보냈다. 그 시절 필자는 본인 스스로의 개인적인 삶의 목표를

추구하기보다 그 울타리가 요구하는 삶, 곧 종교적이고 사회적인 요청에 응답하는 것에서 삶의 의미를 찾으려고 분투했다. 하지만 그 분투의 결과는 자기 상실과 자기 결여로 나타났다. 치열한 고민과 실천의 결과로써 주어진 것이 실상 아무것도 없는 공허한 삶의 현실과 마주하게 되면서 필자는 쓰라린 상실감을 맛보고 심각한 불안 증상에 시달리게 되었다. 그 허무적 심리상태를 벗어나려 애쓰던 바로 그때 필자 앞에 등장한 것이 니체였다. 그 당시 필자에게 니체는 허무의 예언자이자 허무로부터의 구원자였다. 니체를 따라, 그리고 니체와 더불어 필자는 삶의 허무를 직시하고 그에 맞서 그것을 극복하기 위한 여정에 조심스레 발을 내딛게 되었고, 결국 니체를 통해 삶을 짓누르고 있는 도덕과의 대결이야말로 삶의 허무를 극복하는 열쇠라는 점을 깨닫게 되었다. 이 책은 니체와 함께한 그 여정의 기록이다.

니체는 오랫동안 다양한 오해와 편견에 둘러싸여 있던 인물이다. 일찍부터 그는 파시즘과 반유대주의를 옹호한 인물로 낙인찍히기도 했고, 약자를 폄훼하고 강자를 옹호할 뿐만 아니라 여성혐오주의자라는 오명에 시달리기도 했다. 하이데거(M. Heidegger)를 통해서는 전통 형이상학을 극복한 인물이 아니라 그것의 완성자라는 혐의를 받기도 하고, 하버마스(J. Habermas)에 의해 포스트모더니즘의 선구자이자 예술을 위한 예술의 옹호자로 규정되기도 하고, 로티(R. Rorty)에 의해서는 역사의 우연성을 받아들이는 아이러니스트이면서 동시에 힘에의 의지의 형이상학에 매여 자신의 관점주의를 위배한 인물로 평가되기도 했다.

이러한 여러 오해와 편견 중에서 필자가 특히 주목한 점은 니체가 도덕과 관련해서 철저하게 도덕을 부정하고 비규범성을 강조한 인물로 여겨졌다는 점이다. 그 오해의 배후에는 그가 사람들이 삶의 원리로서 소중히 여기는 도덕에 의문을 제기함으로써 비규범적 삶의 가능성을 열어젖혔다는 평가가 깔려 있다. 비규범적 삶의 가능성을 열어젖혔다는 평가의 정당함과는 별개로, 그 흐름 속에서 니체는 오랫동안 규범성(normativity)에 대해 어떤 생각도 가져서는 안 되고, 그것에 대한 어떤 긍정적인 개념도 가질 수 없는 것처럼 생각되었다. 그 결과 니체는 규범성과는 아무런 관계가 없는 비규범적 인물로 취급받게 되었다. 이 책은 니체에 대한 이러한 광범위한 오해와 편견에 의문을 제기하며, 특히 도덕과 관련하여 그에게 덧씌워진 비규범적 인물이라는 낡은 오해와 편견을 검토하고 이를 극복하는 것을 목표로 한다.

흔히 니체는 모든 도덕을 부정한 '비도덕주의자'(immoralist)로 불리고, 그의 도덕철학적 입장은 '비도덕주의'(immoralism)로 간주된다. 니체가 강력한 도덕의 비판자라는 점에서, 그리고 그가 스스로 '비도덕주의자'라는 이름을 즐겨 사용했을 뿐만 아니라 도덕에 의해 본래의 가치를 박탈당한 '반도덕적'(unmoralisch) 가치에 대한 자신의 선호를 적극적으로 표명해 왔다는 점에서 니체에 대한 이러한 평가는 한편으로 정당한 것이다. 하지만 다른 한편 그가 강한 도덕적 파토스의 소유자라는 점에서, 그리고 그가 도덕의 자연성 회복과 도덕의 자기 극복을 자신의 중요한 도덕철학적 기획의 일부로 생각한다는 점에서 이러한 평가는 재고의 여지가 있다.

최근 비도덕주의 논의는 전면적인 비도덕주의에 반대하여 니체의 대안적인 도덕적 지향을 수용하는 방향에서 기존의 논의를 보완하고 있으며, 그 논의는 크게 두 가지로 구분할 수 있다. 첫째, 도덕 개념의 구분을 토대로 니체의 대안적인 도덕적 입장을 옹호하는 방식. 둘째, 윤리학과 미학을 절충한 '삶의 미학'의 형태로 니체의 대안적인 도덕적 입장을 제시하는 방식. 첫 번째 방식은 영미 철학의 언어철학적 흐름을 반영하는 것으로 클락(M. Clark)에 의해 대표된다. 클락은 윌리엄스(B. Williams)의 '윤리'와 '도덕'의 구분을 따라 도덕을 '좁은 의미의 도덕'과 '넓은 의미의 도덕'으로 구분하고 니체가 도덕의 극복을 말할 때 '좁은 의미의 도덕'을 의미한다고 본다.[1] 두 번째 방식은 유럽 철학의 문화비판적 흐름을 반영하는 것으로, 푸코(M. Foucault)의 '삶의 미학'이라는 틀 속에서 윤리학과 미학을 혼용하는 차원으로 이루어진다.[2]

비도덕주의에 대한 이러한 보완적 논의는 니체의 대안적인 도덕적 입장을 적극적으로 받아들여 도덕을 부정하는 자라는 니체에 대한 오해와 편견을 해소하는 데 크게 기여한 것이 사실이다. 또한 다원화된 새로운 문화 속에서 우리에게 미적이고 윤리적인 대안적 실존의 가능성을 위한 토대를 마련해 주었다는 점도 그 논의의 중요한 기여라고 볼 수 있다. 그럼에도 불구하고 그 논의는 니체의 대안적인 도덕적 입장의 정당성을 적절하게 주장할 수 없다는 한계를 갖는다. 기존 도덕에 대한 비판과 대안적인 규범적 이상을 결합하는 즉시 메타윤리적 딜레마에 봉착할 수밖에 없기 때문이다. 그것은 니체가 객관적인 도덕적 주장을 부정한다면, 그 자신의 도덕적 대안의 객관성과 권위에 대한 합법적 주장 역시 박탈당하게 된다는 것을 의미한다. 즉 어떤 경우든 그 자신의 적극적 견지에서 구성되는 평가적이고 규범적인 주장들은 더 이상 정당화될 수 없고, 마찬가지로 그가 거부하는 것들에 대한 평가의 정당성도 담보할 수 없다.[3] 이런 점에서 비도덕주의적 논의는 니체의

---

[1] M. Clark, "Nietzsch's Immoralism and the Concept of Morality," in R. Schacht, ed., *Nietzsche, Genealogy, Morality* (Berkeley, Cal.: University of California Press, 1994), pp. 16-17 참조.
[2] '삶의 미학' 또는 '삶의 예술철학'과 관련한 다양한 논의 상황은 이상엽, 「니체의 삶의 예술철학: 탈근대 시대의 새로운 윤리학의 시도」, 『니체연구』 제17집 (2010), pp. 91-92 각주 참조.

대안적 도덕의 규범적 정당화 문제를 여전히 해결하지 못하고 있는 것으로 보이며, 따라서 이 문제를 해결할 다른 방식의 메타윤리적 논의를 필요로 한다.

니체 도덕철학의 규범 연관성 문제는 최근 영미 철학계를 중심으로 활발하게 펼쳐지고 있는 자연주의적 논의와의 연관성 속에서 진지하게 모색되어 왔다.4) 이 책에서는 이러한 자연주의적 논의의 흐름에 주목하면서 니체 도덕철학의 규범 연관성을 밝히고, 그것의 자연주의적 정당화를 위한 작업에 착수한다. 그 작업은 니체의 도덕철학을 '나쁜 것의 윤리학'(ethics of the bad)의 관점에서 재조명함으로써 이루어진다.5) 전통 윤리학의 문제는 니체가 도덕의 정초를 문제 삼은 것처럼 규범성의 정당화를 '좋은 것'을 통해 확립하려고 했다는 데 있다. 이 때문에 전통 윤리학의 과제는 '최고선'의 근거를 밝히는 것이 되었으며, 이것은 경험적 영역을 넘어서야만 가능한 것이었다.6) 이 책에서 필자는 니체가 전통 윤리학의 절대주의적 방식을 벗어나 자연주의적

---

3) C. Janaway and S. Robertson, "Introduction: Nietzsche on Naturalism and Normativity," C. Janaway and S. Robertson, eds., *Nietzsche, Naturalism, and Normativity* (Oxford: Oxford University Press, 2012), pp. 10-11 참조.
4) 니체에 대한 전면적인 자연주의적 읽기는 라이터(B. Leiter)에 의해 시도되었고, 최근 니체에 대한 자연주의적 논의의 흐름은 주로 규범성 문제와의 연관성 속에서 다루어지고 있다. B. Leiter, *Nietzsche on Morality* (New York: Routledge, 2002); R. Schacht, ed., *Nietzsche's Postmoralism* (Cambridge: Cambridge University Press, 2001); B. Leiter and N. Sinhababu, eds., *Nietzsche and Morality* (New York: Oxford University Press, 2007); C. Janaway and S. Robertson, eds., *Nietzsche, Naturalism, and Normativity* (Oxford: Oxford University Press, 2012) 참조.
5) '나쁜 것의 윤리학'이라는 개념은 노양진의 논의에 의존한 것이다. 노양진은 도덕의 층위를 '권고의 도덕'과 '금지의 도덕'으로 나누고 윤리학의 핵심 관심사가 금지의 영역을 설정하는 데 있다는 점에 주목하여 '좋은 것의 윤리학'에서 '나쁜 것의 윤리학'으로의 윤리적 시각 전환을 주장한다. 필자는 이 개념이 니체의 도덕철학에 담긴 규범적 의미를 잘 드러내 보여준다고 보고, 이 개념을 니체 도덕철학의 재구성을 위한 도구로 삼는다. 노양진, 『나쁜 것의 윤리학』(파주: 서광사, 2015), pp. 101-23 참조.
6) 노양진, 『몸이 철학을 말하다: 인지적 전환과 체험주의의 물음』(파주: 서광사, 2013), p. 150 참조.

관점에서 규범성의 정당화를 위한 하나의 방식을 제안하고 있으며, 초자연적인 정당화 방식을 버리고 자연주의의 길을 선택한 니체의 도덕철학이 '나쁜 것의 윤리학'의 한 형태로 읽힐 수 있다고 주장한다.

니체 도덕철학의 규범 연관성을 해명하고 그것의 자연주의적 정당화를 시도함으로써 이 책은 니체에 대한 광범위한 비규범적 편견을 극복하고 니체의 도덕철학적 위상을 회복하는 데 기여할 수 있을 것이다. 물론 그 기여가 단순히 니체의 도덕적 신분 회복이나 니체의 자연주의적인 도덕적 입장을 재확인하는 데 그치는 것만은 아니다. 니체의 도덕철학을 '나쁜 것의 윤리학'으로 재구성함으로써 이 책은 규범윤리학과 비규범윤리학 사이에서 답보 상태에 있는 현재의 윤리학적 상황에 새로운 논의의 가능성을 열어주는 촉매제가 될 수 있다.7) 이 책에서는 현재의 답보적인 윤리학적 상황이 '좋은 것의 윤리학'(ethics of the good)이라는 전통 윤리학의 근본 가정을 공유하는 데서 비롯된 것으로 파악한다. 따라서 '나쁜 것의 윤리학'의 관점에서 이루어지는 니체 도덕철학의 재구성 작업은 규범성의 자연주의적 정당화 가능성을 '해로운 것'의 금지로 제한함으로써 규범윤리학과 비규범윤리학 사이에서 정체된 현재의 윤리학적 구도를 타개하는 데 기여할 수 있을 것이다.

여기에 실린 글들은 대부분 필자가 학회지 등을 통해 이미 발표한 논문들이며, 필자의 박사논문 내용도 일부(4장) 포함되어 있다. 발표된 논문의 출처는 다음과 같다.

---

7) 노양진은 현재의 윤리학적 상황을 전통 규범윤리학의 도덕원리가 의미론적 정당성을 확보하는 데 실패한 이후 그 윤리학적 공백을 메울 대안으로 등장한 비규범적인 덕윤리가 규범적 강제성의 정당화라는 윤리학의 핵심 물음을 비켜섬으로써 규범윤리학의 부분적인 보완의 기능에 머물러 있는 상황이라고 진단한다. 노양진, 『나쁜 것의 윤리학』, pp. 125-45 참조. 필자는 이러한 지적이 니체의 도덕철학을 비도덕주의 윤리학으로 파악하는 시도에도 그대로 적용될 수 있다고 본다.

제1장 「하이데거의 형이상학적 니체 해석 비판」. 『철학논총』, 제91집 (2018 제1권): 333-53.

제2장 「니체의 관점주의에 대한 로티의 해석」. 『니체연구』, 제17집 (2010. 4.): 115-37.

제3장 「비도덕주의적 니체 해석 비판」. 『대동철학』, 제77집 (2016. 12.): 23-52.

제4장 「니체의 도덕 개념과 도덕 비판」. 『니체 도덕철학의 자연주의적 해석』, 전남대학교 박사학위 논문 (2015): 10-28.

제5장 「니체의 도덕 비판과 도덕의 자연성 회복」. 『철학논총』, 제95집 (2019. 제1권): 301-20.

제6장 「니체 도덕철학의 자연주의적 함의」. 『철학논총』, 제86집 (2016. 제4권): 355-76.

제7장 「도덕적 자연주의와 나쁜 것의 윤리학」. 『철학연구』, 제121집 (2012. 2.): 183-205.

제8장 「도덕은 어떻게 원한의 도구가 되었는가?」. 『범한철학』, 제105집 (2022년 여름): 81-100.

제9장 「니체는 왜 기독교를 탄핵했나?」. 『범한철학』, 제110집 (2023년 가을): 193-217.

이 책이 출간되기까지 도움을 주신 분들이 있다. 특히 은퇴 후 현재 전남대학교 철학과 명예교수로 있는 필자의 지도교수인 노양진 교수님의 도움은 누구와도 비교할 수 없다. 노양진 교수님은 뒤늦게 철학이라는 학문 영역에 발을 내디딘 늦깎이 제자인 필자에게 철학적 걸음마를 가르쳐주시고, 철학적 사유에서 방법론의 중요성을 일깨워 주신 분이다. 언어철학을 전공하셨지만 방법론 연구자답게 제자의 자율적인 연구 영역 선택을 지지해 주신 노양진 교수님 덕분에 필자는 철학계 입문 이전부터 지속적으로 관심을 가져온 니체 연구에 전념할 수 있었다. 특별히 노양진 교수님은 윤리학적 시각의 자연주의적 전환이라는 새로운 길을 제시해 주심으로써 필자에게 니체 도덕철학의 규범 연관성을 자연주의적으로 정당화할 수 있는 방법을 일깨워 주셨다. 따라서 이 책에서 이루어진 필자의 모든 논의는 사실상 노양진 교수님의 철학적 통찰에 힘입은 바 크다.

필자의 박사학위 논문 심사를 맡아주신 원광대학교 김정현 교수님의 도움도 빼놓을 수 없다. 김정현 교수님은 바쁜 와중에도 필자의 논문에 대해 꼼꼼하게 검토해 주심으로써 필자가 니체 연구자로서 기본 자질을 갖추는데 큰 가르침을 주셨다. 그 가르침은 10여 년이 지난 지금까지도 필자에게 울림으로 남아 있다. 또한 필자와 일면식도 없지만 언더그라운드 철학자 고병권님에게도 신세를 졌다. 필자가 철학에 입문하기 전에 이루어진 니체와의 만남은 결코 쉽지 않은 과정이었지만, 고병권님의 친절한 안내 덕분에 그 과정을 훨씬 수월하게 지나올 수 있었다. 현재도 여전히 니체 입문자들에게 고병권님의 책들이 좋은 안내자가 될 것이라는 점은 의심의 여지가 없다. 그 외에도 많은 학문적 동료들과의 대화와 논의는 필자가 이 책의 주제와 관련한 내용을 다듬는 데 도움을 주었다.

이 책을 출판하는 과정에서 도움을 준 새날출판사 이나연 대표와 김인환 박사님에게도 감사드린다. 그리고 이 책이 나오기까지 긴 시간을 함께 한 가족들에게도 특별한 고마움을 전한다. 아흔 전후의 연세에도 여전히 자식 걱정에 여념이 없는 부모님은 필자의 불안정한 연구자로서의 삶을 묵묵히 지지해 주시고, 사랑하는 자녀들 인경, 준형, 준호는 책임이라고는 모르고 살아왔던 필자의 삶에 끊임없이 아빠로서의 책임감을 불러일으켜 주었다. 부모님과 아이들이 없었다면 지난한 연구자의 삶을 지속하기 힘들었을 것이다. 마지막으로 사랑하는 아내 선미는 이 책의 공동 저자라고 해도 부족함이 없다. 아내의 지지와 성원, 희생이 없었다면 이 책은 물론 필자의 삶도 더 이상 빛을 발하지 못했을 것이다. 많이 부족한 결과물이지만 우리의 삶이 결국 끊임없는 자기 극복의 과정이라는 점에서 지금 부족한 부분들을 꾸준히 보완하는 과정을 통해 이 결과물이 향후 더 나은 삶의 성장을 이루는 마중물이 될 것으로 기대한다.

2025년 여름의 초입에

전경진

| 차 례 |

지은이의 말

제1부 니체와 해석

제1장 하이데거의 형이상학적 니체 해석 비판
    1. 들어가는 말   19
    2. 하이데거와 형이상학   23
    3. 힘에의 의지의 형이상학   26
    4. 형이상학적 니체 해석의 문제점   31
    5. 존재 물음에서 가치 물음으로   39
    6. 나가는 말   43

제2장 니체의 관점주의에 대한 로티의 해석
    1. 들어가는 말   45
    2. 허무주의의 극복과 관점주의   47
    3. 우연성의 철학   51
    4. 관점주의를 바라보는 두 가지 시선   56
    5. 신체화된 관점주의의 가능성   60
    6. 나가는 말   63

제3장 비도덕주의적 니체 해석 비판
    1. 들어가는 말   65
    2. 비도덕주의적 니체 해석의 유형   68
    3. 비도덕주의적 해석의 의의와 한계   80
    4. 니체의 도덕적 자연주의   85
    5. 나가는 말   95

제2부 니체의 자연주의 윤리학

제4장 니체의 도덕 개념과 도덕 비판
1. 들어가는 말 … 101
2. 니체의 도덕 개념 … 102
3. 전통 윤리학 비판 … 108
4. 기독교 도덕 비판 … 118
5. 나가는 말 … 124

제5장 니체의 도덕 비판과 도덕의 자연성 회복
1. 들어가는 말 … 127
2. 도덕의 자연적 기원 … 130
3. 도덕으로부터의 해방 … 135
4. 개인적 가치평가의 긍정 … 139
5. 도덕의 자연성 회복 … 145
6. 나가는 말 … 148

제6장 니체 도덕철학의 자연주의적 함의
1. 들어가는 말 … 151
2. 자연주의의 두 유형 … 154
3. 니체의 자연주의 … 158
4. 니체, 자연주의, 규범성 … 162
5. 규범성의 자연주의적 원천 … 165
6. 니체와 윤리적 시각 전환 … 168
7. 나가는 말 … 173

제7장 도덕적 자연주의와 나쁜 것의 윤리학
   1. 들어가는 말   175
   2. 도덕과 규범성   178
   3. 이성 비판: 이성의 제자리 찾기   182
   4. 전통 윤리학의 편견 극복   185
   5. 나쁜 것의 윤리학으로의 전환   190
   6. 도덕적 자연주의의 재구성   193
   7. 나가는 말   196

제3부 도덕과 기독교

제8장 도덕은 어떻게 원한의 도구가 되었는가?
   1. 들어가는 말   201
   2. 원한: 도덕 발생의 심리적 조건   205
   3. 노예도덕에서 금욕주의적 성직자의 역할   209
   4. 누구를 위한 도덕인가?   213
   5. 나가는 말   216

제9장 니체는 왜 기독교를 탄핵했나?
   1. 들어가는 말   219
   2. 니체의 기독교 비판에 대한 기존 논의들   222
   3. 니체의 기독교 비판의 이유   230
   4. 도덕적 실천으로서 니체의 기독교 비판   238
   5. 나가는 말   243

참고문헌   247
찾아보기   259

> # 제 1 부

니체와 해석

제1장
하이데거의 형이상학적 니체 해석 비판

1. 들어가는 말

　니체(F. Nietzsche) 해석은 하이데거(M. Heidegger) 이전과 이후로 나뉜다고 말할 만큼 니체 해석의 역사에서 하이데거의 중요성은 새삼 거론할 필요가 없을 정도다. 하이데거는 형이상학의 문제를 니체 철학의 주요한 과제로 해석함으로써 니체가 서양철학을 대표하는 철학자의 반열에 이름을 올리는 데 결정적 기여를 했다. 하지만 니체 해석사에서 그의 해석에 대한 평가는 그가 기여한 것에 비해 결코 우호적이라고 보기는 힘들다. 그는 많은 니체 해석가들의 바람과는 달리, 그리고 심지어 니체 자신의 본의까지도 무시한 채 니체 철학을 전통 형이상학과 허무주의의 극복이 아니라 완성으로 규정함으로써 니체 철학을 심각하게 오해하거나 왜곡했다는 평가를 받고 있기 때문이다. 물론 그에 대한 엇갈린 시선이 니체 해석의 역사에서 그의 중요성을 반감시키는 것은 아니다. 그런 다양한 평가와는 무관하게 하이데거의 니체 읽기가 기존의 해석을 뛰어넘어 니체 철학을 보는 전적으로 새로운 지평을 열었다는 점에서, 그리고 현재까지도 니체 해석의 근본적 방향을 규정하고 있다는 점에서,[1] 하이데거 이후의 니체 해석은 하이데거와의 대결이 불가피한 일이 되었다.

하이데거의 니체와의 대결의 목표가 니체를 극복함으로써 형이상학을 극복하는 데 있다면, 하이데거 이후의 니체 해석자들에게 니체와의 만남은 니체로 들어가는 문을 지키고 있는 하이데거와의 대결이 될 것이며, 이는 결국 하이데거의 극복을 통해서 가능하게 된다. 하이데거의 극복은 단순히 그의 니체 읽기의 문제점을 지적하거나 니체에 대한 그의 부정적인 평가를 비판하는 것만으로 이루어질 수 없다. 그것은 '형이상학의 완성이냐 극복이냐'라는 하이데거의 니체 해석의 기본 구도를 극복하는 것이 되어야 한다. 하지만 지금까지 많은 하이데거와의 대결은 대체로 이러한 하이데거의 문제의식 속에서 이루어져 왔던 것으로 보인다.[2] 즉 하이데거로부터 출발한 대부분의 니체 해석은 그것이 하이데거의 해석을 찬성하든 반대하든, 또는 니체가 형이상학을 극복하지 못한 것으로 파악하든 극복한 것으로 파악하든 '형이상학의 완성이냐 극복이냐'라는 하이데거의 기본 구도에 묶여 있다는 말이다. 그리

---

[1] 비록 그 지배적 영향력은 감소했을지라도 하이데거의 해석은 카우프만(W. Kaufmann)의 해석과 더불어 여전히 니체 해석의 길잡이 역할을 하고 있다. 오늘날 니체 해석은 아직도 그 두 가지 해석에 크게 빚지고 있고, 그것들의 대안을 발견하는 데 고무되어 있다. M. Clark, *Nietzsche: on Truth and Philosophy* (Cambridge: Cambridge University Press, 1990), p. 5 참조.

[2] 박찬국은 하이데거의 니체 해석과 관련한 갈래를 비교철학적 입장에서 크게 네 가지로 구분하여 정리한다. 먼저 극단적 입장들로서 첫째, 하이데거의 니체 해석을 무조건적으로 지지하는 입장과 둘째, 하이데거의 니체 해석을 오해에 입각한 것으로 비판하는 입장, 셋째, 그 극단적 입장 사이에서 양자의 사상을 서로 유사한 것으로 보는 입장과, 넷째, 양자의 사상 사이에 분명한 차이가 존재한다고 보는 입장이 그것이다. 각 입장들에 속한 국내외의 대표적인 연구와 관련해서는 박찬국, 『니체와 하이데거』(파주: 그린비, 2016), pp. 15-21 참조; 또한 김정현은 하이데거의 니체 해석과 관련해서 니체의 형이상학을 세 가지 관점에서 구분한다. 첫째, 하이데거식의 형이상학의 완성으로 보는 형이상학적 관점, 둘째, 핑크(E. Fink), 듀리치(M. Djuric), 뮐러-라우터(W. Muller-Lauter) 등의 반(半)형이상학적 관점, 셋째, 심리학적 지평에서 카우프만식의 반(反)형이상학적 관점과 데리다(J. Derrida), 들뢰즈(G. Deleuze), 벨러(E. Behler) 등 포스트모더니즘 진영의 탈형이상학적 관점이 그것이다. 김정현, 『니체, 생명과 치유의 철학』(서울: 책세상, 2006), pp. 35-47 참조. 이러한 구분은 하이데거 이후의 니체 읽기가 여전히 하이데거의 형이상학적 문제의식의 구도 속에서 이루어지고 있다는 점을 보여준다.

고 그 구도에 묶여 있는 한 니체는 전통적인 의미에서든 대안적인 의미에서든 여전히 형이상학자로 남을 수밖에 없게 된다.

이 글에서 필자는 하이데거의 니체 해석의 기저에 깔려 있는 그의 형이상학적 가정을 비판적으로 검토함으로써 니체 해석에 드리워진 하이데거의 그림자를 걷어내고자 한다. 이러한 시도는 니체를 따라 철학에 대한 전통적인 이해를 극복하는 것이며, 이는 결국 존재 물음에서 가치 물음으로의 전환이라는 철학에 대한 니체의 급진적인 이해에 담긴 자연주의적 함의를 다시 회복하는 것이기도 하다. 이 글에서는 먼저 하이데거의 형이상학 개념을 검토하고, 이어서 니체 철학을 '힘에의 의지의 형이상학'(metaphysics of will to power)으로 파악하는 하이데거의 니체 해석의 전반적인 구도를 그의 후기 텍스트를 중심으로 개략적으로 서술한다. 그리고 이러한 논의를 토대로 이 글에서는 니체를 형이상학적으로 해석하고, 결국 니체 철학을 형이상학의 완성으로 파악하는 하이데거의 니체 읽기의 문제점을 비판한다.

하이데거의 니체 읽기의 문제점은 크게 두 가지 점에서 찾을 수 있다. 첫째는 해석학적 문제로, 많은 해석자들이 지적한 것처럼 하이데거의 해석이 니체 자신에 의해 출판된 저작이 아닌 『힘에의 의지』에 과도하게 의존하고 있다는 점을 들 수 있다. 자주 다뤄진 이러한 문제를 반복하는 것은 하이데거의 니체 해석의 정당성을 다시 문제 삼기 위해서라기보다 그의 해석학적인 방법론적 가정이 어떻게 그의 형이상학적 문제의식과 밀접한 연관을 맺고 있는지를 보여주기 위해서다. 둘째, 이 글에서 초점을 맞추고 있는 더 중요한 문제는 존재의 진리의 회복을 통한 형이상학의 극복이라는 하이데거 자신의 근본 기획과 그 기획의 배후로서 그가 여전히 철학에 대한 전통적인 가정에 근거하고 있다는 점을 꼽을 수 있다. 즉 하이데거가 여전히 참된 철학을 존재론으로, 또

'원리의 학'으로 규정하는 철학에 대한 전통적인 가정에 머물러 있다는 점이다. 그리고 하이데거 이후의 많은 니체 해석자들 역시 니체 해석과 관련한 그들의 모든 이견에도 불구하고, 하이데거와 더불어 철학에 대한 기존의 존재론적이고 원리적인 가정을 공유하고 있다는 점에서 여전히 하이데거의 길을 따른다. 이런 점에서 하이데거의 형이상학적 유산을 극복하는 것은 니체 해석의 주요한 과제가 된다.

결론적으로 이 글에서는 하이데거의 형이상학적 유산을 극복하는 문제를 니체의 철학적 문제의식의 재구성을 통해, 즉 존재가 아닌 가치의 관점에서 파악한다. 그것은 가치 물음으로의 니체의 전환을 존재 물음에 대한 니체식의 답변이 아니라 존재 물음으로부터 벗어난 "**후진운동**"3)(rückläufige Bewegung)으로, 곧 삶으로의 회귀라는 점에 주목하여 재구성하는 것이다. 니체가 '후진운동'을 존재 물음으로부터 파생된 표상들에 대한 역사적이고 심리학적인 정당성을 파악하는 것으로 이해한다는 점에서 '계보학'(genealogy)은 이러한 후진운동에 대한 다른 이름이다. 후진운동을 하는 계보학자 니체는 하이데거의 주장처럼 존재 망각의 극단에 서 있는 전통적인 형이상학자도 아니며, 형이상학과 허무주의를 극복하고 존재의 진리를 회복한 대안적인 형이상학자도 아니다. 오히려 기존 철학이 당연한 것으로 가정하는 존재론적이고 원리적인 구도 자체의 정당성을 후진운동을 통해, 곧 삶으로의 회귀라는 관점을 통해 폐기하는 것에 니체 철학의 고유한 특징이 있다고 볼 수 있다.

---

3) 프리드리히 니체, 『인간적인 너무나 인간적인 I』, 김미기 역 (서울: 책세상, 2003), p. 44. (고딕은 원문의 강조.)

2. 하이데거와 형이상학

1927년 『존재와 시간』(*Sein und Zeit*)을 출판한 후, 1930년대와 40년대 니체에 대한 논란이 되는 해석에 착수한 하이데거의 사유의 길은 하나의 전환이라는 이름으로 알려져 있다.4) 그 전환은 형이상학을 극복하려는 그의 시도와 밀접한 관련이 있다. 형이상학의 극복이라는 그의 철학적 과제는 그가 니체와 함께 공유하는 허무주의(nihilism)의 극복이라는 문제의식에서 비롯된다. 이 시기 하이데거의 철학적 관심은 온전히 형이상학의 본질을 탐구하는, 그래서 존재의 조건을 드러냄으로써 형이상학을 극복하려는 '존재의 형이상학'(metaphysics of being)에 있다고 해도 과언이 아니다.5) 이러한 그의 주된 관심과 함께, 그리고 그런 관심 안에서 그의 니체 읽기가 이루어졌다는 점에 주목함으로써 우리는 그의 니체 해석의 기본 성격과 주요한 동기를 가늠해 볼 수 있다.

형이상학의 극복에 대한 관심 속에서 이루어지는 하이데거의 니체 해석은 기본적으로 '존재 망각의 역사'라는 형이상학에 대한 그의 독특한 이해와 밀접한 연관이 있다. 그것은 형이상학의 완성과 극복이라는 그의 니체 해석의 기본 구도를 형성하는 토대가 된다. 따라서 하이데거의 니체 해석을 형이상학에 대한 그의 이해에서 시작하는 것은 그의 니체 해석의 형이상학적 특징을 파악하는 좋은 출발점이 될 수 있다.

하이데거는 형이상학을 "존재자로서의 존재자를 사유"6)하는 것으로,

---

4) 니체 해석과의 연관 속에서 하이데거의 전기와 후기 사유를 본격적으로 비교하여 다루고 있는 논의로는 박찬국, 『니체와 하이데거』 참조.
5) Louis P. Blond, *Heidegger and Nietzsche: Overcoming Metaphysics* (Continuum, New York 2012), pp. 1-4 참조.
6) 마르틴 하이데거, 「「형이상학이란 무엇인가」의 들어가는 말」, 『이정표1』, 신상희 역 (파주: 한길사, 2005), p. 125.

그리고 "존재자 전체에 대한 진리를 건립하는 것"7)을 형이상학의 본질로 규정한다. 하이데거에 따르면 그런 사유는 존재자를 오직 존재자의 관점 아래서만 표상하기 때문에, 그 사유에서는 형이상학을 떠받치고 길러주는 근본 바탕이 되는 존재 자체의 진리는 사유되지 않는다.8) 하이데거의 관심은 존재자의 존재가 아닌 존재 자체의 진리에 있기 때문에, 그는 형이상학의 근본 바탕으로 되돌아가 이 근본 바탕에 대한 물음을 묻기를 원한다. 이런 점에서 하이데거는 형이상학의 근본 물음이 형이상학의 근본 바탕에 대한 물음으로 수행되어야 하며, 형이상학의 근본 바탕으로 되돌아가 존재의 진리를 사유하는 것이야말로 모든 존재론의 영역을 떠나는 것, 곧 형이상학을 극복하는 것이라고 본다.9)

하이데거에 따르면 전통 형이상학은 존재자의 존재자성을 이중적으로 표상한다.10) 존재자 자체의 진리가 이중적 형태를 띠는 이유는 존재자로서 존재자를 표상하는 형이상학 자신의 본질적 특징 때문이다. 그리고 이런 자신의 고유한 본질 때문에 형이상학은 존재의 경험으로부터 완전히 벗어나게 된다. 즉 형이상학은 자신이 존재에 대한 물음을 제기하고 그에 대답하고 있다고 확신했지만 오직 존재자로서 존재자를 표상함으로써만 존재를 사유했기 때문에, 형이상학은 존재의 진리에 대해 묻지도 않았고 따라서 그 물음에 답하지도 않았다는 것이다. 한마디로 형이상학은 출발에서부터 존재자와 존재를 혼동함으로써 존재 망

---

7) 하이데거, 『니체II』, 박찬국 역 (서울: 도서출판 길, 2012), p. 39.
8) 하이데거, 「「형이상학이란 무엇인가」의 들어가는 말」, 『이정표1』, pp. 126-27.
9) 같은 책, pp. 145-47 참조.
10) 형이상학은 첫째, 존재자로서의 존재자 전체를 존재자의 가장 보편적 특징에서 표상하며, 둘째, 존재자로서의 존재자 전체를 최고의 존재자인 신적인 존재자의 의미에서 표상한다. 형이상학은 그것이 존재자로서의 존재자를 표상하는 까닭에 보편적이면서 동시에 최고의 것에서의 존재자의 진리다. 그것은 좁은 의미에서의 존재론이면서 동시에 신학이며, 존재론의 이러한 신학적 성격은 그 역사적 전개에 기인하는 것이 아니라 존재자의 탈은폐 방식에서 기인한다. 같은 책, pp. 142-43.

각의 길로 들어섰다는 것이 하이데거의 형이상학에 대한 기본적 이해다.11) 물론 이러한 존재자와 존재의 혼동은 형이상학의 완성에 이르기까지 이어진다. 그에게 형이상학의 역사는 존재를 이데아로 보는 플라톤의 해석으로부터 출발해서 존재를 가치를 정립하고 모든 것을 가치로 사유하는 '힘에의 의지'(Wille Zur Macht)로서 해석하는 것으로 나아간다.12)

하이데거에게 형이상학은 존재자 전체를 사유하는 사상으로서, 항상 '존재자란 무엇인가'라는 유일한 물음에 의해 주도되는 문제 제기이자 탐구이며, 이는 곧 철학의 일관된 물음이기도 하다.13) 하이데거에게 이 물음은 형이상학의 주도 물음으로 명명되며, 오직 이 주도 물음과 더불어 존재자 전체에 대해 무엇인가 말해지고, 존재자 전체는 비로소 존재자로서 그리고 전체적으로 드러나게 된다. 그 물음이 형이상학에서 본래적으로 형이상학적인 것이라는 점에서 하이데거는 이 주도 물음과 함께 생겨나는 입장을 형이상학적 근본 입장이라고 부른다.

> '형이상학적' 또는 '형이상학'이라는 명칭으로 사람들은 배후에 있는 것, 무엇인가 우리를 넘어서 있는 것, 파악될 수 없는 것을 가리킨다. 폄하의 의미든 높이 평가하는 의미든 형이상학적인 것의 사유는 막연한 것, 불확실한 것, 불명료한 것 안에서 움직인다. 그 말은 사유와 물음의 본래적 시작과 전개보다는 오히려 사유와 물음의 종말과 한계를 가리키고 있다.14)

이러한 형이상학에 대한 기본적 이해에 입각해서 하이데거는 니체의 형이상학적 근본 입장을 존재자 전체와 관련한 두 개의 답변으로 제시

---

11) 같은 책, p. 132 참조.
12) 하이데거, 『니체II』, p. 202.
13) 하이데거, 『니체I』, 박찬국 역 (서울: 도서출판 길, 2012), p. 20.
14) 같은 책, p. 431.

한다. 첫째, 존재자 전체는 힘에의 의지다. 둘째, 존재자 전체는 동일한 것의 영원회귀다. 존재자에 대한 물음과 관련하여 힘에의 의지는 존재자의 구조라는 관점에서, 그리고 동일한 것의 영원회귀는 존재자의 존재방식이라는 관점에서 답하는 것이며, 하이데거에 따르면 이 두 가지 답변은 존재자의 존재자성의 규정들로서 공속한다.15)

하이데거의 니체와의 대결은 그의 형이상학적 문제의식과 더불어 형이상학과 내밀한 관계에 있는 허무주의의 본질을 파악하고 이를 통해 허무주의를 극복하려는 문제의식과 결부된다. 하이데거에 따르면 니체는 "신은 죽었다"는 명제와 더불어 그 자신의 형이상학적 근본 입장을 형성하기 시작한다.16) 곧 니체의 철학이 허무주의와의 연관 아래 움직이고 있다는 점에서, 허무주의의 본질과 기원, 그리고 극복에 대한 하이데거의 물음은 하이데거의 니체 해석이 수행되는 근본적인 지평이 된다.

3. 힘에의 의지의 형이상학

하이데거에 따르면 니체 철학은 니체의 주저로 계획된 『힘에의 의지』의 문제 설정, 곧 영원회귀와 힘에의 의지를 그것들의 내밀한 연관에서 통일적으로 모든 가치의 전환으로서 다루지 않으면, 그리고 이 근본적인 문제 설정을 서양 형이상학의 진행에서 필연적인 것으로 다루는 데로 나아가지 않으면 결코 제대로 파악할 수 없다.17) 하이데거의 니체 해석의 핵심은 니체 철학이 형이상학의 전통적 본질 속에 붙잡혀

---

15) 같은 책, p. 444.
16) 하이데거, 「"신은 죽었다"는 니체의 말」, 『숲길』, 신상희 역 (파주: 나남, 2008), p. 318.
17) 하이데거, 『니체 I』, p. 34.

있다는 것을 입증하는 데 있기 때문에,18) 하이데거는 니체 철학을 다섯 가지 근본적인 형이상학적 용어들로 축소시킨다.

'힘에의 의지' '니힐리즘' '동일한 것의 영원회귀' '초인' '정의'는 니체의 형이상학을 대표하는 5개의 근본 단어이다. '힘에의 의지'는 존재자 자체의 존재, 즉 존재자의 본질을 가리킨다. '니힐리즘'이란 이렇게 규정된 진리의 역사를 가리킨다. '동일한 것의 영원회귀'란 존재자 전체가 어떻게 존재하는가, 그 존재 방식, 즉 존재자의 실존을 가리킨다. '초인'은 이러한 전체에 의해서 요구되는 저 인간 형태를 가리킨다. '정의'는 힘에의 의지라는 존재자의 진리의 본질이다.19)

그리고 하이데거는 그것들 간의 근원적인 상관관계에 주목한다.20)

니체에게 '니힐리즘'이란 무엇인가는 우리가 동시에 '이제까지의 모든 가치의 전환'이 무엇인가, '힘에의 의지'가 무엇인가, '동일한 것의 영원회귀'가 무엇인가, '초인'이 누구인가를 파악할 경우에만, 그리고 이것들을 그것(니힐리즘)과 연관지어 파악할 경우에만 인식할 수 있는 것이다. 그러나 …… 정반대로 허무주의가 충분히 파악될 때 이미 또한 가치 전환의 본질과 힘에의 의지의 본질, 동일한 것의 영원회귀의 본질, 초인의 본질에 대한 인식이 준비될 수도 있다는 것이다.21)

---

18) 하(M. Haar)는 하이데거의 니체 읽기와 관련하여 니체의 힘에의 의지, 영원회귀, 초인이 본질(essentia), 실존(existentia), 인간성(humanitas)에 대한 전통적 개념들로 끔찍하게 축소된 왜곡의 범위와 가치에 대해 비판적으로 논의한다. Michel Haar, "Critical remarks on the Heideggerian reading of Nietzsche," *Martin Heidegger: Critical Assessments*, ed., Christopher Macann (London: Routledge, 1992), p. 292.
19) 하이데거, 『니체Ⅱ』, p. 239.
20) 하이데거는 니체의 다섯 가지 주요 용어들을 약간씩 다르게 제시한다. 「유럽의 니힐리즘」에서는 허무주의, 힘에의 의지, 영원회귀, 초인, 모든 가치의 전환이 다섯 가지 용어로 제시된 반면, 「니체의 형이상학」에서는 모든 가치의 전환 대신 정의라는 개념이 등장한다. 하이데거, 『니체Ⅱ』, 5, 6부 참조.
21) 같은 책, p. 43.

니체 철학을 근본적인 형이상학적 용어들로 압축하고, 그것들 간의 근원적인 상관관계에 주목함으로써 하이데거는 존재자 전체의 두 가지 근본 규정으로서 힘에의 의지와 영원회귀 사상을 형이상학적으로 함께 사유하지 않으면 그것이 갖는 역사적 의의를 충분히 파악하지 못할 뿐만 아니라 니체의 형이상학 전체를 전혀 생산적으로 파악할 수 없다고 주장한다.22) 왜냐하면 하이데거가 볼 때 두 사상은 동일한 것을 사유하고 있기 때문이다. 즉 "힘에의 의지는 존재자가 **무엇**으로 '존재하는가'를, …… 동일한 것의 영원회귀는 그러한 무엇임의 성격을 갖는 존재자가 어떤 식으로 존재하는가"23)를 말해주고 있기 때문이다. 이처럼 하이데거는 힘에의 의지와 영원회귀를 중심으로 니체 철학의 형이상학적 읽기를 시작하며, 이를 통해 니체 철학을 '힘에의 의지의 형이상학'으로 규정한다.24)

하이데거가 니체 철학을 힘에의 의지의 형이상학으로 규정하고, 그것을 형이상학의 극복이 아니라 형이상학의 완성으로 파악하는 결정적인 이유는 니체의 가치 사상으로의 전환 때문인 것으로 보인다. 니체에 의해 수행된 가치 사상으로의 전환에 대한 하이데거의 부정적 평가는 그의 허무주의의 본질에 대한 물음과 밀접한 연관이 있다. 곧 하이데거는 허무주의의 본질을 존재 물음의 구도 속에서 다룸으로써 가치 사상에 입각한 니체의 허무주의 이해를 존재 망각의 완성이라고 비판한다. 하이데거에 따르면 가치는 오직 존재로만 주어지며, 존재에 대한 물음에 근거한다.25) 그리고 이런 점에서 '무'(nihil) 또는 허무주의는 근본적으로 가치 사상과 어떠한 본질 연관도 없다. 하이데거에게 '무'는 어

---

22) 하이데거, 『니체Ⅰ』, p. 37 참조.
23) 하이데거, 『니체Ⅱ』, p. 19. (고딕은 원문의 강조.)
24) 같은 책, p. 86.
25) 같은 책, p. 49.

떤 사태, 어떤 존재자의 현전하지 않음, 비존재를 의미하며, 따라서 "그것은 **존재** 개념이며 결코 가치 개념이 아니다."26) 따라서 허무주의는 '무'의 본질에 대해 사유하지 않는 것을 의미한다. 이를 근거로 하이데거는 니체가 허무주의의 은닉된 본질을 인식할 수 없었다고 결론 내린다. 그 이유를 하이데거는 니체가 그의 모든 통찰에도 불구하고 처음부터 허무주의를 오직 가치 사상의 입장에서 파악하여 최고 가치가 가치를 상실하는 과정으로 파악하는 데서 찾는다. 그리고 니체가 허무주의를 가치 사상으로 파악할 수밖에 없었던 이유도 그가 서양 형이상학의 궤도와 영역 안에서 사유하기 때문이라고 본다.27)

하이데거에 따르면 니체는 허무주의라는 말로 종래의 최고 가치들이 무가치한 것이 되는 것으로 이해하면서도 동시에 종래의 모든 가치들의 전환이라는 의미에서 허무주의를 긍정하는 태도를 취한다. 그리고 이러한 긍정적 의미에서 가치의 전환은 낡은 가치들을 새로운 가치들로 대체하는 것이 아니라 가치평가의 양식과 그 방식을 역전시키는 것이라고 말한다.28) 하이데거는 힘에의 의지의 형이상학이 이러한 니체의 가치 전환을 위한 결정적 걸음이라는 점을 분명히 한다.

> 힘에의 의지의 형이상학은 단순히 새로운 가치가 이제까지의 가치에 대해 정립되는 것을 통해서가 아니라 이제까지 존재자로서의 존재자 전체에 대해 사유되고 언표되었던 모든 것이 가치 사상의 빛 아래서 나타나는 것을 통해 성립하는 것이다. …… 그것은 더 나아가 '가치 전환'을 위한 최초의 결정적인 걸음인 것이다. 왜냐하면 …… 니체에 의해 수행된 가치 전환은 그가 이제까지의 최고 가치 대신에 새로운 가치를 정립함으로써 성립하는 것이 아니라 그가 '존재' '목적' '진리'를 이미 '가치'로서 그리고 **오직** '**가치**'로서만 파악함으로써 성립하기

---

26) 같은 책, p. 52. (고딕은 원문의 강조.)
27) 같은 책, p. 56.
28) 하이데거, 「"신은 죽었다"는 니체의 말」, 『숲길』, pp. 331-34 참조.

때문이다. '가치-전환'이란 그 근본에서는 존재자의 모든 규정을 가치로서 재사유하는 것이다.29)

하이데거는 가치의 전환을 단지 이제까지의 가치 대신 다른 가치가 들어서는 것만을 의미하는 것이 아니라 그 가치와 더불어 그 가치가 자리하던 장소 자체까지도 소멸하는 것을 의미하는 것으로 이해한다. 더 본질적으로 가치의 전환을 "처음으로 존재를 가치로서 사유하며 이러한 가치의 전환을 통해 비로소 가치 사유가 시작되고 나아가 가치의 전환 자체가 가치 사유로서 시작하는 것"30)으로 이해한다. 그리고 여기서 하이데거는 이러한 가치의 전환이 근거를 가지려면 존재자 전체를 새롭게 규정하는 데 척도가 될 수 있는 하나의 새로운 원리를 설정하는 것이 필요하다는 점을 강조하면서, 그 원리가 존재자 전체에 앞서, 그것 위에 설정된 초감성계로부터 수행되지 않으려면 그것은 오직 존재자 자체로부터만 길러내어져야 한다는 점을 분명히 한다. 하이데거에 따르면 니체에게 존재자 전체의 근본 성격은 힘에의 의지이며, 따라서 그것은 모든 가치의 전환을 위한 가치 정립의 원리가 된다.

이러한 논의들이 하이데거가 니체 철학을 힘에의 의지의 형이상학으로 규정하는 전제가 된다. 하이데거가 생각한 것처럼 존재자 전체에 대한 진리를 건립하는 것이 형이상학의 본질일 경우, 새로운 가치 정립을 위한 원리를 수립하는 것으로서의 모든 가치의 전환은 그 자체가 형이상학이다.31) 이런 점에서 새로운 가치 정립은 힘에의 의지의 형이상학일 수밖에 없다. 하이데거는 힘에의 의지로부터 가치가 유래하고 존재자 전체에 대한 무조건적인 지배를 확립한다는 점에서 힘에의 의지의

---

29) 하이데거, 『니체Ⅱ』, p. 103. (고딕은 원문의 강조.)
30) 같은 책, p. 38.
31) 같은 책, p. 39.

형이상학이 무조건적인 힘에의 의지의 주체성의 형이상학이며, 또한 플라톤주의의 전도로서 형이상학의 본질적 가능성을 고갈시킨다는 점에서 힘에의 의지의 형이상학이 형이상학의 완성일 수밖에 없다고 결론 내린다.32)

4. 형이상학적 니체 해석의 문제점

하이데거의 니체 해석의 핵심 문제는 하이데거가 그의 형이상학적 구도 아래 니체의 가치 물음으로의 전환의 의미를 오도하고 있다는 점이다. 그 문제는 결국 하이데거가 전적으로 존재 물음의 관점에서 니체의 가치 물음으로의 전환의 의미를 파악하기 때문에 야기되는 것이다. 허무주의의 극복이라는 사유의 출발점과 목표를 공유하는 것처럼 보임에도 불구하고 하이데거가 철학의 역사를 여전히 존재 물음의 관점에서 본 반면, 니체는 그것을 가치 물음의 관점에서 본다는 점에서 두 사람 사이에는 근본적인 차이가 있다. 하지만 하이데거는 그 차이를 무시하고 니체의 가치 물음의 관점을 존재 물음으로 환원함으로써 전통 철학에 대한 니체의 철저하고 급진적인 입장을 약화시킨다. 여기서는 하이데거가 니체의 가치 물음으로의 전환을 형이상학의 틀 안에서 해석하고, 그로 인해 니체 철학을 형이상학의 완성으로 파악하는 것을 기본적으로 그의 형이상학적 문제의식의 발현이라는 측면에서 다룬다. 이 글에서는 하이데거의 형이상학적 니체 해석의 문제점을 크게 두 가지로 구분하여 살펴본다.

첫 번째는 해석학적 문제로, 많은 해석자들이 지적한 것처럼 하이데

---

32) 같은 책, pp. 181-83 참조.

거의 해석이 니체 자신에 의해 출판된 저작이 아닌 『힘에의 의지』에 과도하게 의존하고 있다는 점을 들 수 있다.33) 하이데거가 『힘에의 의지』에 최고의 권위를 부여하는 이유는 "[니체의] 본래의 철학은 '유고'로서 남겨져 있다"34)는 그의 언급 속에 분명히 표명되고 있고, 그것은 "한 사상가의 '이론'은 그가 한 말 속에서 말해지지 않은 것"35)에 있다는 더 일반적인 층위의 발언과도 맥을 같이 한다. 니체 자신에 의해 출판되지 않은 노트들의 모음집인 『힘에의 의지』를 니체 사유의 말해지지 않은 중심에 대한 신호로 받아들이기로 결정함으로써 하이데거는 힘에의 의지, 영원회귀, 모든 가치의 전도에 관한 진술들 속에서 끝없이 순환하는 운명에 처하게 된다.36) 『니체Ⅰ』에서 하이데거는 자신의 주장을 뒷받침하기 위해 니체의 몇 통의 서신37)과 '미래 철학의 서곡'이라는 『선악의 저편』의 표지에서의 예고, 그리고 『도덕의 계보』에서의 출간 예고38) 등을 제시하는데, 이런 증언들은 모두 니체가 '힘에의 의지'라는 제목의 그의 주저에 대한 마지막 구상을 포기하기 이전의 것들이라는 점에서, 그것들이 하이데거의 문제적 주장을 정당화하기는 어려워 보인다.39) 물론 이 문제는 하이데거에게만 국한된 문제가 아니

---

33) 대표적으로 카우프만은 하이데거의 니체 해석이 매우 명확하고 단순한 세 가지 원칙을 전제한다고 주장하면서 하이데거가 니체의 진정한 철학을 거의 독점적으로 『힘에의 의지』에서 선택하고 있다고 비판한다. W. kaufmann, *Nietzsche, Heidegger and Buber* (New York: McGraw-Hill, 1980), p. 172 참조.
34) 하이데거, 『니체Ⅰ』, p. 25.
35) 하이데거, 「플라톤의 진리론」, 『이정표1』, p. 283.
36) Sean Ryan, "Heidegger's Nietzsche," *Interpreting Nietzsche: Reception and Influence*, ed. Ashley Woodward (New York: Continuum, 2011), pp. 9-10 참조.
37) 하이데거가 제시하는 편지들은 1884년 4월과 7월 친구 오버베크(F. Overbeck)에게 쓴 편지와 1884년 6월과 9월 여동생에게 보낸 편지, 1884년 9월 가스트(P. Gast)에게 쓴 편지, 그리고 1887년 12월 게르스도르프(Carl von Gersdorff)에게 보낸 편지 등으로 그것들은 1884년부터 1887년까지 그 시기가 한정된다. *Selected Letters of Friedrich Nietzsche*, ed. and tran. Christopher Middleton (Indianapolis: Hackett, 1996) 참조.
38) 니체, 『도덕의 계보』, 김정현 역 (서울: 책세상, 2002), p. 537 참조.
39) 니체는 '1888년 8월 마지막 일요일'이라는 서명과 함께 '힘에의 의지'라는 제목의 그의 주

며, 니체 철학의 해석과 관련하여 출판된 것과 출판되지 않은 것의 지위 문제가 여전히 논쟁 중인 사안이라는 점에서 명쾌하게 결론 내리기 쉽지 않은 문제다.40)

이런 어려움에도 불구하고 해석학적 문제를 다시 언급하는 것은 하이데거적인 해석의 정당성을 재차 문제 삼기 위해서라기보다 하이데거의 해석학적인 방법론적 가정이 어떻게 그의 형이상학적인 문제의식과 밀접한 연관을 맺고 있는지를 보여주기 위해서다. 슈리프트(A. Schrift)가 적절히 지적하고 있는 것처럼 하이데거의 형이상학적 문제의식은 『힘에의 의지』에의 그의 과도한 의존과 더불어 그의 니체 해석의 기본적인 전제로서 작동하고 있다. 슈리프트는 하이데거의 니체 독해의 방법론적 가정으로 『힘에의 의지』에의 의존에 더해 '모든 사상가는 오직 한 가지 사상만을 생각한다는 관점'과 '모든 진지한 철학적 사고를 형이상학으로 보는 관점'을 들고 있다.41) 이러한 방법론적 관점들에는 하이데거의 형이상학적인 문제의식이 잘 반영되어 있을 뿐만 아니라 이러한 관점들은 『힘에의 의지』에의 그의 의존과 유기적으로 연결되어 그의 독단적인 해석의 기초가 된다. 모든 사상가는 오직 한 가지 사상만을 생각한다는 관점적 원칙은 하이데거의 다음과 같은 언명 속에 잘 표현되어 있다.

저에 대한 마지막 구상을 펼친다. 하지만 이미 그 마지막 구상에서도 가치 정립의 원리로서 힘에의 의지라는 내용이 더 이상 보이지 않는다는 점에서 니체에 대한 하이데거의 형이상학적 읽기는 받아들이기 힘들다. 니체, 『유고(1888년 초-1889년 1월 초)』, 백승영 역 (서울: 책세상, 2004), 18[17], pp. 414-16 참조.
40) 클락(M. Clark)은 이 문제와 관련한 입장을 세 가지로 구분한다. 첫째, 하이데거를 따르는 사람들로 유고가 니체의 최종 철학의 원천으로서 출판된 니체의 책들에 비해 우월하다고 가정하는 입장. 둘째, 두 가지 원천이 동등한 가치를 갖는다는 데리다(J. Derrida)의 제안에 동의하는 입장. 셋째, 카우프만(W. Kaufmann), 앨더만(H. Alderman), 매그너스(B. Magnus)를 따라 니체의 출판된 저작들이 훨씬 더 우월한 원천이라고 가정하는 입장이 그것이다. Clark, *Nietzsche: on Truth and Philosophy*, p. 25.
41) 앨런 슈리프트, 『니체와 해석의 문제』, 박규현 역 (서울: 푸른숲, 1997), pp. 40-51 참조.

'사상가'라는 명칭으로 우리가 가리키는 것은 인간들 중에서도 어떠한 유일한 사상을-그리고 항상 **존재자 전체**에 '대한' 유일한 사상을-사유하라는 사명을 부여받은 사람들이다. 모든 사상가는 오직 하나의 **유일한** 사상만을 사유한다.[42]

위의 언명은 하이데거가 니체의 철학을 체계적이고 단일한 형태의 형이상학적 사상으로 규정하는 근거가 된다. 앞에서 본 것처럼 하이데거는 이 원칙에 따라 니체 철학을 근본적인 형이상학적 용어들로 압축하고, 그것들 간의 근원적인 상관관계에 주목함으로써 그것을 힘에의 의지의 형이상학으로 규정하고 있다. 또한 모든 진지한 철학적 사고를 형이상학으로 보는 관점 역시 마찬가지다. 이 원칙에 따라 하이데거는 니체의 모든 심리학적 통찰들을 형이상학의 규정에 종속시키게 된다.[43]

니체의 논의는 사실상 윤리학과 심리학의 전통적인 개념 틀 안에서 움직인다. 그러나 본질적으로 니체는 윤리학과 심리학이라는 항목 아래 있는 모든 것을 형이상학의 측면에서, 즉 전체로서 존재자의 존재가 어떻게 결정되고 그것이 인간과 어떻게 관련 맺는지를 묻는 측면에서 생각한다. 윤리학과 심리학은 형이상학의 토대 위에 있다.[44]

하이데거는 이처럼 니체의 인류학, 윤리학, 미학과 관련한 모든 심리학적 논의를 철저하게 형이상학적 토대 위에서 전개되는 것으로 파악한다. 하지만 니체가 심리학을 "다시 근본적인 문제에 이르는 길"[45]이 되었다고 선언하는 것에서 볼 수 있는 것처럼, 니체는 더 이상 존재의

---

42) 하이데거, 『니체 I』, p. 456. (고딕은 원문의 강조.)
43) 슈리프트, 『니체와 해석의 문제』, p. 50.
44) Heidegger, *What is called Thinking?*, trans. Fred D. Wieck and J. Glenn Gray (New York: Harper & Row, 1968), p. 89.
45) 니체, 『선악의 저편』, 김정현 역 (서울: 책세상, 2002), p. 45.

진리 문제가 아니라 가치의 문제가 철학의 근본 문제가 되었다는 점을 분명히 한다는 점에서 하이데거의 니체 해석은 형이상학적 환원론의 혐의로부터 자유로울 수 없다. 그리고 이러한 하이데거의 해석은 결국 해석자 자신의 형이상학적 지향성의 투영이라는 관점에서 바라보아야 한다.

두 번째, 이 글에서 초점을 맞추고 있는 더 중요한 문제는 존재의 진리의 회복을 통한 형이상학의 극복이라는 하이데거의 근본 기획의 배후에 여전히 철학에 대한 전통적인 가정, 곧 철학의 본질은 존재론이며, 철학은 '원리의 학'이라는 근본 가정에 대한 믿음이 깔려 있다는 점이다. 앞에서 언급한 것처럼 니체에 대한 본격적인 논의와 함께 이루어지는 하이데거의 사유의 전환은 형이상학의 극복이라는 그의 문제의식과 밀접하게 관련이 있다. 하이데거는 이런 문제의식에서 출발해 니체 철학이 형이상학의 완성이라는 결론에 도달하게 되는데, 그가 그런 결론에 도달하도록 추동한 실질적인 이유가 철학에 대한 전통적인 존재론적이고 원리적인 가정을 벗어나지 못한 때문이라는 것이다. 형이상학에 대한 독특한 그의 존재사적 사유도 이러한 가정으로부터 생겨난 것으로 이해할 수 있다.

하이데거는 형이상학을 '존재자란 무엇인가'라는 유일한 물음에 의해 주도되는 문제 제기이자 탐구로 규정하는데, 그는 이것을 "철학의 본래적 물음들의 권역을 가리키는 명칭"46)이라고 말한다. 하이데거에 따르면 형이상학은 존재 그 자체로부터 일어나고 형이상학의 극복은 존재의 치유로서 생기한다. 이런 점에서 형이상학은 우리가 폐기할 수 있는 것도 아니고 벗어날 수 있는 것도 아니다.47) 극복된 형이상학은

---

46) 하이데거, 『니체 I』, p. 432.
47) 하이데거, 「형이상학의 극복」, 『강연과 논문』, 이기상 외 역 (서울: 이학사, 2008), pp. 90-91.

사라지지 않으며, "변화된 형태로 되돌아와서, 지속적으로 위세를 떨치는 존재자에 대한 존재의 구별로서 계속 지배한다."48) 하이데거에게 철학의 본래적 물음이란 존재 자체의 진리에 대한 물음이라는 점에서, 하이데거는 니체의 형이상학적 근본 입장이 그러한 철학의 본래적 물음을 묻고 있는지 아닌지에 대한 물음을 제기한다. 그리고 당연하게도 하이데거는 그 물음에 니체 철학이 존재를 가치로 물음으로써 형이상학의 본질적 가능성을 고갈시키는, 힘에의 의지라는 새로운 가치 정립을 근거 짓는 원리를 중심으로 순환하는 형이상학이라고 답변하는 것이다.

이처럼 형이상학을 철학의 본래적 물음의 권역 속에서 파악함으로써 하이데거는 니체를 명백히 형이상학 전통 안에 포함시킨다. 이것은 하이데거가 힘에의 의지를 니체가 존재에 대한 이름으로 명명했다고 주장하는 이유이기도 하다. 이런 점에서 하이데거는 니체가 사상가라면 그는 존재를 생각할 수밖에 없고, 힘에의 의지는 니체가 분명히 존재로서 생각한 것이어야 한다고 주장한다. 진정한 철학자에게는 존재 사유 외에 다른 사유의 가능성이 주어져 있지 않다는 하이데거의 언급은 이를 잘 보여준다.

> 모든 참된 사유는 사유되어야 할 것 자체를 통해 규정될 수 있다. 철학에서는 존재자의 존재가 사유되어야만 한다. …… 모든 위대한 사상가들은 동일한 것을 사유한다.49)

철학에서는 존재자의 존재가 사유되어야만 한다는 하이데거의 이런 주장은 "사유는 존재에 의한 그리고 존재를 위한 참여다"50)라는 그의

---

48) 같은 책, p. 91.
49) 하이데거, 『니체 I』, p. 51.

사유에 대한 기본적인 주장의 연장선에 있는 것이며, 이는 전형적으로 철학에 대한 전통적 이해를 보여주는 것이라고 할 수 있다. 이렇게 볼 때 니체가 아니라 하이데거가, 즉 형이상학적 전통의 보편성을 주장하며 모든 사유를 존재에 대한 사유로 독단적으로 환원하는, 그래서 필연적으로 니체의 힘에의 의지를 존재자의 존재로 생각할 수밖에 없는 하이데거야말로 오히려 유례없는 형이상학자라고 볼 수 있다.51) 이를 니체가 칸트를 향해 쏟아낸 독설에 빗대어 표현하자면, 하이데거는 독일 학자에게 있는 '신학자-본능'(Theologen-Instinkte)에 따라 교활한 회의를 통해 옛 이상으로 향하는 샛길을 다시 열고 있다고 말할 수 있다.52) 이런 점에서 "독일철학은 **교활한 신학**"53)이라는 니체의 외침은 여전히 현재진행형이라고 볼 수 있다.

형이상학의 극복이라는 하이데거의 근본 기획으로부터 도출된 이러한 형이상학적 환원론은 슈리프트가 지적하듯이 니체의 철학적 기획의 정신과 표현 모두에 맞지 않을 뿐만 아니라 이로 인해 니체 철학의 계보학적 성격에 주목하는 데도 실패한다.54) 즉 하이데거는 존재자의 존재로서 힘에의 의지에만 배타적으로 초점을 맞춤으로써 후기 니체의 기획이 힘에의 의지의 인류학적, 심리학적, 윤리학적 선언들의 기원에 대한 자연주의적 탐구라는 점을 이해하는 데 실패한다. 니체는 『도덕의 계보』를 "모든 가치의 전도를 위한 한 심리학자의 결정적인 세 가지 준비"55)라고 부를 만큼 자신의 가치 전도의 기획에서 도덕에 대한 계보학적 탐구의 중요성을 강조한다. 하이데거 역시 초감성적 세계를

---

50) 하이데거, 「휴머니즘 서간」, 『이정표2』, 이선일 역 (파주: 한길사, 2005), p. 124.
51) 슈리프트, 『니체와 해석의 문제』, pp. 119-20 참조.
52) 니체, 『안티크리스트』, 백승영 역 (서울: 책세상, 2002), p. 224 참조.
53) 같은 곳. (고딕은 원문의 강조.)
54) 슈리프트, 『니체와 해석의 문제』, pp. 104-105.
55) 니체, 『이 사람을 보라』, 백승영 역 (서울: 책세상, 2002), p. 442.

가상적인 것으로서 감성적인 세계 위에 정립하는 모든 형이상학이 도덕에서 비롯된다는 점을 잘 인식하고 있음에도 불구하고, 그는 니체가 도덕을 삶의 지침이라는 윤리적 시각에서 이해하지 않고 존재자 전체와 삶 일반의 가능성이라는 시각에서 형이상학적으로 이해한다고 주장함으로써 니체의 계보학적 탐구의 핵심을 파악하는 데서 멀어진다.[56]

하이데거를 찬성하든 반대하든 니체 철학은 대체로 힘에의 의지를 원리로 하는 힘에의 의지의 철학으로 규정되어 왔다. 이후의 대부분의 논의는 그 원리의 성격을 어떻게 규정할 것인가와 관련한 것이다. 즉 힘에의 의지를 형이상학적 원리로 볼 것이냐 아니면 비형이상학적 원리로 볼 것이냐, 또는 비형이상학적 원리로 본다면 그것을 경험주의적 원리로 볼 것이냐, 아니면 해체적 원리로 볼 것이냐가 그것이다.[57] 그리고 하이데거 이후의 대부분의 니체 해석은 니체 해석과 관련한 모든 이견에도 불구하고, 하이데거와 더불어 철학에 대한 전통적인 존재론적이고 원리적인 가정을 공유하고 있다는 점에서 여전히 하이데거의 길을 따른다고 볼 수 있다.

니체가 존재를 가치로 이해하는 것은 형이상학적 이해와는 거리가 멀다. 그것은 존재를 가치로 환원하는, 곧 가치를 존재의 자리에 세우는 것이 아니라 존재의 가치를 묻는 것이다. 이러한 전환은 하이데거가 생각한 것처럼 존재 물음에 대한 하나의 대안적인, 또는 궁극적인 답변으로서 이루어지는 것이 아니다. 그 전환은 답변의 전환이 아니라 오히

---

56) 하이데거, 『니체II』, pp. 110-11 참조.
57) 클락은 진리문제와 연관하여 기존의 니체에 대한 해석을 크게 네 가지 유형으로 구분하는데, 이러한 구분은 힘에의 의지의 성격에 대한 규정과도 크게 다를 바 없어 보인다. 클락은 먼저 전통적인 해석으로 하이데거의 형이상학적 버전과 카우프만의 경험주의적 버전을 구분하고, 비전통적인 해석으로 단토(A. Danto)의 분석적 접근과 데리다의 해체주의적 읽기를 구분한다. 니체 해석과 관련한 네 가지 해석적 흐름에 대한 상세한 설명은 Clark, *Nietzsche: on Truth and Philosophy*, pp. 5-21 참조.

려 물음의 전환으로 이해되어야 한다. "**우리가 이러한 스핑크스에 대해 또한 우리 나름대로 질문하는 법을 배운다고 해서 놀랄 만한 일인가?**"58)라는 니체의 문제 제기는 이러한 전환의 의미를 잘 보여준다. 하지만 하이데거는 그것을 답변의 전환으로 파악한다. 그래서 하이데거는 니체의 가치로의 전환을 존재가 가치로 물어지는 존재 망각의 극단으로, '존재란 무엇인가'라는 전통 형이상학의 물음의 틀 속에서 이루어지는 최종적인 답변으로 이해할 수밖에 없게 된다. 하지만 니체의 의도는 물음을 전환하는 데 있다. 그는 더 이상 존재란 무엇인가라는 형이상학적 물음에 머물러 있지 않다. 그는 그 물음의 구도 자체에 대해, 그리고 궁극적으로는 그 물음이 갖는 가치에 대해 묻고 있기 때문이다.

5. 존재 물음에서 가치 물음으로

앞에서 우리는 가치 물음으로의 니체의 철학적 전환을 존재 물음에 대한 니체식의 답변이 아니라 오히려 존재의 가치를 묻는 물음의 전환이라는 점에 주목해서 검토했다. 하이데거는 니체의 가치 물음으로의 전환을 지금까지의 '존재자 우위'에서 '존재 우위'로의 전환이라는 자신의 새로운 존재 물음의 구도 속으로 다시 환원함으로써, 니체를 존재 망각의 철학자로, 여전히 형이상학적 기획을 극복하지 못한 인물로 규정한다. 하지만 존재 물음에서 가치 물음으로의 전환은 기존의 전통적인 철학의 물음인 존재 물음에 더 이상 머물러 있지 않고, 존재 물음의 역사심리학적 배후를 묻는 것으로, 결국에는 그것의 가치를 묻는 것으로 나아간다.

---

58) 니체, 『선악의 저편』, p. 15. (고딕은 원문의 강조.)

니체의 표현에 따르면 그 전환은 존재 물음으로부터 벗어난 '후진운동,'59) 곧 삶으로의 회귀에 다름 아니다. 니체가 '후진운동'을 존재 물음으로부터 파생된 표상들에 대한 역사적이고 심리학적인 정당성을 파악하는 것으로 이해한다는 점에서 계보학은 이러한 후진운동에 대한 다른 이름으로 이해할 수 있다. 후진운동을 하는 계보학자 니체는 하이데거의 주장처럼 존재 망각의 극단에 서 있는 전통적인 형이상학자도 아니지만, 마찬가지로 형이상학과 허무주의를 극복하고 존재의 진리를 회복한 대안적인 형이상학자도 아니다. 오히려 기존 철학이 당연한 것으로 가정하는 존재 물음의 구도 자체의 정당성을 후진운동을 통해 폐기하는 것에 니체 철학의 고유한 특징이 있다고 볼 수 있다. 이런 점에서 하이데거의 형이상학적 니체 해석의 근본 문제는 그것이 가치 물음으로의 전환에 담긴 니체 철학의 자연주의적 함의를 간과하고 있다는 점에서 찾을 수 있다.

　그렇다면 니체는 왜 계보학으로 향하는가? 그 이유는 한마디로 니체가 신학적 계시나 형이상학적 원리의 도움 없이 전통적인 형이상학적 개념들의 패권에 도전하기 위해서라고 볼 수 있다. 역사 분석은 니체에게 형이상학과의 대결에 필요한 많은 도구를 제공해 주며, 따라서 니체는 형이상학적이거나 원리적인 도움 없이도 역사학을 통해 도덕의 발전을 추적하는 역사철학적 탐구를 시작한다.60) 니체의 이러한 역사철학적 기획은 형이상학적 범주와 원리를 해체하는 것을 목표로 하며, 그의 계보학적 탐구를 형이상학에 대한 전면적인 공격의 요소로 기술한다. 니체에게 계보학은 형이상학이 의존했던 역사적 맥락들을 폭로하는 자연주의적인 방법론적 도구다.

---

59) 니체, 『인간적인 너무나 인간적인 Ⅰ』, p. 20.
60) Blond, *Heidegger and Nietzsche: Overcoming Metaphysics*, p. 104 참조.

결국 계보학은 도덕 현상에 대한 자연주의적 설명을 제공하려는 니체의 가장 체계적인 시도다. 그런 하나의 설명은 궁극적으로는 니체에 의해 목적 그 자체로 기술된 것은 아니다. 차라리 니체는 매우 고유한 규범적 목표에 봉사하는 도덕에 대한 자연주의적 설명을 발전시킨다. 즉 도덕의 가치를 재고하도록 우리에게 요구한다.61)

이 계보학적 탐구에서 힘에의 의지는 유기체의 기본 본능으로 제시된다. 하지만 그것은 자기 보존 본능과 같은 불필요한 목적론적 원리가 끼어드는 것을 방지하기 위한 것으로서 제시된다.62) 그것은 카우프만의 주장처럼 "본질적으로 귀납에 의해 도달된 경험적 개념"63)이며, 인간적 행위에 대한 하나의 가설로서 주장된다. 니체는 하이데거가 말한 것처럼 '힘에의 의지'를 새로운 가치 정립의 원리로 수립함으로써 형이상학을 극복하려고 한 것이 아니다. 대신 니체는 계보학이라는 후진운동을 선택한다. "사다리의 마지막 계단 너머까지 바라보아야 하지만, 그 계단 위에 서려고 해서는 안 된다"64)는 니체의 진술은 이를 잘 보여준다. 하이데거는 니체가 마지막 계단 위에 서 있다고 봄으로써 그의 가치 물음으로의 전환에 담긴 후진운동의 의미를 포착하는 데 실패한다. 후진운동을 통한 형이상학의 극복은 형이상학과 밀접히 연관된 도덕의 문제와 깊이 맞닿아 있고, 그것은 결국 도덕 비판을 통한 도덕의 자기 극복의 문제로 연결된다.65)

이처럼 니체는 형이상학의 극복을 존재 자체의 진리를 회복하는 데

---

61) Brian Leiter, *Nietzsche: on Morality* (New York: Routledge, 2002), p. 3.
62) 니체, 『선악의 저편』, p. 31.
63) Kaufmann, *Nietzsche: Philosopher, Psychologist, Antichrist(Third Edition)* (New York: Random House, 1968), p. 204.
64) 니체, 『인간적인 너무나 인간적인Ⅰ』, p. 20.
65) 도덕 비판을 통한 도덕의 자기 극복 문제를 니체 철학의 주요한 과제로 제기하고 있는 논의로는 전경진, 「니체 도덕철학의 자연주의적 함의」, 『철학논총』 (제86집, 새한철학회, 2015) 참조.

서 찾은 것이 아니라 존재의 가치를 묻는 데서, 곧 모든 형이상학이 하나의 도덕적 해석이라는 점에서 도덕의 자기 극복을 통해 가능한 것으로 파악한다. 니체에게 도덕의 자기 극복은 "오늘날 가장 섬세하며 정직하고 또한 악의적이기도 한 양심에게, 살아 있는 영혼의 시금석으로 보존된 저 오랫동안의 비밀스러운 작업을 나타내는 이름"66)이며, 그 자신이 최종적인 철학적 과제로 삼았던 모든 가치의 전도를 위한 전제 조건이기도 하다. 도덕의 자기 극복은 한마디로 지금까지 가치평가의 원리로 작동해온 '의도된 도덕'을 극복하는 것을 의미하며,67) 이는 곧 도덕의 자연성을 회복하는 것을 의미한다.

존재 물음에서 가치 물음으로의 전환은 형이상학에서 계보학으로의 전환과 맥을 같이 하며, 이는 또한 '이상주의'에서 '자연주의'로의 철학적 전환을 의미하는 것으로 읽을 수 있다. 즉 니체에게 철학은 더 이상 형이상학적이거나 원리적인 도움에 의존해서 이상을 정초하는 이상주의적 기획이 되어서는 안 된다. 니체는 사람들이 이상주의자를 자처하는 곳에서 발견되는 신학자-본능과 전쟁을 선포하고,68) 플라톤주의를 빗대어 이상주의를 '고등 사기'라고 부른다.69) 심지어 도덕성이 언제나 이상주의자의 외투를 필요로 한다는 점에서 도덕주의와 이상주의를 같은 뿌리를 지닌 것으로 이해한다.70) 이상주의에 대한 니체의 이러한 격렬한 반대는 단순히 전통 형이상학의 부정만을 꾀하는 것으로 읽혀서는 안 된다. 그것은 모든 이상주의적인 시도들, 즉 다른 이상의 수립을 통한 대안적인 형이상학적 기획뿐만 아니라 심지어는 명백히 전통 형이상학에 반대하는 포스트모던적 기획까지도 포함하는 것으로 읽혀

---

66) 니체, 『선악의 저편』, p. 62.
67) 같은 곳.
68) 니체, 『안티크리스트』, p. 222.
69) 니체, 『우상의 황혼』, 백승영 역 (서울: 책세상, 2002), p. 197.
70) 니체, 『즐거운 학문』, 안성찬 · 홍사현 역 (서울: 책세상, 2005), p. 359 참조.

야 한다. 이런 점에서 "나에 대해 무언가를 이해했다고 믿던 자가 했던 일은 …… 나와는 반대되는 것을, 이를테면 '이상주의자'를 만들어내는 일도 드물지는 않다"71)는 니체의 경고는 귀여겨들을 만하다.

6. 나가는 말

이 글에서 필자는 하이데거의 니체 해석의 기저에 깔려 있는 그의 형이상학적 가정을 비판적으로 검토함으로써 니체 해석에서 하이데거의 그림자를 걷어내려고 시도했다. 하이데거를 극복하는 것은 '형이상학의 완성이냐 극복이냐'라는 그의 니체 읽기의 기본 구도를 극복하는 것이 되어야 하며, 그러한 시도는 니체를 따라 철학에 대한 전통적 이해를 극복하고, 가치 물음으로의 전환이라는 철학에 대한 니체의 급진적 이해에 담긴 자연주의적 함의를 다시 회복하는 것이라고 주장했다. 이를 위해 필자는 하이데거의 형이상학 개념을 검토하고, 그의 니체 해석의 전반적 구도를 '힘에의 의지의 형이상학'을 중심으로 서술했다.

이 글이 초점을 맞춘 것은 존재의 진리의 회복을 통한 형이상학의 극복이라는 하이데거의 근본적인 기획의 배후에 참된 철학을 존재론으로, 또 '원리의 학'으로 규정하는 철학에 대한 전통적 가정이 깔려 있다는 점이다. 그리고 하이데거 이후의 많은 니체 해석자들 역시 니체 해석과 관련한 그들의 모든 이견에도 불구하고, 하이데거와 더불어 철학에 대한 전통적인 존재론적이고 원리적인 가정을 공유하고 있다는 점에서 여전히 하이데거의 길을 따르고 있다는 점이다. 이런 점에서 필자는 하이데거의 형이상학적 유산을 극복하는 것을 니체 해석의 주요

---

71) 니체, 『이 사람을 보라』, p. 377.

한 과제로 설정했다.

또한 이 글에서 필자는 니체의 가치 물음으로의 전환을 존재 물음에 대한 니체식의 답변이 아니라 존재 물음으로부터 벗어난 '후진운동'으로, 곧 삶으로의 회귀라는 관점에서 파악했다. 그리고 니체에게 형이상학의 극복은 존재의 진리를 회복함으로써 이루어지는 것이 아니라 도덕의 자기 극복을 통해 이루어진다는 점에서, 기존 철학이 당연한 것으로 가정한 존재론적이고 원리적인 접근 자체의 정당성을 후진운동과 삶으로의 회귀라는 관점을 통해 폐기하는 것에 니체 철학의 고유한 특징이 있다고 주장했다. 결론적으로 필자는 하이데거의 형이상학적 유산이 니체의 가치 물음으로의 전환에 담긴 전통 철학에 대한 그의 급진적 비판의 자연주의적 함의를 심각하게 오도할 뿐만 아니라 결국은 니체에게 관건이 되는 도덕의 자기 극복을 가로막는 장애물로 작용한다는 점에서 폐기되어야 할 나쁜 유산이라고 주장했다. 이러한 주장은 이후 니체 해석이 나아가야 할 더 나은 방향에 대한 제안을 담고 있다는 점에서 니체 해석과 관련한 논의의 틀을 확장하는 데 기여할 수 있을 것이다.

제2장
니체의 관점주의에 대한 로티의 해석

1. 들어가는 말

　로티(R. Rorty)는 분석철학의 세례를 받고 철학에 입문하지만, 그의 대표작인 『철학 그리고 자연의 거울』을 기점으로 자신의 입장을 획기적으로 선회한다. 책 제목이 시사하듯이 그는 자연이나 실재를 있는 그대로 비추는 거울, 즉 진리를 추구하는 탐구로서 근세 인식론의 구도를 근원적으로 거부한다. 그는 이 거울 속에는 특권적인 표상이 없기 때문에 이 거울이라는 이미지를 포기해야 하며, 실재와의 대응이라는 형이상학적 전제를 부정해야 한다고 주장한다.1) 토대주의적 인식론에 대한 로티의 이러한 비판은 모든 형태의 토대성을 부정하는 방향으로 이어지면서 필연적으로 우연성 속에 살아가는 유한한 인간의 현실을 있는 그대로 받아들이자는 '우연성'(contingency)의 철학으로 이어진다.
　로티의 우연성의 철학은 플라톤과 칸트로 대변되는 서양의 전통적인 형이상학적 본질주의를 주요 표적으로 삼고 있다. 로티는 전통 형이상학의 극복을 위한 그의 반본질주의적 시도가 유럽의 포스트-니체 전통과 미국의 실용주의 전통을 연결시켜주고 있다고 주장한다.2) 그러나

---

1) 리처드 로티, 『철학 그리고 자연의 거울』, 박지수 역 (서울: 까치, 1998), pp. 231-32 참조.
2) 로티, 「상대주의: 발견하기와 만들기」, 김동식 편, 『로티와 철학과 과학』 (서울: 철학과현실

로티가 니체(F. Nietzsche)로부터 반형이상학적 세례를 받았음을 공공연히 밝힐 뿐 아니라 동시에 실용주의자 듀이(J. Dewey)의 적극적 계승자를 자처함에도 불구하고 로티를 바라보는 니체나 듀이 진영의 시선이 곱지만은 않은 듯하다. 가장 큰 이유는 로티의 선별적 수용 태도에 있다.

로티는 각각의 전통 속에서 반형이상학적 태도만 선별적으로 수용하고 해체의 공백으로 생긴 허무주의를 극복하기 위한 체계 건설적이고 토대적인 측면에 대해서는 철저하게 무용한 것으로 배격하는 태도로 일관한다. 그의 선별적 수용 태도는 '텍스트에 대한 강한 오독'이라는 그의 새로운 재서술 방식에 기인한 것이기도 하지만 더 중요하게는 그의 이분법적 태도에 기인하는 것이라고 볼 수 있다. 어떤 식으로든 하나의 지반이나 토대를 설정하면 형이상학으로 회귀할 수밖에 없다고 주장하는 것은 '전부 아니면 전무'라는 극단적이고 이분법적인 주장으로 흐를 가능성이 높기 때문이다. 인식론 자체를 무용한 것으로 배격함으로써 이원론적 이분법은 근본적으로 제거될 수 있다는 로티 자신의 주장에도 불구하고 그의 사유는 여전히 이분법적 딜레마의 굴레를 벗어나지 못하고 있는 것으로 보인다.

이 글에서 필자는 니체가 역사적 절정을 원함으로써 자신의 관점주의를 스스로 위배하고 있다는 로티의 주장을 비판적으로 검토하고, '신체화된 관점주의'(embodied perspectivism)의 가능성을 제안한다. 이를 위해 첫째, 허무주의를 대하는 두 사람의 차이에 주목한다. 허무주의를 대하는 두 사람의 차이가 결국 관점주의에 대한 차이로 이어지기 때문이다. 둘째, 두 사람이 이해하는 관점주의를 몸의 총체성에 기반을 둔 '신체화된 관점주의'와 언어의 우연성에 기반을 둔 '탈신체화

사, 1997), p. 194.

된 관점주의'(disembodied perspectivism)로 특징짓고 대비적으로 살펴본다. 셋째, '체험주의'(experientialism)의 논의를 통해 신체화된 관점주의의 가능성을 구체적으로 제시한다. 이를 통해 니체가 자신의 관점주의를 위배하고 있다는 로티의 주장이 부적절하다는 것이 드러나게 될 것이다. 니체가 관점주의를 '힘에의 의지'(Wille zur Macht) 작용과 불가분의 관계로 파악한 것은 로티의 주장처럼 니체가 자기보다 더 큰 힘을 원해서가 아니라, 단지 관점주의에서 신체화가 필수적이라는 점을 강조하기 위해서일 뿐이기 때문이다.

2. 허무주의의 극복과 관점주의

니체 철학의 핵심 주제는 한마디로 인간의 '삶'이다. 존재와 인식에 대한 니체의 철학적 관심은 철저하게 인간의 삶을 바탕으로 이루어진다. "학문은 예술가의 광학으로 바라보지만, 예술은 삶의 광학으로 바라본다"[3]는 명제는 그의 기본적인 철학적 태도를 잘 보여준다. 이러한 철학적 태도로부터 니체는 삶 자체의 모든 의문스럽고도 낯선 것들에 대한 아무런 유보 없는 긍정을 진리와 학문에 의해 가장 엄격하게 확인되고 유지되는 가장 심오한 통찰이라고 평가하면서, "존재하는 것에서 빼버릴 것은 하나도 없으며, 없어도 되는 것은 없다"[4]고 선언하기에 이른다. 삶의 관점으로 바라보는 것에서 출발한 니체의 철학은 궁극적으로 삶에 대한 무조건적 긍정이라는 종착역에 다다르게 된다.

니체에게 있어 삶의 긍정을 위한 첫 단계는 삶의 생성적 성격을 펌

---

[3] 프리드리히 니체, 「자기비판의 시도」, 『비극의 탄생』, 이진우 역 (서울: 책세상, 2005), p. 12. (고딕은 원문의 강조.)
[4] 니체, 『이 사람을 보라』, 백승영 역 (서울: 책세상, 2002), p. 392.

하하는 서양의 전통적인 형이상학을 문제 삼는 것이다. 니체가 극복의 대상으로 삼았던 전통적인 형이상학의 기본 특징은 세계를 '존재'와 '생성'의 세계로 이분법적으로 나누고 존재의 세계를 '참된' 세계로, 생성의 세계를 '가상'의 세계로 설정함으로써 우리의 실제적인 삶의 가치를 평가절하하는 데 있다. 니체에 따르면 생성의 세계가 왜곡되고 부정되면서 인간의 현실적 삶도 부정되고, 그 결과 필연적으로 허무주의가 도래하게 된다.

> 허무주의: 목표가 결여되어 있으며: '왜?'라는 물음에 대한 대답이 결여되어 있다. 허무주의는 무엇을 의미하는가?—최고 가치들이 **탈가치화하는 것**.[5]

최고 가치들이 그 유효성을 상실함으로써 허무주의가 생겨났다는 니체의 언급 속에는 이미 서양 형이상학의 역사 속에 허무주의의 요소가 내재해 있다는 의미가 담겨 있다. 니체는 허무주의의 도래를 서양 형이상학의 역사 자체의 필연적 귀결로 파악하고, 이것의 극복을 자신의 철학적 목표로 삼는다. 니체가 전통 형이상학을 허물어뜨리기 위한 구체적 작업을 계보학적 방법을 통해 수행했다면, 니체에게 있어 전통 형이상학적 사유를 극복하는 유일한 방법은 "모든 생명의 근본 조건인 **관점주의적인 것**"[6]을 받아들이는 데 있다.

하지만 관점주의적인 것을 받아들이는 것이 어떻게 허무주의를 극복한다는 말인가? 관점주의적인 것을 허용하는 것은 허무주의를 극복하기보다 차라리 허무주의를 야기하는 것은 아닌가? 그러나 니체는 인간을 정신과 육체의 통일체인 '몸'(Leib)으로 규정하면서, 이 몸이라는

---

5) 니체, 『유고(1887년 가을-1888년 3월)』, 백승영 역 (서울: 책세상, 2000), p. 22. (고딕은 원문의 강조.)
6) 니체, 『선악의 저편』, 김정현 역 (서울: 책세상, 2002), 「서문」, p. 10. (고딕은 원문의 강조.)

개념을 통해 허무주의를 야기한 인간에 대한 기존의 이원론적 해석을 벗어날 수 있다고 말한다. "나는 전적으로 [몸]일 뿐, 그 밖의 아무것도 아니며, 영혼이란 것도 [몸] 속에 있는 그 어떤 것에 붙인 말에 불과하다."7) 니체에게 전통 형이상학적 사유의 극복, 곧 허무주의의 극복은 그동안 경멸의 대상으로 전락해 있던 '몸'의 복권에서 출발한다. 곧 몸을 긍정하는 것이 바로 관점주의적인 것을 받아들이는 것이며, 또한 이것이 그가 제시하는 허무주의를 극복하는 유일한 방법인 것이다.

왜 그런가? 니체에 따르면 우리의 몸은 다양한 의지들의 활동공간이다. 니체는 의지작용(Wollen)이 말로 표현했을 때만 통일성이 있는 것처럼 보이지 실제로는 복합적인 것, 곧 느끼는 것(Fühlen), 사고하는 것(Denken), 그리고 하나의 정서(Affekt)의 복합체라고 말한다.8) 의지작용에 대한 이러한 이해를 바탕으로 니체는 자신이 생명의 가장 내적인 본성이라고 명명한 힘에의 의지를 모든 의지작용들의 복합체인 몸의 활동의 가장 근본적인 규제 원리로 상정한다.9) 니체에게 인간의 몸은 힘에의 의지가 수행되는 장소이며, 그런 한에서 몸의 활동으로서 우리의 인식 작용은 철저히 몸 중심적이고 생물학적인 측면을 가질 수밖에 없다. 곧 힘에의 의지 작용으로서 인식 작용은 주체와 객체의 문제가 아니라 특정한 종류의 종(種)의 문제가 된다.

인식이론: 오로지 경험적으로만:

정신도 없고, 이성이나 사유나 영혼도 없으며, 의지도 없고, 진리도 없다: 모두가 다 소용없는 허구들이다. 주체와 객체가 문제가 아니라, 특정한 종류의 동물이 문제인 것이다. 즉 특정한 상대적인 옳음, 특히 그들의 지각의 합규칙성하에서 (그래서 그들이 경험을 자산으로 만들 수 있는) 성장하는 동물이 …… 인식

---

7) 니체, 『차라투스트라는 이렇게 말했다』, 개정2판, 정동호 역 (서울: 책세상, 2007), p. 51.
8) 니체, 『선악의 저편』, p. 37.
9) 백승영, 『니체, 디오니소스적 긍정의 철학』(서울: 책세상, 2005), pp. 333-34 참조.

은 힘의 도구로 일한다. 그래서 인식이 힘의 증대와 더불어 성장한다는 것은 자명하다……10)

니체는 힘에의 의지 작용을 명백하게 주어진 경험적 사실에서 찾으면서 힘에의 의지를 관점을 설정하는 힘이라고 부른다. 다양한 관점적 상황들은 모두 힘에의 의지로부터 발생하고, 또한 다양한 관점들의 유용성의 정도를 측정하는 것도 힘에의 의지에 의해서이다. 즉 니체가 삶의 기본 조건으로 파악하는 관점주의적인 것은 바로 힘에의 의지의 속성이며, 니체는 힘에의 의지 작용의 보편성을 "필연적 관점주의"(nothwendiger Perspektivismus)11)라고 명명한다. 니체는 힘에의 의지 작용으로서의 관점주의를 통해, 즉 관점주의적인 것의 긍정을 통해 우리가 절대적인 진리가 해체된 허무주의 상황을 극복할 수 있다고 주장하는 것이다.

하지만 이 힘에의 의지 개념은 종종 니체에 대한 오해의 출발점으로 여겨진다. 특히 '전통 형이상학의 완성자' '마지막 플라톤주의자'라는 하이데거(M. Heidegger)의 니체에 대한 평가는 그 오해의 원천이다. 하이데거에 따르면 니체의 사유는 서구 형이상학의 기본 문제인 "존재자에 대한 해명"12)에 닿아 있으며, 따라서 니체 또한 존재의 진리를 은폐시킨 서구 형이상학 전통에서 자유롭지 않은 인물이다. 하이데거는 니체가 힘에의 의지를 "완성된 주체성"(vollendete Subjektivitat)13)으로 제시함으로써 근대의 주체성의 정점, 즉 존재 망각의 정점에 이르게 되었으며, 이런 점은 '위버멘쉬'(Übermensch) 개념을 통해 잘 드러난다고 주장한다. 니체가 자신의 관점주의를 위배하고 있다는 로티

---

10) 니체, 『유고(1888년 초-1889년 1월초)』, p. 121.
11) 같은 책, p. 207.
12) M. Heidegger, *Nietzsche I* (Verlag Gunther Neske Pfullingen, 1961), p. 12.
13) Heidegger, *Nietzsche II* (Verlag Gunther Neske Pfullingen, 1961), p. 301.

의 비판의 많은 부분이 사실상 하이데거의 니체 해석에 의존한 것으로 보인다. 물론 로티는 자신의 우연성의 철학을 니체와 데이빗슨(D. Davidson)의 언어와 은유에 대한 통찰로부터 시작하고 있으며, 그것은 로티가 관점주의를 하나의 어휘 사용의 문제로 간주하는 환원적 이해의 출발점이기도 하다.

3. 우연성의 철학

니체가 허무주의를 문화적 현상뿐만 아니라 역사의 논리로 파악하는 반면, 그 어떤 필연적 계기도 인정하지 않는 로티는 허무주의를 하나의 우연적 현상으로 파악한다. 로티는 언어, 자아, 세계 등 모든 것을 우연성으로 규정함으로써 전통적인 이론들이 추구해 왔던 필연, 절대, 보편과 같은 철학적 열망들을 강력하게 해체한다. 그에게는 모든 것이 시간과 기회의 산물일 뿐이다. "우리가 더 이상 '어떤 것도' 숭배하지 않는 지점, 즉 우리가 '아무것도' 준-신적인 것이라고 취급하지 않으며 우리의 언어, 우리의 양심, 우리의 공동체 등 '모든 것을' 시간과 기회의 산물로 여기는 그러한 지점에 도달해가고 있다."14) 특히 로티는 언어를 명제적 언어의 의미를 넘어 문화와 세계를 의미하는 확장된 개념으로 사용함으로써, 그리고 언어의 본성을 우연성으로 특징지음으로써 그것을 우연성의 철학의 교두보로 삼고 있다.15)

로티의 우연성의 철학은 언어의 근원은 은유라는 니체의 통찰에 의존하는 바가 크다.16) 로티는 "진리란 무엇인가? 유동적인 한 무리의

---

14) 로티, 『우연성 아이러니 연대성』, 김동식·이유선 역 (서울: 민음사, 1996), p. 61. 이하 이 책은 『우연성』으로 약하고 본문에 쪽수로 표기함.
15) 노양진, 『몸·언어·철학』 (파주: 서광사, 2009), p. 43.

[은유], 환유, 의인관들이다. …… 진리는 환상들이다"17)라는 니체의 주장을 토대로 니체를 '진리를 안다'는 관념 자체를 몽땅 내던지자고 공공연히 제안한 최초의 인물로 평가한다. 로티의 평가처럼 니체는 지성과 사태의 일치를 전제하는 전통 형이상학적 사유를 언어와 은유에 관한 철학적 통찰을 통해 근본적으로 부정한다. 니체에 따르면 은유는 인식의 보조수단이기보다 세계를 파악하는 인간의 가장 원초적 방식이다.

'물 자체'는 (이것도 마찬가지로 효과 없는 순수 진리일 것이다) 언어 창조자에게는 도저히 이해할 수 없는 것이고, 추구할 만한 가치도 전혀 없는 것이다. 그는 인간에 대한 사물들의 관계를 표시하고, 이것을 표시하기 위해 대담한 [은유]들의 도움을 받는다. 신경자극을 우선 하나의 영상으로 옮기는 것! 첫 번째 [은유]. 영상을 다시 하나의 음성으로 만드는 것! 두 번째 [은유]. 그리고 그때그때마다 영역을 완전히 건너뛰어, 전혀 다른 새로운 영역으로 들어간다. …… 물 자체의 수수께끼 같은 X는 한번은 신경자극으로, 그리고는 영상으로, 마지막에는 음성으로 작용한다. 어쨌든 언어의 발생은 논리적으로 진행되지 않는다. 훗날 진리의 인간, 즉 탐구자와 철학자가 작업하고 세우는 전체 재료는, 그것이 설령 공중누각에서 나온 것은 아니라고 하더라도, 아무튼 사물들의 본질에서 유래하는 것은 아니다.18)

로티는 니체의 이러한 언어적 통찰을 데이빗슨의 '일과적 이론'(passing theory)을 토대로 재서술함으로써 그의 우연성의 철학의 토대를 놓는다. 로티는 언어가 은유로부터 생성되었다는 니체의 관점에

---

16) 이진우, 「아이러니와 비극적 사유: 로티의 '포스트니체주의'는 과연 니체를 극복하였는가?」, 김동식 편, 『로티와 사회와 문화』 (서울: 철학과현실사, 1997), pp. 252-59 참조.
17) 니체, 「비도덕적 의미에서의 진리와 거짓에 관하여」, 『유고(1870년-1873년)』, 이진우 역 (서울: 책세상, 2001), p. 450.
18) 같은 책, pp. 447-48.

언어를 표현이나 표상하기 위한 매개물로 여기지 않는 데이빗슨의 인식을 결합함으로써 언어의 은유적 성격에 주목해야 한다고 주장한다(『우연성』, 43). 우리가 현실적으로 유지하고 있는 언어적 합의는 언어라는 도구에 대한 '일과적 이론'을 받아들이는 데서 생겨난 결과물이며, 따라서 의사소통의 가능성은 합리적으로 설명될 수 없고 단지 우연적 일치라는 것이다.19) 이를 토대로 로티는 니체적이고 데이빗슨적인 언어의 역사, 문화의 역사를 한마디로 은유의 역사라고 규정한다.20) 언어와 문화의 역사는 "수많은 작은 우연성들의 결과"(『우연성』, 51)일 뿐이며, 따라서 로티는 이제 우리에게 요구되는 것은 모종의 발견이 아니라 단지 우리가 "말하는 방식을 바꾸는 일"(『우연성』, 58)이라고 주장한다.

로티는 언어의 우연성에서 자아의 우연성이 필연적으로 산출된다고 본다. 로티에 따르면 자아는 본성, 유적 존재로서의 인간, 인권 등으로 표현될 수 있는 어떤 중심도 가지고 있지 않다.21) 개인들은 끊임없이 변화하는 관계의 그물망을 구성하는 우연적 요소로서, 이제 인간의 자아는 하나의 어휘 속에서 적합하거나 부적합하게 표현되기보다 오히려 하나의 어휘를 사용함으로써 창안된다. 네하마스(A. Nehamas)의 니

---

19) 로티의 은유 개념은 기본적으로 데이빗슨의 은유 이론에 크게 의존하고 있다. 데이빗슨에 따르면 은유적 의미란 존재하지 않으며 은유적 표현은 문자적 의미를 갖는데, 그 표현은 일반적인 문장과는 달리 독특한 은유적 기능을 갖는다. Donald Davidson, "What Metaphors Mean," in his *Inquiries into Truth and Interpretation* (Oxford: Clarendon Press, 1984), p. 261 참조. 하지만 노양진의 지적처럼 로티의 결론적 주장과 달리 데이빗슨이 여전히 변형된 형태이기는 하지만 진리대응설을 유지하고 있다는 사실은 매우 역설적이다. 노양진, 『몸·언어·철학』, p. 53 참조.
20) 로티는 니체적인 문화의 역사와 데이빗슨적인 언어철학이 언어를 우리가 지금 진화를 보듯이 끊임없이 낡은 형태를 죽이는, 그것도 고상한 목적을 달성하기 위해서가 아니라 맹목적으로 죽이는, 새로운 삶의 양식이라고 본다. 로티, 『우연성』, p. 57.
21) Richard Rorty, *Objectivity, Relativism, and Truth: Philosophical Papers 1* (Cambridge: Cambridge University Press, 1991), p. 191.

체 해석에 의존하여22) 로티는 니체 역시 자기 인식을 새로운 언어를 창안하는 과정과 동일시하고 있으며, 한 사람의 존재의 원인을 추적하는 유일한 길을 새로운 언어로 말하는 것에서 찾고 있다고 파악한다(『우연성』, 71-72 참조). 이렇게 로티는 니체를 통해 전통적인 진리 관념이 포기됨으로써 자기 인식이 어떤 진리에 대한 앎을 통해서가 아니라 자아창조를 통해 성취되고, 자신의 우연성과 대면하는 과정이 새로운 언어를 창안하는 과정과 동일시된다고 주장한다.

하지만 로티는 니체가 플라톤적인 초월적 구분과는 대조적으로, 낡은 언어와 새로운 언어의 구분을 진리에의 의지와 자기 극복에의 의지의 차이로 파악함으로써, 자아에서 신적인 것을 완전히 탈각시키지는 못하고 있다고 주장한다.23) 로티에 따르면 자아의 서술 역시도 세계에 대한 서술과 마찬가지로 탈신적이어야 함에도 니체는 "영혼에 대해 육신을, 머리에 대해 가슴을, 신비스러운 정신력인 '이성'이란 것에 대해 마찬가지로 신비스러운 정신력인 '의지'란 것을 더 찬양하는 낭만적인 시도"(『우연성』, 80-81)의 측면을 버리지 못했다고 비판하면서 니체를 전도된 플라톤주의로 규정한다. 그리고 로티는 프로이트(S. Freud)를 통해 니체의 전도된 플라톤주의를 피할 수 있는 길을 제시한다. 로티는

---

22) 네하마스는 해석과 독립해서 존재하는 사실은 없으며, 모든 해석의 공통된 해석 대상은 존재하지 않을 뿐만 아니라 하나의 해석의 진위를 판단할 어떠한 중립적 기준도 존재하지 않는다고 본다. 그럼에도 그는 다른 해석보다 더 정당한 해석이 있을 수 있으며, 그것을 보여주기 위해 니체가 사용한 독창적인 해결책을 니체의 변화무쌍한 장르와 스타일의 구사에서 찾는다. 알렉산더 네하마스, 『니체-문학으로서의 삶』, 김종갑 역 (서울: 책세상, 1994), pp. 19, 64 참조.
23) 로티는 니체를 최후의 형이상학자, 즉 궁극적 실재로서의 힘에의 의지에 관한 이론가로 파악하는 하이데거에 의존하여 니체를 전도된 플라톤주의로 규정한다. 즉 플라톤이 관조의 삶에 대해 그렇게 생각한 것처럼 니체도 자아창조의 삶이 완성될 수 있으며 자율적일 수 있다고 제안하고 있는 것으로 해석한다. 힘에의 의지에 대한 이러한 이해의 차이가 결국 관점주의를 대하는 두 사람의 건널 수 없는 간극을 불러온다고 볼 수 있다. 로티, 『우연성』, p. 97 참조.

프로이트를 양심의 근원을 추적하여 그것을 어린 시절 교육의 우연성에서 찾음으로써 자아에서 신적인 것을 탈각시키게 도와준 도덕가로 평가한다(『우연성』, 75). 로티에 따르면 프로이트는 인간 존재의 모형이라는 발상 자체를 피함으로써 칸트의 공통의 도덕의식이나 니체의 위버멘쉬 둘 다를 파괴한다. 따라서 로티는 프로이트를 통해 "재서술을 본질 발견의 주장이 아니라 하나의 도구로 보는 일이 가능하게 되었[고], …… 새로운 어휘란 다른 모든 어휘들을 대체시켜야 할 것, 혹은 실재를 표상한다는 주장을 담은 것이 아니라, 단지 또 다른 어휘, 또 다른 인간적 프로젝트, 어떤 개인이 선택한 [은유]에 불과하다고 보는 일이 가능하게 되었다"(『우연성』, 91)고 주장한다.

"니체 이후의 철학자들은 개별성과 우연성이 갖는 보편성과 필연성을 드러내기 위해 철학을 한다"(『우연성』, 69)는 언급처럼 언어, 자아, 세계 등 모든 것을 우연의 산물로 파악하는 로티의 우연성의 철학은 이처럼 역사적 우연성을 삶의 필연적 조건으로 받아들이는 방향으로 전개될 수밖에 없다. 로티는 그래서 자신의 마지막 어휘마저도 초개(草芥)처럼 던져버릴 수 있는 아이러니스트를 우연성의 철학에 어울리는 인물로 간주한다. 아이러니스트는 "자신의 가장 핵심적인 신념과 욕구들의 우연성을 직시하는 사람, 그와 같은 핵심적인 신념과 욕구들이 시간과 기회를 넘어선 무엇을 가리킨다는 관념을 포기해 버릴 만큼 충분히 역사주의자이고 명목론자인 사람"(『우연성』, 22-23)이다.

로티는 자신의 아이러니즘 옹호론이 사적 영역과 공적 영역을 구분하는 것의 성공 여부에 달려 있다고 주장한다. 즉 사적 영역과 공적 영역의 갈등과 가치대립의 문제에 대해 로티는 "두 영역 간의 내재적 연관성을 부정"(『우연성』, 13)하는 방향에서 그 해결책을 제시한다. "사적인 것과 공적인 것을 결합시킬 어떤 방도도 없으며, 스스로를 재창조하기 위한 우리 자신들에 대한 우리의 책임과 다른 인간 존재들에 대한 우리의 책임을 함께 결합시킬 어떠한 방도도 없다."(『우연성』, 13) 하지만 두 영역의 필연적 연관성을 주장할 어떤 이유도 없다면 두 영역의 필연적 분리를 주장할 그 어떠한 정당한 이유도 있을 수 없다. 역사적 우연성을 삶의 필연적 조건으로 받아들이자는 로티의 우연성의 철학은 이분법적 사유의 토대 위에서 결국 사적 영역과 공적 영역의 분리, '자기분열'[24)]이라는 극단적 방법을 통해서만 비로소 가능하게 된다.

4. 관점주의를 바라보는 두 가지 시선

우연성의 긍정과 아이러니즘의 옹호라는 우연성의 철학의 관점에서 로티는 니체가 역사의 절정을 원함으로써 자신의 관점주의를 위배하고 있다고 비판한다. 로티가 볼 때 '발견'이라는 전통적인 진리 개념을 몽땅 던져버리자고 제안하는 관점주의자 니체는 아이러니스트의 전형이다. 로티에게 관점주의는 자신의 마지막 어휘까지도 지속적으로 의심할 뿐만 아니라 "자신의 어휘가 다른 것들보다 실재에 더 가깝다고, 달리 말해서 그것이 자기 자신이 아닌 어떤 [힘과] 접촉하고 있다고 생각하지 않는"(『우연성』, 146) 아이러니스트의 인식적 태도인 것이다. 하지만 로티에 따르면 니체는 스스로 아이러니스트의 유명론과 역사주의를 위배하고 있다. 아이러니스트로서 진정한 본질에 대한 관계의 확립

---

24) 이진우의 지적처럼 분열된 자아, 삶으로부터의 소외는 허무주의의 징후이지 결코 허무주의의 극복을 의미하지는 않는다. 따라서 로티가 허무주의적 상황, 곧 어휘의 우연성과 다원성을 과도기적 상태로 파악하지 않고 역사의 최종적 산물로 이해하는 것은 그의 우연성의 철학의 필연적 귀결이라고 볼 수 있다. 이진우, 「아이러니와 비극적 사유」, pp. 267-68 참조.

을 허용하지 않아야 함에도 니체는 마치 인간의 자아가 힘에의 의지라는 어떤 것의 저장소인 양 말하며, 위버멘쉬라는 여전히 더 큰 어떤 사람과의 밀접한 관계에서 나오는 힘을 원하고 있기 때문이다. 로티가 보기에 힘에의 의지 이론가 니체, 모든 관점을 넘어서는 데 관심을 가진 최후의 형이상학자 니체는 아름다움만이 아니라 역사의 절정을 원함으로써 자신의 관점주의를 배반하고 있는 것이다. 니체가 "다르게 보기보다는 깊이 본다고 주장하는 한, 그리고 단순히 반동적이기보다는 자유롭게 되기를 원한다고 주장하는 한"(『우연성』, 200) 그는 자신의 관점주의를 위배하고 있는 것이라고 로티는 주장한다.

이처럼 언어의 우연성에 대한 신념에서 출발한 우연성의 철학자 로티는 힘에의 의지를 하나의 형이상학적 믿음으로 간주하고 니체에게서 이것을 제거하려고 시도한다. 하지만 니체에게 있어 관점적 인식 자체는 이미 힘에의 의지의 산물이다. 니체는 힘에의 의지를 신체적 존재인 인간의 기본적인 인식적 태도를 결정하는, 즉 관점을 설정하는 힘으로 파악하기 때문에 니체에게 있어 힘에의 의지를 제거한 관점주의는 인간의 생물학적 조건상 아예 불가능하다. 그렇다면 관점주의에 대한 두 사람의 이러한 차이는 왜 생겨나는가?

가장 중요한 것은 '관점'(perspective)에 관한 두 사람의 이해의 차이라고 볼 수 있다. 앞에서 본 것처럼 로티의 관점 이해는 니체가 자신의 우연성과 대면하는 과정을 새로운 언어를 창안하는 과정과 동일시한다는 네하마스의 해석에 의존한 것으로 보인다. 콘웨이(D. W. Conway)가 잘 지적하고 있는 것처럼 로티에게 있어 관점들의 차별적 특징은 "독특한 최종적 어휘, 즉 사람들이 가장 기본적인 희망, 믿음, 욕구 등을 표현하는 수단으로서 용어들과 개념들의 집합이다."[25] 따라

---

[25] 데니얼 콘웨이, 「탈신체적 관점: 니체 대 로티」, 성진기 외, 『니체 이해의 새로운 지평』 (서

서 로티의 관점들은 최종적 어휘에 의해 표현된 관점들이며, 우리의 최종적 어휘를 수정하고 부적절하게 전승된 용어들과 개념들을 우리의 의도에 부합하는 것들로 대체함으로써 우리 자신을 창조하는 과정으로 이해된다.26) 로티가 이처럼 관점들을 최종적 어휘의 대체 과정으로 파악하는 것은 관점들에서 형이상학적인 맥락을 떼어놓기 위해 관점적 대면 상황을 어휘 사용 과정으로 환원하는 데에서 비롯된 것이다.

로티의 환원주의적 태도 속에는 사실상 모종의 이원론이 전제되어 있다. 무엇이 다른 것으로 환원된다고 말하기 위해서는 적어도 그것들이 서로 분리되어 있다는 사실을 전제해야 하기 때문이다.27) 로티는 니체의 관점주의를 전적으로 우연적인 어휘 사용 과정으로 환원시킴으로써 관점적 앎의 신체적 토대에 대한 믿음과 이 신체적 토대를 무시하거나 과소평가하는 것에 대한 경고를 포함하고 있는 니체의 관점주의에서 벗어나고 있다. 로티가 이해하는 관점들이 "탈신체적인 시각들"28)이라면 니체에게 있어 관점들은 의지작용들이 개입된 우리 몸의

울: 철학과현실사, 2000), p. 426.
26) 물론 로티는 자기 창조의 과정이 결코 완성될 수도 자율적일 수도 없다고 본다. 그에 따르면 세계와 과거를 재서술하는 어떠한 프로젝트도 주변적이고 기생적일 수밖에 없다. 이는 데이빗슨의 은유 이론에 의존한 것으로, 은유적 언어는 "아무런 쓰임새가 없는 언어"이며, 따라서 이미 사용 중인 다른 낡은 낱말들을 배경으로 해야만 한다는 의미에서 주변적이고 기생적이다. 로티, 『우연성』, pp. 93-94 참조.
27) 로티의 환원주의적 태도는 듀이의 형이상학을 비판하는 데서도 뚜렷하게 드러난다. 노양진은 로티가 듀이의 자연주의적(naturalistic) 형이상학에 대한 수많은 비판자들이 범한 전형적인 오해에 의거해서 듀이의 '연속성의 원리'(principle of continuity)를 일종의 동일성(identity)의 원리로 환원주의적으로 해석하고 있다고 비판한다. 노양진, 『상대주의의 두 얼굴』, pp. 166-69 참조. 이는 듀이 자신의 설명에서도 분명히 드러나며, 듀이의 연속성의 원리는 몸의 활동으로부터 출발하는 니체의 관점주의 이해와 구조적 유사성을 갖는 것으로 보인다. "여기에서 사용된 자연주의적이라는 말의 의미는 한편으로는 정신적 탐구 작용과 생물학적·물리적 작용 사이에 단절이 없다는 것이다. 다른 한편 연속성이라는 말의 의미는 정신적 활동들이 유기적 활동에서 생겨나지만 그것이 그 근원과 동일하지 않다는 것이다." John Dewey, *Logic: The Theory of Inquiry: The Later Works, 1925-1953*, Vol. 12, ed. Jo Ann Boydston (Carbondale, Illinois.: Southern Illinois University Press, 1991), p. 26.

특정한 표현들, 즉 힘에의 의지의 필연적 귀결이다. 관점적 앎의 신체적 토대에 대한 니체의 강조는 환원주의적으로 관점주의를 이해하는 것에 대한 분명한 경고로 읽을 수 있다.

> 오직 관점주의적으로 보는 것만이, 오직 관점주의적인 '인식'만이 존재한다: 우리가 한 사태에 대해 **좀 더 많은** 정서로 하여금 말하게 하면 할수록, 우리가 그와 같은 사태에 대해 **좀 더 많은** 눈이나 다양한 눈을 맞추면 맞출수록, 이러한 사태에 대한 우리의 '개념'이나 '객관성'은 더욱 완벽해질 것이다. 그러나 의지를 모두 제거하고, 정서를 남김없이 떼어낸다는 것은, 우리가 그것을 할 수 있다고 가정해도, 어떻게 할 수 있단 말인가? 이것은 지성을 거세하는 것을 의미하는 것이 아닌가?29)

니체에게 있어서 관점들은 복합적인 의지작용들, 곧 몸의 활동과 결코 분리될 수 없다. 그러한 분리는 전적으로 불가능하다. 니체가 복합적인 의지작용들을 관점적 지식을 제공하는 적극적이고 능동적인 힘들로 특징짓는 것은 모든 관점들에 신체화가 필수적이라는 것을 함축한다. 힘에의 의지 작용으로서 몸의 활동은 우리의 관점들이 생겨나는 출발점이며, 다양한 관점들, 곧 다양한 언어적 변이를 가능하게 해주는 공통 지반인 것이다.

이처럼 관점에 대한 두 사람의 차이는 명확하다. 출발점부터 다르다. 로티는 언어의 우연성이, 니체는 몸의 총체성이 관점을 이해하는 출발점이 된다. 이를 토대로 로티는 관점을 최종적 어휘의 대체 과정으로, 또 관점적 대면 상황을 어휘 사용 과정으로 환원시켜 이해한다. 반면 니체는 관점을 의지작용들이 개입된 몸의 특별한 표현들, 힘에의 의지의 필연적 귀결로 보는 것이다. 관점에 대한 이러한 차이가 두 사람이

---

28) 콘웨이, 「탈신체적 관점: 니체 대 로티」, p. 430.
29) 니체, 『도덕의 계보』, p. 483. (고딕은 원문의 강조.)

결국 서로 다른 관점주의를 향하게 된 근본 이유라고 볼 수 있다. 이렇게 해서 두 사람은 전혀 다른 방향을 향하게 된다. 로티가 향한 곳이 '탈신체화된 관점주의'라면, 니체가 향한 곳은 '신체화된 관점주의'라고 부를 수 있을 것이다.

5. 신체화된 관점주의의 가능성

로티는 니체가 마치 인간의 자아를 "'힘에의 의지'라고 불리는 어떤 것의 저장소인 양" 말하고, "과거의 자극에 대한 특이한 반동의 묶음이 아니라 순수한 자아창조, 순수한 자발성으로 존재할 위버멘쉬를 상상했을 때"(『우연성』, 201) 자신의 관점주의에 관한 모든 것을 망각해버렸다고 주장한다. 힘에의 의지 이론가 니체는 모든 관점을 넘어서는 데 관심을 가짐으로써 자신의 관점주의와 반본질주의를 위배하고 있다는 것이다. 로티의 주장처럼, 니체는 정말 모든 관점을 넘어서는 데 관심을 가졌던 것일까? 힘에의 의지 이론가 니체는 관점주의자 니체와 결코 한 배를 탈 수 없는 것일까? 이러한 문제는 사실상 로티의 문제의식의 구도에서 생겨나는 것이지 니체 자신의 분열적 태도에서 기인하는 것은 아니다.

로티는 어떤 식으로든 하나의 지반이나 토대를 설정하는 것을 필연적으로 형이상학으로 회귀하는 것이라고 배격한다. 이러한 로티의 태도는 자신이 모종의 철학적 편견으로부터, 즉 그 자신이 인식론 자체를 무용한 것으로 부정함으로써 근본적으로 제거되었다고 주장하는 이분법적 딜레마의 굴레로부터 여전히 자유롭지 않다는 점을 드러내는 것이다. 다양한 관점들과 그것들의 상이성을 설명하기 위해 서로 다르다는 말이 의미를 가질 수 있는 최소한의 공통 지반을 상정하는 것은 자가당착적 상황에 빠지지 않기 위해서는 불가피한 것이다. 따라서 관점주의적 인식에 있어서 힘에의 의지 작용을 "삶과 사회의 내재적 비판과 해석을 가능하게 만드는 기준과 척도"30)로, 그리고 이 틀을 받아들여야만 관점주의가 가능하게 되는 일종의 "사유의 틀"31)로 받아들임으로써 절대적 진리를 주장하지 않는 관점주의를 동시에 수행적 모순으로부터도 구제할 수 있다는 주장은 필요하고 또한 정당하다. 하지만 몸의 중요성에 기반을 둔 이러한 주장들은 그 정당성에도 불구하고 이론적 요청의 범위를 넘어서기 힘들다는 한계를 갖는다. 오늘날 몸과 관련한 담론에서 중요한 것은 이론적 요청을 넘어 몸의 구체적 작용 방식에 대한 실제적이고 경험적인 해명이다.

이러한 점에 주목할 때 관점주의적 인식의 전제조건이자 출발점으로서, 또한 형이상학적 이분법의 대립을 해소하는 실마리로서 몸에 관한 해명을 '인지과학'(cognitive science)의 성과들32)을 바탕으로 좀 더 체계적이고 명료하게 다루고 있는 '체험주의'(experientialism)의 논의는 눈여겨 볼 만하다.33) 몸에 관한 경험적 해명 가운데 우리의 논의와 관련해 특히 주목해 볼 대목은 우리의 개념체계가 신체화되어 있다

---

30) 이진우, 「21세기와 허무주의의 도전: 니체 사유의 전복성에 대한 포스트모더니즘의 대응」, 성진기 외, 『니체 이해의 새로운 지평』, p. 399.
31) 백승영, 『니체, 디오니소스적 긍정의 철학』, p. 497.
32) 마음에 대한 인지과학의 새로운 경험과학적 발견은 크게 세 가지를 들 수 있다. 첫째, 우리의 마음은 본유적으로 신체화되어 있고, 둘째, 우리의 사고는 대부분 무의식적이며, 셋째, 추상적 개념들은 대체로 은유적이다. G. 레이코프·M. 존슨, 『몸의 철학: 신체화된 마음의 서구 사상에 대한 도전』, 임지룡 외 역 (서울: 박이정, 2002), p. 25.
33) 언어학자인 레이코프(G. Lakoff)와 언어철학자인 존슨(M. Johnson)이 주도하고 있는 '체험주의'는 최근 급속히 성장하고 있는 인지과학의 탐구 성과를 적극 수용함으로써 기존의 선험적 사변으로 특징지어지는 전통적인 철학적 방법을 넘어 마음의 철학으로부터 몸의 철학을, 그리고 '경험적으로 책임 있는 철학'(empirically responsible philosophy)이라는 새로운 철학적 시각을 제안한다. 체험주의에 대한 더 자세한 논의는 노양진, 『상대주의의 두 얼굴』, 특히 pp. 183-217 참조.

는 체험주의의 주장이다. 체험주의는 번역불가능성을 극복하면서도 여전히 우리 경험의 상대적 변이들, 곧 관점적 상황들을 긍정적으로 설명할 수 있는 개념체계 개념의 가능성을 우리에게 제시한다. 체험주의는 개념체계 문제와 관련해 대부분의 철학자들이 간과하고 있는 중요한 사실로 우리의 일상적 개념들이 신체화되어 있다는 사실을 든다. 그리고 이러한 개념에 대한 이해 방식의 차이가 자연스럽게 개념체계에 대한 이해 방식의 차이로 이어진다고 본다. 개념들을 추상적 실체로 파악할 때 개념체계는 고정된 방식으로 주어지는 추상적 틀로 간주되지만, 우리의 모든 개념이 신체적 활동을 통해 형성된다는 사실을 받아들일 때 그 개념체계는 자연스럽게 신체적 활동에 뿌리를 둔 것으로 파악할 수 있게 되는 것이다.[34] 특히 존슨(M. Johnson)은 자신의 상상력 이론을 통해, 우리의 경험이 신체적 활동에서 직접 발생하는 영상도식(image schema)을 토대로 점차 추상적인 층위로 은유적 투사(metaphorical projection)의 방식으로 확장된다고 주장함으로써 신체적·물리적 층위의 경험과 정신적·추상적 층위의 경험이 공존하는 우리 개념체계의 중층적 구조를 적절히 해명해 준다.[35]

개념체계에 대한 체험주의의 해명은 '신체화된 관점주의'의 가능성을 보여준다. 우리의 일상 개념들이 이미 신체화되어 있다는 체험주의의 해명은 관점주의가 그 어떤 언어 외적 제약에도 묶여서는 안 된다는 로티의 주장을 정면으로 반박한다. 또한 체험주의의 해명은 니체가 관점주의를 힘에의 의지 작용과 불가분의 관계로 파악한 것을 로티의 주장처럼 니체가 자기보다 더 큰 힘을 원해서가 아니라 단지 관점주의에서 신체화가 필수라는 점을 강조하기 위한 것이었음을 잘 보여준다.

---

[34] 노양진, 『몸·언어·철학』, pp. 287-88 참조.
[35] M. 존슨, 『마음 속의 몸: 의미, 상상력, 이성의 신체적 근거』, 노양진 역 (서울: 철학과현실사, 2000) 참조.

6. 나가는 말

관점적 앎을 우리의 신체적 활동으로부터 이해하는 점에서 니체의 관점주의가 몸의 총체성에 기반을 둔 '신체화된 관점주의'라면, 관점적 대면 상황을 어휘 사용 과정으로 환원시켜 이해하는 로티의 관점주의는 언어의 우연성에 기반을 둔 '탈신체화된 관점주의'라고 말할 수 있다. 관점주의에 대한 두 사람의 이러한 차이는 사실상 허무주의를 대하는 두 사람의 차이에서 이미 예견된 것이라고 볼 수 있다. 로티에게 관점주의는 단지 허무주의적 상황을 받아들이고 거기에 잘 대처하기 위한 도구일 뿐이며, 따라서 그가 허무주의를 극복하기 위한 그 어떤 시도도 관점주의를 위배하는 것이라고 배격하는 것은 그의 우연성의 철학이 걸을 수밖에 없는 행로인 것이다. 반면 니체에게는 관점주의가 허무주의를 극복하기 위한 유일한 길로 제시된다. 니체에게 힘에의 의지는 허무주의를 극복하기 위한 원동력이며, 위버멘쉬는 허무주의를 극복하는 주체이다. 힘에의 의지는 관점을 설정하는 힘이며, 위버멘쉬는 끊임없는 관점 상황의 창조자이기 때문이다.

로티가 힘에의 의지 작용으로서 몸의 활동에 기반을 둔 니체의 '신체화된 관점주의'를 형이상학으로의 회귀라고 비판하는 데에는 모종의 철학적 편향이 개입되어 있다. 거기에는 어떤 식으로든 하나의 지반이나 토대를 설정하면 본질주의의 올가미를 벗어날 수 없게 된다는 믿음이 깔려 있는 것이다. 다양한 관점들이 공통의 지반을 가져야만 의미 있게 성립될 수 있다는 생각을 받아들인다고 해서 다양한 관점들이 그 지반으로 환원될 수 있다거나 환원되어야 한다는 주장이 따라서 나오는 것은 결코 아니다. 체험주의의 해명에 따르면 기본적으로 우리의 일상적 개념들이 이미 신체화되어 있기 때문에 신체적 요소가 배제된 개념이란 있을 수 없다. 또한 다양한 관점들은 우리의 신체적 활동을 통해 직접 발생하고, 은유적 방식을 통해 추상적 층위로 확장된다. 몸이 다양한 관점들, 곧 추상적 개념들의 발생 근거라는 이러한 가정을 우리가 받아들인다면 우리의 삶과 경험의 뿌리를 해명하는 데 있어 다른 시도들— 보편적, 절대적, 초월적 시도들—에 비해 상대적 장점을 가질 수 있을 것이다.

인간의 삶과 그 삶의 지반인 몸에 대한 관심에서 출발하는 모든 학문적 노력은 어쩌면 끊임없이 자기모순적이며 자기분열적이라는 비판에 시달리겠지만, 그것은 신들을 기만한 죄로 끝도 없이 반복해서 바위를 밀어 올려야 하는 형벌에 처해진 시시포스(Sisyphus)의 운명과도 같은 것이다. 삶이라는 바위를 끌어올려 이론이라는 정상에 세우는 순간 다시 굴러떨어질 수밖에 없는 이러한 비극적 운명은 신들로부터의 영원한 형벌이기보다 끊임없는 자기 극복의 과정일 따름이다.

제3장
비도덕주의적 니체 해석 비판

1. 들어가는 말

니체(F. Nietzsche)는 비도덕주의자(Immoralist)라는 호칭을 즐겨 사용했고, 본인 스스로도 그렇게 불리기를 원했다. 그런 점에서 그의 도덕철학적 입장은 '비도덕주의'(immoralism)로 간주된다.[1] 비도덕주의는 기본적으로 도덕에 반대하는 니체의 입장을 이해하려는 시도라고 볼 수 있다. 그것은 도덕을 부정적 가치나 극복해야만 하는 어떤 것이라고 주장한다. 하지만 비도덕주의는 니체가 도덕적 가치가 아닌 미적 가치, 또는 도덕적 삶의 형식이 아닌 다른 윤리적 삶의 형식을 지지한다고 주장한다는 점에서 무도덕주의(amoralism)와는 다르다. 한마디로 비도덕주의적 해석은 니체가 도덕은 거부하면서도 도덕과는 다른 대안적 가치나 도덕과는 다른 윤리적 삶의 형식을 지지한다고 주장한다.[2]

---

[1] 빨랑뜨(G. Palante)는 인간 행위에 도덕이 미치는 영향력의 정도에 따라 비도덕주의를 크게 두 가지로 구분한다. 첫째, 도덕이 개인의 행위에 사소한 영향을 미친다는 입장, 둘째, 도덕이 개인의 행위에 막대한 영향을 미친다는 입장. 빨랑뜨에 따르면, 첫째 입장은 도덕이 무해하고 비실재적이라는 데 주목하고 순수한 심리학적 태도를 견지하는 반면, 둘째 입장은 도덕이 유해하다고 주장하며 가치평가적이고 윤리적인 태도를 띤다. 빨랑뜨는 니체가 슈티르너(M. Stirner)만큼 분명하지는 않지만, 슈티르너와 더불어 둘째 입장을 대표하는 것으로 간주한다. G. Palante, "Two Types of Immoralism," *The Philosophical Forum* (2009), pp. 265-73.

니체가 강력한 도덕의 비판자라는 점에서, 또 그가 도덕에 의해 그것의 본래 가치를 박탈당한 '반도덕적'(unmoralisch) 가치에 대한 자신의 선호를 적극적으로 표명해 왔다는 점에서 니체에 대한 비도덕주의적 해석은 한편으로 정당해 보이지만, 다른 한편 그가 누구보다도 강한 도덕적 파토스의 소유자라는 점에서,3) 또 그가 자신의 작업을 '도덕의 자기 지양'(die Selbstaufhebung der Moral)4)이나 '도덕의 자기 극복'(die Selbstüberwindung der Moral)5)으로, 또는 '도덕에서의 자연주의'(Naturalismus in der Moral),6) 곧 '도덕적 자연주의'(moral naturalism)라는 정식을 통해 규정하고 있다는 점에서 그의 도덕철학을 비도덕주의로 간주하는 것은 재고의 여지가 있는 것으로 보인다.

　이 글에서 필자는 니체에 대한 비도덕주의적 해석을 비판적으로 검토하고, 그것이 니체의 도덕철학의 핵심적 과제를 잘못 이해하고 있을 뿐만 아니라 그의 도덕철학의 규범적 정당화 문제를 해결하기도 어렵다는 점에 주목한다. 필자는 그 핵심 이유 중 하나를 비도덕주의가 '좋은 것의 정초'라는 전통 윤리학의 근본 가정을 여전히 공유하고 있다는 점에서 찾는다.7) 비도덕주의는 도덕이 최고의 가치이며 삶의 궁극적

---

2) 국내의 비도덕주의적 논의는 다음과 같다. '미학적' 입장으로 이상엽, 「니체의 삶의 예술철학: 탈근대 시대의 새로운 윤리학의 시도」, 『니체연구』 제17집 (한국니체학회, 2010), pp. 87-111; 임건태, 「니체의 도덕적 세계해석 비판」, 『니체연구』 제9집 (한국니체학회, 2006), pp. 89-117 참조. '윤리적' 입장의 논의는 김정현, 『니체의 몸 철학』 (서울: 문학과현실사, 2000); 백승영, 『니체, 디오니소스적 긍정의 철학』 (서울: 책세상, 2005); 백승영, 「실존의 미학으로서의 삶의 윤리: 니체와 푸코」, 『니체연구』 제23집 (한국니체학회, 2013), pp. 131-56 참조.
3) 니체, 『아침놀』, 박찬국 역 (서울: 책세상, 2004), p. 15.
4) 같은 책, p. 16.
5) 니체, 『선악의 저편』, 김정현 역 (서울: 책세상, 2002), p. 62.
6) 니체, 『우상의 황혼』, 백승영 역 (서울: 책세상, 2002), p. 109.
7) '좋은 것의 정초'라는 전통 윤리학의 기본 가정은 도덕이 다른 모든 가치를 수렴하는 최고의 가치이며, 동시에 그것이 우리의 삶의 궁극적 목적이자 완성이라고 믿는 도덕주의적 믿음과 긴밀하게 묶여 있다. 물론 도덕적 질서가 사회적 존재인 인간의 보존과 성장을 위한 필수 조건이라는 것은 분명하지만, 이러한 중요성이 도덕적 가치가 다른 모든 가치에 우선한다는 생

목적이자 완성이라는 도덕주의적 믿음에 대해서는 철저하게 거부하면서도, 니체가 도덕과 다른 대안적 가치를 정당화하는 것을 자신의 도덕철학적 과제로 삼았다고 주장하는 점에서 '좋은 것의 정초'라는 전통 윤리학의 기본 가정에 묶여 있기 때문이다.

필자는 먼저 영미철학을 중심으로 니체에 대한 비도덕주의적 해석을 그것이 제안하는 대안적 가치의 성격에 따라 '미학적'(aesthetic) 입장과 '윤리적'(ethical) 입장으로 나누어 검토한다. 미학적 입장은 니체의 대안적 가치가 미적이거나 유사미학적이라는 시각에 따라 니체가 규범적 기획 자체를 부정한다고 보는 반면, 윤리적 입장은 니체의 대안적 입장이 자연주의적이라는 시각에 따라 니체가 도덕과는 다른 규범적 시각을 지지한다고 본다. 이러한 차이에도 불구하고 비도덕주의적 해석은 니체가 도덕 대신 다른 대안적 가치나 삶의 형식을 지지한다고 주장하는 점에서 입장을 같이 한다.

다음으로 비도덕주의적 해석의 의의와 한계를 검토한다. 비도덕주의적 해석은 니체가 도덕과는 다른 대안적 가치를 지지한다고 주장함으로써, 절대적이고 보편적인 도덕원리에 의존한 기존의 도덕적 실천 형식을 넘어 다원화된 새로운 문화 속에서 우리에게 미적이고 윤리적인 대안적 실존의 가능성을 위한 토대를 마련해 주었다. 하지만 그것은 니체의 대안적인 규범적 시각을 비도덕적 가치나 탈도덕적 삶의 형식에서 찾으려고 시도함으로써, 니체가 규범적 시각 자체를 포기했다고 주장하거나 아니면 그의 규범적 시각의 정당성의 근거를 적절하게 제시하는 데 실패한다. 필자는 비도덕주의적 해석의 근본 한계를 크게 두 가지 점에서 지적한다.

각을 정당화해주는 것은 아니다. 노양진, 『나쁜 것의 윤리학』(파주: 서광사, 2015), pp. 7, 187 참조.

첫째, 비도덕주의적 해석은 '좋은 것의 정초'라는 전통 윤리학의 기본 가정에 입각해 있다. 둘째, 더 근원적 문제로 비도덕주의적 해석은 실재론/반실재론이라는 부적절한 이분법적 대립 구도에 입각해 있다. 비도덕주의적 해석은 이러한 한계 때문에 니체 도덕철학의 규범적 객관성 문제를 적절하게 해결하지 못하는 것으로 보인다. 니체의 도덕철학을 '비도덕주의'보다 '도덕적 자연주의'의 관점에서 바라볼 때, 우리는 그 한계를 극복할 단초를 발견할 수 있을 것이다. 우리가 니체의 도덕적 자연주의를 '좋은 것의 정초'에 토대를 둔 '좋은 것의 윤리학'(ethics of the good)이 아니라 '해로운 것의 금지'에 초점을 맞춘 '나쁜 것의 윤리학'(ethics of the bad)으로 새롭게 파악한다면, 그의 도덕철학에 담긴 규범적 함의는 더 잘 이해될 수 있을 것이다.8)

2. 비도덕주의적 니체 해석의 유형

니체가 '비도덕주의자'라는 이름을 즐겨 사용했다는 점에서 그가 도덕에 반대하는 입장을 지녔다는 점은 의문의 여지가 없다. 하지만 니체가 도덕 자체를 반대했는지 아니면 특정한 도덕에 반대했는지, 또 그가 '도덕의 비판가'인지 아니면 '도덕 이론의 비판가'인지에 대해서는 여전히 논란이 있다.9) 도덕에 대한 그의 기술이 모순적이고 다면적이라는 점은 이러한 논란을 증폭시키는 데 크게 기여했다.10) 이 글에서는

---

8) '좋은 것의 윤리학'과 '나쁜 것의 윤리학'과 관련한 논의는 노양진, 『나쁜 것의 윤리학』 (파주: 서광사, 2015), pp. 101-23.
9) 이러한 논란과 관련해서는 M. Clark, *Nietzsche on Ethics and Politics* (Oxford: Oxford University Press, 2015); B. Leiter, "Nietzsche and the Morality Critics," *Ethics* (107, January, 1997) 참조.
10) 로버트슨(S. Robertson)은 이러한 논란을 부채질하는 문헌적 곤경을 네 가지로 구분하여 다룬다. 첫째, 모순처럼 보이는 주장들이 뒤섞여 있다는 점. 곧 그가 '좀 더 차원 높은 도

비도덕주의적 입장을 그것이 제안하는 대안적 가치의 성격에 따라 '미학적 비도덕주의'(aesthetic immoralism)와 '윤리적 비도덕주의'(ethical immoralism)로 구분하여 살펴본다.

1) 미학적 비도덕주의

미학적 비도덕주의는 한마디로 니체가 미적 가치를 지지하여 도덕적 가치를 거부했다고 보는 입장이다. 그것은 '도덕적 가치평가'에서 '미적 가치평가'로의 가치평가의 전환을 의미한다. 이런 점에서 비도덕주의는 '미적 가치평가' 또는 '미적 세계 해석'의 다른 이름으로 이해된다.11) 미학적 비도덕주의에 따르면, 니체는 특정한 종류의 '미학주의'를 긍정하면서 부분적으로는 그것을 근거로 또 부분적으로는 니체가 하강하는 인간 유형이라고 부르는 것에 대한 관심에서 도덕을 공격한다.12) 그것은 니체의 비도덕주의를 단순히 도덕을 부정하고 반대하는 부정적인 의미만으로 이해하지 않으며, "삶이 본질적으로 비도덕적인"13) 것임을 긍정한다. 그리고 '비도덕적'이라는 말을 통상적 의미에서 '비도덕성'을 뜻하기보다 예술적 창조의 과정을 의미하는 것으로 이해한다.14) 이를 통해 미학적 비도덕주의는 니체의 철학적 과제가 도덕

덕'을 주장하면서도 스스로 '모든 도덕에 대한 비판자'라고 주장하는 점, '비도덕적 행위를 피해야 한다'고 주장하면서도 곳곳에서 자신을 '비도덕주의자'라고 부르고 있는 점. 둘째, 그가 비판과 지지의 대상 양자를 표시하기 위해 '도덕'이라는 동일한 용어를 사용하고 있다는 점. 셋째, 도덕 비판에 대한 니체의 태도가 종종 양면적이라는 점. 넷째, 도덕에 반대하는 입장이 그 자체로 하나의 도덕적 입장이 되기 때문에 하나의 모순을 포함한다는 점. S. Robertson, "The Scope Problem: Nietzsche, the Moral, Ethical, and Quasi-Aesthetic," C. Janaway and S. Robertson, eds., *Nietzsche, Naturalism, and Normativity* (Oxford: Oxford University Press, 2015), pp. 81-82.
11) 임건태, 「니체의 도덕적 세계해석 비판」, 『니체연구』 제9집 (한국니체학회, 2006), p. 90.
12) P. Foot, "Nietzsche's Immoralism," R. Schacht, ed. *Nietzsche, Naturalism, and Normativity* (Berkeley: University of California Press, 1994), p. 5.
13) 니체, 『비극의 탄생』, 이진우 역 (서울: 책세상, 2005), p. 18.

과는 무관한 삶의 미적 정당화를 추구하는 데 있다고 본다.

영미철학 내에서 니체를 미학적 비도덕주의로 읽는 대표적인 연구자는 풋(P. Foot)과 네하마스(A. Nehamas)를 들 수 있다. 그들은 기본적으로 니체의 비도덕주의에 대한 제한적인 해석이 니체의 도덕에 대한 급진적 입장을 사소한 것으로 만든다고 주장한다.15) 풋은 니체의 비도덕주의라는 말 안에 많은 문제들과 해석들이 잠재해 있다고 보면서 니체가 단순한 도덕적 상대주의자가 아니라는 점을 분명히 한다. 풋은 니체가 도덕을 반대할 뿐만 아니라 하나의 새로운 도덕을 지지한다고 보지도 않는다.16) 이는 니체가 특정한 도덕, 말하자면 기독교 도덕이나 도덕의 특정한 이론이나 개념을 거부한 것으로 보는 제한적인 해석에 대한 비판적 시각을 견지하는 것이다. 풋에 따르면 니체는 도덕을 예외적 인간에게 해로운 '무리'에 기반을 둔 방식 안에서 실재를 반영하는 것으로 이해한다. 그리고 모든 도덕에서 가장 나쁜 것이면서 동시에 일반적인 것은 그것이 각각의 그리고 모든 사람의 사례에서 어떤 종류의 행위의 가치를 결정하려고 시도한다는 것이다.17) 풋은 니체가 가치를 자신의 성격을 창조하는 한 사람에게만 속하는 것으로서 생각한다는 점에서, 니체가 도덕으로부터 가치평가의 미적 형식으로 명확히 이동한 것으로 파악한다.18) 이런 점에서 풋은 니체를 특별한 종류의 도덕주의자라기보다 오히려 비도덕주의자로서 다룬다. 그것은 도덕의 보편주의에 대한 니체의 반대에서 기인한 것이다.

풋은 그 자체로 좋거나 나쁜 어떤 행위도 없다는 니체의 주장에서 정의의 가르침에 대한 운명적 함축을 본다. 즉 풋은 니체의 주장에서

---

14) 임건태, 「니체의 도덕적 세계해석 비판」, pp. 92-93.
15) Clark, *Nietzsche on Ethics and Politics*, p. 23.
16) Foot, "Nietzsche's Immoralism," p. 4.
17) 같은 글, p. 6.
18) 같은 곳.

부정의가 그 자체로 악으로 불릴 수 없다는 암시를 받는다. 물론 니체의 비도덕주의에 대한 풋의 그러한 이해는 클락(M. Clark)의 지적처럼 풋이 도덕을 정의, 공동선과 같은 것에 불가피하게 연결되어 있는 것으로 이해하는 데서 비롯된 측면도 있다.[19] 니체가 열정들의 승화와 자기 극복, 또는 자기 창조의 처방전으로 도덕의 경전을 대체함으로써 실제로 부정의한 행위들을 지지하지 않았다는 니체 옹호자들의 주장에도 불구하고, 풋은 몇몇 구절들의 사례를 통해 니체의 비도덕주의에 부정의를 허용하는 깊게 병적인 측면이 있다고 본다.[20]

> 증오, 악의적인 기쁨, 약탈욕과 지배욕, 그리고 악이라고 불리는 그 밖의 모든 것들은 종족 보존의 경이로운 경제학의 일부이다.[21]

> 외부에서 가해지는 불운이나 역경, 증오, 질투, 고집, 불신, 냉혹, 탐욕, 폭력 등은 이것들이 아니라면 덕의 위대한 성장이 불가능한 유익한 환경에 속하는 것이 아닐까? 나약한 천성을 지닌 자를 멸망케 하는 독은 강한 자를 강화시킨다.[22]

> 가혹함, 폭력, 노예근성, 뒷골목과 가슴속에 있는 위험, 은둔, 금욕주의, 유혹의 기술, 모든 종류의 악마성, 인간이 가진 모든 악과 공포스러운 것, 포악한 것, 맹수 같은 것과 교활한 것은 그와 반대되는 것으로서 인간이라는 종을 향상시키는 데 잘 기여한다.[23]

풋에 따르면, 살인, 고문, 노예 상태와 같은 것을 금지하고 누구든 그러한 것들을 수행하면 악으로 낙인찍는 것이 정의다.[24] 니체의 구절

---

19) Clark, *Nietzsche on Ethics and Politics*, p. 26.
20) Foot, "Nietzsche's Immoralism," pp. 8-9.
21) 니체, 『즐거운 학문』, 홍사현·안성찬 역 (서울: 책세상, 2005), p. 65.
22) 같은 책, p. 90.
23) 니체, 『선악의 저편』, p. 75.

들이 겉보기에 부정의한 노골적인 행위들을 그 자체로 악으로 규정하지 않는 것을 암시한다는 점에서, 풋은 니체가 더 강하고 더 훌륭한 인간 유형을 산출하는 관심사에서 정의와 공동선의 규범을 내쫓을 준비가 되어 있으며, 이 점이 니체를 특별한 종류의 도덕주의자가 아니라 비도덕주의자로 다루는 것을 지지한다고 본다.25)

한편 네하마스는 '미학주의'(aestheticism)라는 새로운 해석적 표제를 제시한다. 네하마스는 이를 통해 데리다(J. Derrida), 코프만(S. Cofman), 드 맨(P. de Man), 로티(R. Rorty) 등 포스트모던적 해석 흐름을 종합한다.26) 네하마스는 미학주의를 니체의 '관점주의'(perspectivism)와의 연관성을 통해 파악한다.27) 네하마스의 미학주의에 따르면 니체는 세계를 예술작품 대하듯 대한다.

> 나는 니체가 예술작품을 대하듯이 세계를 보았다고, 특히 세계를 문학작품처럼 읽었다고 주장하고자 한다. 문학적 상황이나 문학 텍스트와 등장인물의 창조와 해석에 거의 직관적으로 사용되는 개념이나 원칙들을 세계나 인간에 그대로 적용함으로써 니체는 그것에 대한 자신의 여러 가지 견해에 도달한 것처럼 보인다. …… 니체는 세계와 세계에서 일어나는 모든 사건 및 상황들도 문학 텍스트와 마찬가지로 해석될 수 있다고 주장했다.28)

---

24) Foot, "Nietzsche's Immoralism," p. 7.
25) Foot, "Nietzsche: The Revaluation of Values," *Virtues and Vices* (Berkeley: University of California Press, 1978), p. 92.
26) B. Leiter, "Nietzsche and Aestheticism," *Journal of the History of Philosophy* (April 1992), p. 275.
27) 자연주의적 시각에서 네하마스의 미학주의가 사실상 니체의 시각이 아니라는 라이터의 주장은 주목할 만하다. 라이터는 미학주의가 네하마스를 니체의 긍정적 시각에 대한 기이한 읽기로 이끈다고 주장한다. 네하마스는 관점주의와의 연관 아래 미학주의를 파악한다고 말하고 있지만, 라이터는 세계를 텍스트로 해석하는 것이 일종의 문학적 해석과 같다고 주장하는 네하마스의 미학주의가 독립적인 텍스트적 지지를 요구하는 강력한 테제라고 주장한다. Leiter, "Nietzsche and Aestheticism," pp. 275-90 참조.
28) 알렉산더 네하마스, 『니체: 문학으로서의 삶』, 김종갑 역 (서울: 책세상, 1994), pp. 19-20.

미학주의의 입장에서 네하마스는 니체의 도덕 비판이 옳든 그르든 논의할 만한 충분한 가치가 있다고 본다. 하지만 이러한 관점으로부터 뭔가 직접적이고 분명한 결과를 유추하려고 시도하는 것에 대해서는 의문을 제기한다. 네하마스는 니체의 긍정적인 도덕관이 실망스럽기 짝이 없으며, 거기에 몇 가지 중대한 문제가 포함되어 있다고 지적한다. 즉 니체의 도덕적 견해는 "진부하고 모호하며 또 지식에 대한 그의 견해와 일관성을 결핍한 듯이 보이고, 심지어는 내적인 모순까지 가지고 있는 듯하다."[29] 하지만 네하마스는 니체가 기존의 도덕을 자신의 행동의 긍정적 규범으로 대치하기를 원하지 않았기 때문에 이런 비판이 별 효력이 없다고 말한다.

네하마스는 니체의 긍정적 도덕이 모든 사람을 위한 것이 아니라는 점에 주목한다. 즉 니체의 긍정적 도덕은 선택된 소수의 사람들에게만 보다 고귀한 인간, 그들 자신의 가치 창조자, 진정한 개인으로서 성장하게 하는 행동의 규범이 된다는 것이다. 하지만 니체의 긍정적 도덕을 이렇게 설명하는 순간 이런 해석의 의미는 불명료해진다. 우리가 독특한 개인으로 성장하기 위해 따라야 할 어떤 원칙도 존재하지 않기 때문이다.[30] 네하마스는 니체의 긍정적 도덕에 대한 진술이 진부하고 모호해질 수밖에 없는 이유를 그의 긍정적 견해가 예술적 모델에 입각해 있다는 점에서 찾는다. 네하마스는 '선악의 저편'(Jenseits von Gut und Böse)에 대한 니체의 이해가 그의 문학과 예술에 대한 견해와 관련이 있다고 보기 때문이다.[31] 따라서 네하마스는 삶의 시인이 되어야 한다는 니체의 권고를 통해 '선악의 저편'이라는 니체의 언명을 해석하게 되면, 그 언명이 그 어떤 실질적인 윤리적 견해와도 연결되지 않는

---

29) 같은 책, p. 319.
30) 같은 책, pp. 322-23 참조.
31) 같은 책, p. 325.

다는 것을 분명히 알 수 있다고 주장한다.32)

네하마스는 니체의 긍정적 관점에 대한 시각의 전환을 촉구한다. 그는 니체가 자신의 긍정적 관점을 제시할 수 없었던 것인지 아니면 그가 그러한 관점 자체를 거부하는 어떤 특정한 원칙을 가지고 있었던 것인지에 대한 우리의 관심이 잘못된 장소, 잘못된 차원에서 이루어져 왔다고 주장한다. 즉 그 자체로 비난받거나 저주받을 어떠한 삶의 유형도 존재하지 않기 때문에 니체가 모든 사람에게 적용되는 행동의 일반적 규범을 설정할 수 없는 것은 당연하다는 것이다. 따라서 네하마스에 따르면, 잘못은 우리에게 있다. 그것은 니체의 긍정적 견해를 잘못된 곳에서 찾아온 우리의 문제라는 것이다. 니체의 텍스트의 목적은 이상적인 인물을 묘사하는 것이 아니라 그 인물의 완벽한 표본을 정교하게 제시하는 데 있고, 네하마스는 그 인물이 바로 텍스트의 작가인 니체 자신이라고 결론을 짓는다.33)

네하마스는 니체가 누구에게도 일반적인 행위의 코드를 가르치지 않았다고 주장함으로써 도덕적 논의에서 야기되는 문제를 피하는 것처럼 보인다. 하지만 클락이 지적하는 것처럼, 네하마스는 니체가 그의 가치를 다른 사람에게 부과하지 않고서는 행위의 코드를 추천할 수 없다고 가정하는 것처럼 보이며, 그 가정이 네하마스가 니체의 책들이 문학적인 성격을 우리에게 제공한다고 보는 이유이기도 하다.34) 네하마스는 이러한 점을 근거로 니체가 도덕주의자로 있지 않고도, 즉 그의 가치들을 다른 사람에게 부과하지 않고도 그의 가치 있는 입장을 가질 수 있다고 말한다.

앞에서 살펴본 것처럼 미학적 비도덕주의를 대표하는 풋과 네하마스

---

32) 같은 책, p. 327.
33) 같은 책, p. 333 참조.
34) Clark, *Nietzsche on Ethics and Politics*, p. 26.

의 논의에 따르면, 니체의 도덕에 대한 부정은 그의 미학주의적 시각에 따라 그것이 철저하게 윤리적 지향에서 나왔을 가능성을 배제한다. 이런 점에서 미학적 비도덕주의 논의는 니체가 규범적 기획 자체를 인정하지 않는다고 주장함으로써, 니체의 도덕철학에의 긍정적 기여를 적극적으로 개진할 수 없는 한계에 봉착하게 된다.

2) 윤리적 비도덕주의

윤리적 비도덕주의는 미학적 비도덕주의와는 달리 니체가 윤리적 삶의 다른 형식을 지지하여 도덕을 거부한다고 주장한다. 즉 그것은 니체가 '노예도덕'을 비판하고 '주인도덕'을 대안적 가치로 제시하고 있다고 보는 입장이다. 다만 윤리적 비도덕주의는 니체의 주인도덕을 도덕과 다른 가치평가 방식으로 이해하며, 비도덕주의의 의미를 '도덕'이라는 단어의 두 가지 다른 사용을 설명함으로써 니체의 긍정적 대안이 윤리적 지향을 함축하는 것으로 이해한다. 여기서는 라이터(B. Leiter)와 클락(M. Clark)의 논의를 중심으로 윤리적 비도덕주의와 관련한 논의를 살펴본다.

영미철학계에서 니체에 대한 자연주의적 읽기의 포문을 연 라이터의 경우, 모든 도덕을 거부한다는 엄밀한 의미에서 그의 입장을 비도덕주의로 규정하기는 어렵다. 그는 니체가 결코 모든 도덕의 비판자일 수 없다고 주장하기 때문이다. 라이터가 그렇게 생각하는 이유는 두 가지다. 첫째, 니체가 '더 높은 도덕'에 대한 생각을 가지고 있을 뿐만 아니라 그가 비판하고 지지하는 대상 모두를 지칭하기 위해 '도덕'이라는 용어를 사용하고 있다는 점이다. 둘째, 니체가 어떤 종류의 도덕적 기준에 호소하는 것처럼 보이는 기존의 가치들에 대한 재평가를 제공하려는 목표를 가지고 있다는 점이다. 이런 점에서 라이터는 니체의 비판의 대상이 되는 도덕을 그가 지지하는 도덕과 구별해야만 한다고 주장한다.35)

라이터는 니체가 단지 특정한 종류의 도덕 개념을 거부한 것이 아니면서도 때때로 그가 지지하는 더 높은 도덕을 위해 '도덕'이라는 용어를 사용한다는 점에서 특정한 패러다임의 방식으로 비판의 대상을 경계 짓는다. 라이터는 니체가 도덕과 결부시키는 모든 규범적 체계들이 어떤 구조적 특징을 공유한다고 주장하는데, 그 규범적 체계들은 기술적이면서 동시에 규범적인 구성요소들을 포함한다.36) 한편으로 라이터는 모든 도덕이 인간 주체에 대한 특정한 기술적 설명을 가정한다고 주장한다. 다른 한편 그는 모든 도덕이 어떤 인간 유형의 성공을 위한 특정한 조건들을 증진시키는 규범적 아젠다를 구현한다고 주장한다.37) 그러므로 라이터는 어떤 특정한 도덕이 니체의 비판의 대상이 된다고 본다. 이러한 라이터의 시도는 도덕과 윤리의 구분에 의존한 클락의 경우와 마찬가지로 도덕의 두 가지 의미를 구별하는 것을 포함한다. 이러한 논의를 통해 라이터는 니체가 오직 그것들의 한 가지 의미에서만 도덕을 거부한다고 주장하며, 그것을 '경멸적인 의미에서의 도덕' (morality in the pejorative sense: 이하 MPS로 약칭)이라고 부른다.38)

라이터에 따르면, MPS는 자유의지와 같은 어떤 형이상학적 신념들뿐만 아니라 행복, 이타주의, 평등을 지지하며, 고통과 이기심, 불평등을 반대하는 기술적이고 규범적인 구성요소를 포함하는 하나의 윤리적

---

35) B. Leiter, *Nietzsche: on Morality* (Abingdon: Routledge, 2002), p. 74 참조.
36) 같은 책, p. 78.
37) Leiter, "Morality in the Pejorative Sense: Oh the Logic of Nietzsche's Critique of Morality," *British Journal for the History of Philosophy 3* (1995), p. 122.
38) 같은 글, pp. 113-45 참조.

체계다.39) 라이터는 니체의 공격이 집중되는 표적으로서 MPS를 다루면서, MPS의 특징을 다음과 같이 기술한다.

1. (그것은) 자유의지, 자아의 투명성, 그리고 모든 인간의 본질적 유사성과 같은 인간 행위자의 본성에 관한 세 가지 기술적인 주장들을 가정한다.(기술적 구성요소)
2. (그것은) 더 낮은 사람들에게는 유용하지만 더 높은 사람들에게는 해로운 규범을 수용한다.(규범적 구성요소)40)

MPS의 특징에서 알 수 있는 것처럼 라이터가 MPS를 비판하는 이유는 분명하다. 그것은 MPS가 더 높은 인간들에 반대하고, 인간의 탁월성을 약화시킨다는 점에 있다. 이런 점에서 라이터는 니체의 대안적 관점이 도덕적 가치에 비해 어떠한 인식론적 특권도 가질 수 없다는 점을 강조하면서, 니체의 메타윤리학에 대한 특권적 읽기를 비판한다. 라이터는 니체의 대안적 관점이 객관적으로 참되지도 않을 뿐만 아니라 그것이 비판하는 대상보다 더 정당하지도 않다고 주장한다.41)

클락은 영미철학 내부에서 윤리적 비도덕주의를 가장 적극적으로 개진하는 인물의 한 사람이다.42) 클락은 니체의 비도덕주의를 이해하기 위해 윌리엄스(B. Williams)의 '도덕'(morality)과 '윤리'(ethics)의 구

---

39) Leiter, *Nietzsche: on Morality*, p. 129.
40) 같은 책, p. 78.
41) 니체의 메타윤리학에 대한 특권적 읽기를 비판하는 라이터의 논의는 Leiter, "Nietzsche's Metaethics," *European Journal of Philosophy* (2000) 참조.
42) 클락은 니체가 모든 도덕, 곧 도덕 자체를 부정했다고 보는 입장을 '전면적'(full-fledged) 입장으로, 기독교 도덕이라는 특정한 도덕만 부정했다고 보는 입장을 '제한적'(qualified) 입장으로 구분한다. 그녀는 제한적 입장이 니체 스스로가 말하기를 원하는 것을 경시하는 것처럼 보인다는 의미에서, 그리고 전면적 입장은 니체의 입장이 당혹스럽고 혼란스럽다는 것에 동의한다는 의미에서 각각 두 입장의 한계를 지적하면서, 도덕 개념에 대한 니체 자신의 분석을 토대로 니체의 주장을 더 잘 이해할 수 있는 새로운 시각을 제안한다.

분을 중요하게 이용한다. 도덕과 윤리의 구분은 윌리엄스의 도덕에 대한 반대를 위해 중요하다. 윌리엄스는 윤리적인 것을 "비형식적 승인들과 내면화된 기질들을 통해 활동하는 사람들 사이의 관계들을 규제하기 위한 어떤 체계"43)라고 이해한다. 반면 도덕은 그것이 없으면 더 나았을 것으로 생각되는 하나의 특정한 윤리적 정향이다. 도덕은 "하나의 특별한 체계이며, 윤리적 사고의 특정한 품종이다."44) 클락은 이러한 윌리엄스의 구분을 토대로 니체의 비도덕주의에 담긴 당혹스러움을 해결하려고 시도한다. 그 당혹스러운 문제는 바로 니체가 비판하는 도덕의 범위를 정하는 것이다. 클락은 니체가 도덕이라는 단어를 두 가지 다른 의미로 사용하고 있다는 것을 밝히면 쉽게 설명될 수 있는 것으로 그 문제를 이해한다. 이를 통해 클락은 니체의 비도덕주의가 윌리엄스가 도덕이라고 부르는 것에 대한 거부이지, 윤리적 삶이나 더 폭넓게 구성된 도덕에 대한 거부는 아니라고 주장한다.45)

클락은 도덕 자체에 반대하는 니체의 당혹스러운 주장을 위에서 논의한 미학적 비도덕주의처럼 모든 도덕적 기획 자체를 거부하는 것으로서 다루지 않는다. 클락은 니체가 비도덕주의자라는 이름을 모든 도덕을 거부하는 방식으로 사용할 때, 니체가 주인도덕의 고귀한 가치평가 방식을 하나의 도덕으로서보다 도덕과 무관한 가치평가 방식으로 설명한다고 주장한다.46) 클락은 『선악의 저편』 32절을 자신의 주장의 주요한 논거로 제시하면서, 니체가 좁은 의미의 도덕만을 거부하는 것

---

43) B. Williams, "Moral Luck: A Postscript," *Making Sense of Humanity* (Cambridge: Cambridge University Press, 1995), p. 241.
44) Williams, *Ethics and the Limits of Philosophy* (Abingdon: Routledge, 2006), p. 174.
45) Clark, "On the Rejection of Morality: Bernard Williams's Debt to Nietzsche," R. Schacht, ed., Nietzsche's Postmoralism (Cambridge Cambridge University Press, 2001), p. 102.
46) Clark, *Nietzsche on Ethics and Politics*, p. 24.

으로 이해한다. 즉 니체는 좁은 의미의 도덕이 전통적 의미에서 도덕이고, 니체가 좁은 의미의 도덕만을 거부한다는 의미로 그 자신을 비도덕주의자로 불렀다는 것이다. 클락은 니체가 더 높은 도덕에 대해 말할 때, 그것을 비전통적이고 폭넓은 의미로 사용하는 것으로 다룬다.47)

클락은 미학적 비도덕주의가 도덕 개념에 대한 그들 자신의 이해에 의존해 있다고 비판하고, 도덕 개념에 대한 니체 자신의 이해에 부합하는 새로운 접근을 제안한다. 클락은 『도덕의 계보』에서 이루어지는 니체의 도덕 개념 분석에 주목함으로써 니체가 이의제기 하는 것이 풋과는 반대로 정의나 공동선에 대한 것도 아니며, 또한 네하마스와 반대로 모든 것에 적용할 수 있는 사회적 규범들에 대한 것도 아닌, 오히려 그러한 생각들과 규범들의 '도덕화'(moralization)에 있다고 주장한다.48) 그리고 클락은 도덕에 관한 많은 니체의 작업이 도덕 개념의 핵심 구성요소들을 캐묻고, 또 그것들이 어떻게 인간 역사의 과정 속에서 서로 엮이는지를 보여줌으로써, 도덕이 더 이상 금욕주의적 이상에 묶이지 않을 수 있는 가능성을 보여주려는 시도라고 주장한다. 결론적으로 클락은 니체의 그러한 시도가 결국 니체가 제시하는 대안적 가치가 도덕적 가치보다 더 우월하다는 것을 보여 주는 것을 통해 이루어질 수밖에 없다는 점을 인정한다.49) 이런 점에서 클락의 논의는 니체의 관점이 비판의 대상보다 더 참되지도 정당하지도 않다는 라이터의 입장과는 다르다.50)

---

47) 같은 책, p. 25.
48) 같은 책, p. 29.
49) 같은 책, p. 31.
50) 클락은 듀드릭(D. Dudrick)과 함께 니체의 도덕적 가치에 대한 반실재론이 도덕의 객관성을 부정한다는 라이터(B. Leiter)에 반대하여, 니체가 표현하는 대안적 가치가 도덕적 가치에 대한 니체의 반실재론에도 불구하고 객관적일 수 있다고 주장한다. 클락에 따르면, 니체는 규범적 속성을 지닌 가치 주장을 근거에 관한 주장으로 이해한다. 클락은 니체가 주장하는 가치 주장의 객관성이 그것에 부합하는 존재론적으로 객관적인 사실을 보여주는 데

윤리적 비도덕주의는 니체의 도덕의 거부와 관련하여, 니체의 대안적 관점이 도덕과는 다른 윤리적 지향에서 나왔다고 주장한다는 점에서 그것이 윤리적 지향에서 나왔을 가능성을 배제하는 미학적 비도덕주의와는 다른 길을 간다. 그런 점에서 니체의 규범적 시각 자체를 인정하지 않음으로써 니체의 도덕철학에의 긍정적 기여를 적극적으로 개진할 수 없는 미학적 비도덕주의의 한계를 벗어난다. 하지만 윤리적 비도덕주의는 여전히 니체의 대안적 관점을 도덕과는 다른 것으로 파악함으로써 니체의 도덕철학에 담긴 규범적 시각을 적절히 해명하는 데 어려움을 겪을 수밖에 없다.

3. 비도덕주의적 해석의 의의와 한계

니체에 대한 비도덕주의적 해석은 도덕에 반대하는 니체의 입장을 긍정적으로 이해하려는 한 시도라고 볼 수 있다. 그것은 니체가 단순히 도덕을 거부하기만 한 것이 아니라 도덕과는 다른 대안적 가치를 지지한다고 주장하기 때문이다. 물론 미학적 비도덕주의와 윤리적 비도덕주의는 니체의 대안적 가치가 윤리적 지향을 담고 있느냐에 따라 선명하게 다른 입장을 보인다. 하지만 비도덕주의라는 큰 틀에서 보면, 두 입장은 기본적으로 니체가 도덕과는 다른 자신의 긍정적 가치를 적극

있는 것이 아니라 자신이 근거를 가지고 있는 주장이 객관적일 수 있다는 것을 보여주는 것을 통해 획득된다고 주장한다. 클락은 니체의 이러한 주장이 객관적일 수 있는 이유를 그의 '관점주의'를 축으로 한 객관성에 대한 새로운 이해에서 찾고 있으며, 객관성에 대한 니체의 새로운 개념이 철학의 본성에 대한 새로운 이해와 연결되어 있다고 주장한다. M. Clark and D. Dudrick, "Nietzsche and Moral Objectivity: The Development of Nietzsche's Metaethics", B. Leiter and N. Sinhababu, eds., *Nietzsche and Morality* (New York: Oxford University Press, 2007), pp. 192-226 참조.

적으로 제안함으로써 특정한 가치평가 방식의 정당화를 시도하고 있다고 주장하는 점에서 궤를 같이 한다.

 니체가 규범적 시각 자체를 포기한다고 주장한다거나 니체의 대안적 관점에 담긴 규범적 함의를 적절하게 해명하지 못한다는 점에서 비도덕주의가 니체의 적절한 도덕철학적 입장이 되기는 어려워 보인다. 하지만 비도덕주의적 해석은 니체가 도덕과는 다른 대안적 관점을 지지한다고 주장함으로써, 절대적이고 보편적인 도덕원리에 의존한 기존의 도덕적 실천 형식을 넘어 다원화된 새로운 문화 속에서 우리에게 미적이고 윤리적인 대안적 실존의 가능성을 위한 토대를 마련해 주었다는 점에서 커다란 실천적 의의를 갖는다.

 그럼에도 필자가 보기에 비도덕주의는 이론적 측면에서 크게 두 가지 문제점을 안고 있다. 첫째, 비도덕주의가 '좋은 것의 정초'라는 전통 윤리학의 기본 가정에 입각해 있다는 점이다. 전통 윤리학은 대체로 도덕주의적 믿음과 긴밀하게 묶여 있다. 도덕주의적 믿음이란 도덕이 다른 모든 가치를 수렴하는 최고의 가치이며, 동시에 그것이 우리의 삶의 궁극적 목적이자 완성이라고 믿는 태도를 말한다.[51] 이러한 도덕주의적 믿음에 근거한 전통 윤리학은 최고선의 위상을 수립함으로써 좋은 것들의 단일한 위계를 결정하는 데 집중한다.[52] 비도덕주의가 여전히 전통 윤리학의 기본 가정에 입각해 있다고 언급되는 이유는 그것이 도덕주의적 믿음에 대해서는 철저하게 거부하면서도, 니체가 도덕과 다른 대안적 가치를 정당화하는 것을 자신의 도덕철학의 과제로 삼았다고 주장한다는 점 때문이다. 도덕주의가 도덕적 가치를 정초의 대상으로 삼는 반면, 비도덕주의는 비도덕적 가치를 정초의 대상으로 삼는다는 점에서 '좋은 것의 정초'라는 전통 윤리학의 기본 가정을 벗어나지

---

51) 노양진, 『나쁜 것의 윤리학』 (파주: 서광사, 2015), p. 187.
52) 같은 책, p. 188.

못한 것으로 보인다.

 이처럼 도덕주의적 믿음에 입각한 전통 윤리학의 기본 가정을 벗어나지 못했다는 점에서, 비도덕주의는 니체의 대안적 가치의 규범적 정당화 문제를 해결하기 어려워 보인다. 왜냐하면 도덕을 거부한 상황에서 니체의 대안적 관점은 적어도 기존의 보편적인 도덕적 관점을 취할 수 없다는 점에서, 규범적 주관주의에 빠지거나 아니면 개인의 지적 양심에 의존한 객관성 개념에 호소할 수밖에 없기 때문이다.[53] 그 어려움은 비도덕주의가 니체의 대안적 관점으로 받아들이는 주인도덕이 힘 관계에 의거한 철저한 개인 윤리라는 점에서 비롯된다. 비도덕주의는 도덕법칙에 의존한 수동적 주체가 아니라 스스로 자기를 조형해가는 능동적 주체를 요청한다. 따라서 비도덕주의적 해석이 도덕적 개인주의의 형태를 띠며, 그것이 규범적 정당화의 문제에 직면할 수밖에 없고, 그래서 삶의 실천적 구속력을 확보하는 것이 그것의 핵심과제로 제기될 수밖에 없다는 점은 분명해 보인다.[54] 하지만 그러한 문제를 해결하는 부담을 니체에게로 소급시켜서는 안 된다. 그것은 니체 자신에게서 비롯된 문제라기보다 오히려 니체에 대한 비도덕주의적 해석에서 비롯된 문제로 보이기 때문이다.

 둘째, 더 근원적 문제는 비도덕주의가 실재론/반실재론이라는 부적절한 이분법적 대립구도에 입각해 있다는 점이다.[55] 실재론/반실재론

---

[53] 클락은 니체의 메타윤리학의 발전 과정을 분석하고 니체의 객관성에 대한 새로운 개념을 분석함으로써 니체가 규범적 주관주의를 피하고 있다고 주장하지만, 그 객관성이 여전히 개인의 지적 양심에 의존할 수밖에 없다는 점에서 규범적 정당성을 확보하기 어렵기는 마찬가지다. M. Clark and D. Dudrick, "Nietzsche and Moral Objectivity: The Development of Nietzsche's Metaethics," pp. 224-25.
[54] 백승영, 「'실존의 미학'으로서의 삶의 윤리: 니체와 푸코」, 『니체연구』 제23집 (한국니체학회, 2013), pp. 152-53.
[55] 실재론/반실재론 구도는 사실상 실재론/관념론 구도를 언어철학적으로 재구성한 것으로 이해할 수 있다. 실재론/반실재론 문제에 대해서는 노양진, 『몸·언어·철학』 (파주: 서광사, 2009), pp. 257-78 참조.

구도는 우리의 인식 구조에 관한 언어철학적 접근의 산물이다. 곧 실재론/반실재론 문제의 핵심은 인식 내용이 외부의 실재에 의해 결정되느냐 아니면 마음에 의해 결정되느냐의 문제로 집약된다.56) 이 구도의 배후에는 객관과 주관의 분리를 특징으로 하는 근대 인식론적 구도가 자리 잡고 있다. 실재론자와 반실재론자의 끝없는 논쟁은 인식 문제에 관한 그들의 실재론적 또는 반실재론적 믿음에 근거한 것이기 때문에, 근원적으로 반박불가능한 것으로 보이며, 따라서 이 구도를 넘어설 새로운 시각이 필요해 보인다.57) 우리가 이러한 논의에 주목해야 하는 이유는 이 구도 자체를 벗어나지 않는 한, 니체 도덕철학의 규범적 객관성 문제 역시 해결하기 힘들기 때문이다.

비도덕주의는 기본적으로 니체를 도덕적 반실재론자로 파악한다. 니체가 도덕적 가치의 객관성을 부정한다는 것은 여러 구절들에서 분명히 드러나기 때문이다.58) 하지만 니체가 도덕의 규범적 권위를 부정하고, 결국 도덕의 객관적 지위를 부정하는 한, 그의 긍정적 가치에 대한 객관성과 권위에의 합법적 주장 역시 박탈당하게 된다는 문제가 발생한다. 그 결과 니체는 자신의 긍정적 가치를 더 이상 객관적으로 정당화하지 못하게 된다.59) 클락은 니체의 자연주의가 도덕적 가치의 실재론을 부정하고, 니체의 이런 반실재론이 도덕적 객관성을 부정한다는 라이터의 주장에 반대해서 니체의 대안적 가치가 객관적일 수 있다고 주장한다.60) 하지만 클락의 객관성 주장이 니체의 반실재론을 여전히

---

56) 같은 책, p. 258.
57) 같은 책, pp. 262-63.
58) 니체, 『아침놀』, 박찬국 역 (서울: 책세상, 2004), pp. 111-12; 니체, 『선악의 저편』, 김정현 역 (서울: 책세상, 2002), p. 117; 니체, 『우상의 황혼』, 백승영 역 (서울: 책세상, 2002), p. 125.
59) S. Robertson, "Nietzsche's Ethical Revaluation," Journal of NIETZSCHE STUDIES 37 (2009), p. 67.
60) M. Clark · D. Dudrick, "Nietzsche and Moral Objectivity: The Development of

전제한다는 점에서, 그것은 지적 양심에 따른 객관성의 요청을 넘어설 수 없다는 한계를 갖는다.

　니체 도덕철학의 규범적 정당성을 확보하기 위해서는 실재론/반실재론의 이분법적 대립구도를 넘어서는 새로운 시각이 요구된다. 이런 점에서 신체화된 경험의 구조에 대한 '체험주의'(experientialism)의 새로운 해명은 실재론/반실재론 구도에 대한 시각 전환을 가능하게 해준다.61) 체험주의는 우리 경험을 신체적, 물리적 층위와 정신적, 추상적 층위로 구분하고 이 두 층위가 단절된 독립적 영역이 아니라 지속적으로 상호작용하는 연속성을 드러낸다고 주장한다.62) 체험주의에 따르면 실재론과 반실재론은 각각 경험에 대한 일면적이고 제한적인 이해의 방식이다. 곧 경험은 실재론적 요소와 반실재론적 요소의 상호작용적 공존으로 이루어진다. 이는 실재론/반실재론 논쟁의 이분법적 대립 구도가 근원적으로 부적절하다는 것을 말해준다.63) 듀이에 따르면, 이 이분법적 분리 구도의 심각한 문제는 인식작용에서 중심적 역할을 어디에 두느냐에 따른 '선택적 강조'(selective emphasis)에 있고, 그 귀결로 주어지는 것은 편향된 이론들이다.64) 듀이는 인간이 세계와 지속적으로 상호작용하는 유기체적 존재라는 점에서 세계와의 상호작용을 통해 살아가는 존재가 아닌 세계를 순수하게 인식하는 존재, 곧 세계와 절연된 인식론적 주체는 해소되어야 할 철학적 가상이라고 보았다. 우

Nietzsche's Metaethics," *Nietzsche and Morality*, B. Leiter and N. Sinhababu, eds., *Nietzsche and Morality* (New York: Oxford University Press, 2007), pp. 192-93.
61) 체험주의는 인지과학의 경험적 증거들을 토대로 경험의 본성과 구조에 대한 포괄적인 해명을 시도한다. 체험주의의 철학적 시각과 특성에 관한 설명은 노양진, 『상대주의의 두 얼굴』 (파주: 서광사, 2007), 7장 「체험주의적 접근」 참조.
62) 노양진, 『몸·언어·철학』, p. 258.
63) 같은 책, pp. 258-59.
64) J. Dewey, *Experience and Nature: The Later Works 1925-1953*, Vol. 1, ed., Jo Ann Boydston (Carbondale: Southern Illinois University Press, 1988), p. 31.

리는 몸을 통해 세계와 단절 없이 상호작용하는 존재이기 때문이다. 신체화된 경험의 구조에 대한 체험주의의 해명과 듀이가 제안하는 새로운 자연주의적 탐구의 방향은 니체 도덕철학의 규범적 시각을 해명하는 유익한 도구가 될 수 있다.

4. 니체의 도덕적 자연주의

니체는 어떤 면에서 모순에 가득 차고 역설적인 인물이다. 그가 그토록 강하게 도덕에 반대한 것은 그만큼 도덕에 더 충실하기 위한 몸부림으로 보인다.65) 비도덕주의자라는 이름도 자신이 기독교 도덕의 본질을 알아차렸다는 점에서, 사실상 하나의 도발적 의미로 사용한다.66) 도덕이 삶에 미치는 영향이 무엇보다 크다는 점을 인식했다는 점에서, 곧 "도덕 가치가 인류의 미래를 결정하기 때문에"67) 도덕 가치의 기원 문제, 그리고 그것의 가치 문제는 니체에게 가장 중요한 문제가 아닐 수 없었다.

니체는 자신의 작업을 '도덕의 자기 지양', '도덕의 자기 극복', 또는 '도덕에서의 자연주의'라는 이름으로 불렀다. 그것은 도덕의 부정만이 아니라 도덕의 긍정까지도 포함하는 모순적이고 다면적인 작업이다. 도덕에 대한 긍정과 부정을 동시에 포함하는, 곧 모순적으로 보이는 이 도덕 재평가의 과정 속에 니체 도덕철학의 과제가 놓여 있는 것은 분명해 보인다. 이는 니체가 자신이 거부하는 것이든 긍정하는 것이든 '도덕'이라는 동일한 용어를 일관되게 사용한다는 점에서 잘 드러난다.

---

65) 니체, 『아침놀』, p. 15.
66) 니체, 『이 사람을 보라』, 백승영 역 (책세상, 서울 2002), p. 464.
67) 같은 책, p. 415.

그럼에도 그의 용어 사용이 모순의 혐의를 부채질한다고 보거나, 아니면 그의 모순적 제안이 단지 수사학적 과장일 뿐이라고 치부하는 것은 모순을 두려워하지 않겠다는 니체의 분명한 의도를 간과한 결과로 보인다.68) 따라서 니체가 도덕을 거부하고 도덕과는 다른 대안적 관점을 지지했다는 비도덕주의적 해석이 도덕에 대한 니체의 비판을 진정 모순을 두려워하지 않는 하나의 시도로서 적절하게 이해하고 있는지에 대해서는 의문의 여지가 있다.

니체 도덕철학의 과제는 비도덕주의보다 도덕의 자연화, 곧 '도덕적 자연주의'의 라인을 따라 해석될 때, 그의 도덕에 대한 모순적이고 다면적인 입장이 잘 드러난다. 니체는 모든 도덕을 거부하고 도덕과는 다른 대안적 관점을 지지하기보다 도덕에 대한 총체적인 재평가를 통해 자연적 도덕을 회복하려고 시도한 것으로 보인다. 샤흐트(R. Schacht) 또한 니체 도덕철학의 핵심과제가 도덕의 회복에 있다고 주장한다.

> 니체는 그가 무리 동물의 도덕이라고 부른 어떤 도덕에 유감을 표시할 뿐만 아니라, 도덕의 총체적 현상이 재고려, 재해석, 재평가되어야 한다고 생각했다. …… 하지만 그는 또한 그 결과가 모든 도덕의 제거가 아니라, 형식과 실체와 이행에 있어서 중요한 변경임에도 불구하고, 오히려 도덕의 회복이 될 것이라고 생각했다. …… 그가 말한 도덕의 자기 극복은 폐기보다 지양(Aufhebung)에 더 가깝다.69)

샤흐트는 도덕의 자연성 회복이라는 니체의 총체적인 도덕 재평가 과정이 도덕에 대한 거부나, 자율적인 주권적 개인에 대한 찬사로 축소

---

68) S. Robertson, "The Scope Problem: Nietzsche, the Moral, Ethical, and Quasi-Aesthetic," C. Janaway and S. Robertson, eds., Nietzsche, Naturalism, and Normativity (Oxford: Oxford University Press, 2015), pp. 81-82.
69) R. Schacht, "Nietzschean Normativity," R. Schacht, ed., *Nietzsche's Postmoralism* (Cambridge: Cambridge University Press, 2001), p. 152.

되어서는 안 된다고 강조한다.70) 도덕의 회복에 토대를 둔 니체의 더 큰 도덕철학적 기획은 규범성의 일반적 특성에 대한 기본적 재해석으로 확장되며, 결국 도덕의 자연화에 대한 그의 혁신을 다루는 새로운 형태의 규범이론으로 발전하기 때문이다.71) 샤흐트에 따르면, 그 새로운 형태의 규범은 보편적으로 유효한 도덕원리들과는 다르며, 보편적이거나 절대적인 유효성과 권위를 가지지 않는 인간 삶의 지속적인 특징 안에 그것들의 기초를 가지고 있다. 샤흐트는 니체의 도덕철학을 그것이 도덕의 모든 형태와 개념들에 대해 적대적이지 않다는 점에서 비도덕주의와 구별되는 '탈도덕주의'(postmoralism)72)라는 모호한 용어를 사용하지만, 이 용어는 자연적 도덕의 회복과 관련하여 삶과 도덕적 가치의 근본적 자리바꿈이라는 니체의 요구를 적절하게 드러내지 못하는 것으로 보인다.

도덕의 자연성 회복이라는 니체 도덕철학의 과제는 지금까지의 도덕적 실천의 근본적 전환을 요구한다. 그 요구는 우리의 삶과 도덕적 가치의 근본적 자리바꿈에 대한 요구다. 니체는 『아침놀』 서문에서 자신의 도덕 비판 작업을 내면에서 이루어지는 '도덕의 자기 지양의 수행'이라고 말한다.73) 그것은 도덕에 대한 낡은 이해로부터의 해방을 의미한다. 하지만 이러한 요구는 도덕 밖에서 이루어지는 것이 아니라 도덕에 따라 이루어진다. 니체는 철저히 자신 위에 존재하는 엄격한 법칙에

---

70) 그런 점에서 샤흐트는 니체의 계보학적 분석 역시 노예도덕을 대신한 주인도덕에 대한 지지나 찬사, 또는 앞으로 도래할 가장 강력한 유형을 위한 평가로서 의도된 것이 아니라, 단지 지배적인 도덕적 가치와 도덕에 관한 사유방식에 대한 비판, 그리고 그것의 폐기를 준비하기 위해 의도된 것이라고 주장한다. R. Schacht, "Nietzschean Normativity," ed., R. Schacht, *Nietzsche's Postmoralism* (Cambridge: Cambridge University Press, 2001), p. 153.
71) R. Schacht, "Introduction," *Nietzsche's Postmoralism*, p. 4.
72) R. Schacht, "Nietzschean Normativity," *Nietzsche's Postmoralism*, p. 152.
73) 니체, 『아침놀』, p. 16.

복종함으로써, 곧 최후의 도덕을 따르는 양심의 인간으로서 이것을 수행한다.

> 우리는 시대에 뒤떨어지고 썩어 문드러진 것으로 여겨지는 것, 즉 신이든 진리든 정의든 이웃사랑이든 무언가 '믿지 못할 것'으로 되돌아가지 않는다는 점, …… 낡은 이상으로 통하는 거짓된 다리를 우리에게 허용하지 않는다는 점, 현재와 같은 모든 신앙과 기독교적인 것에 대해서 적대적이라는 점, …… [이상주의]에 대해 적대적이라는 점에서 양심적인 인간이다.74)

니체에게 도덕은 더 이상 밖에서 주어지는 절대적 지침들이 아니다. 그런 지침은 개인의 행복을 방해할 뿐만 아니라 인류의 행복과도 무관하기 때문이다. 니체는 지금까지 도덕법칙이 우리의 임의를 넘어서 있는 것으로 간주되어 왔다는 점을 비판하면서, 우리 스스로가 임의로 정한 인류의 목표에 입각해서 우리 자신에게 도덕법칙을 부과할 수 있다는 점을 강조한다.75) 이것은 우리가 도덕 자체를 폐기하는 것이 아니라 '도덕주의'라는 도덕에 대한 낡은 이해를 벗어던지는 것을 의미하며, 더 나아가 우리가 도덕을 위해 사는 것이 아니라 오히려 도덕이 우리의 더 나은 삶을 위해 요구된다는 도덕에 대한 자연주의적 시각을 받아들인다는 것을 의미한다.76) 결국 도덕에 대한 낡은 이해로부터의 해방은 도덕이 삶의 원리가 아닌 삶의 도구라는, 도덕에 대한 이해의 전환을 의미한다.

니체의 이러한 근본적 자리바꿈에 대한 요구는 니체가 도덕적 실천이 이제까지와는 다른 근거들에 의해 행해져야 한다고 강조하는 대목에서 잘 드러난다.

---

74) 같은 책, pp. 15-16.
75) 같은 책, pp. 117-18.
76) 노양진, 『나쁜 것의 윤리학』, p. 9.

내가 바보가 아니라면 내가 다음과 같은 사실을 부정하지 않는다는 것은 자명하다. 비윤리적(unsittlich)이라고 불리는 많은 행위들은 피해야 하고 극복해야 하며, 윤리적(sittlich)이라고 불리는 많은 행위들은 행해야 하고 장려해야 한다. 그러나 나는 전자도 후자도 **이제까지와는 다른 근거들에 의해** 행해져야 한다고 생각한다. 우리는 **다르게 배워야만** 한다.77)

니체는 우리가 다르게 배워야 하는 이유에 대해 한마디로 '다르게 느끼기 위해서'라고 답한다. 먼저 도덕에 대해 우리가 다르게 배운다는 것은 모든 도덕적 판단의 근거가 진리가 아니라 오류라는 점을 자각하는 것이다. 니체는 이 오류가 사람들로 하여금 도덕적 행위를 하게 한다고 말한다.78) 그렇다면 니체가 말하는 오류란 무엇인가? 우선 그 오류는 우리의 '감정'과 밀접한 관련이 있는 것으로 보인다. 니체에 따르면 도덕적 감정은 궁극적인 것도 근원적인 것도 아니다. 그 감정의 배후에 판단과 가치평가가 존재하며, 그 판단과 가치평가가 감정의 형태로 우리에게 유전된다.79) 니체는 우리가 자신의 판단이나 가치평가가 아닌 받아들여진 판단에 복종하는 것이 '두려움' 때문이라고 말한다.80) 미신적인 이 '두려움의 감정'이 도덕의 기원에서부터 규범적 판단에 대한 우리의 실제 이해를 방해해 왔다는 것이다.

니체에 따르면 도덕의 자연적 기원은 '풍습'(Sitte)에 있다. 자연적 규범으로서 풍습은 "이익이 되거나 해를 끼친다고 생각되는 것에 대한 예전 사람들의 경험을 반영한다."81) 곧 풍습은 단지 관습적 행위방식이며 평가방식이다. 하지만 문제가 되는 것은 풍습에 대한 감정이다. 니체는 풍습에 대한 감정이 그러한 경험 자체와 관련이 있는 것이 아

---

77) 니체, 『아침놀』, p. 112. (고딕은 원문의 강조.)
78) 같은 곳.
79) 같은 책, p. 50.
80) 같은 책, pp. 112-13.
81) 같은 책, p. 37.

니라 풍습의 오래됨, 신성함, 자명함과 관련되어 있다고 말한다. 그것이 어떤 미신적 두려움과 관련이 있다는 것이다. 그 두려움은 "관습에 깃들어 있다고 생각되는 좀 더 높은 명령하는 지성과 이해할 수 없는 불명료한 힘에 대한 두려움이고, 개인적인 것 이상의 무엇인가에 대한 두려움이다."82) 따라서 그 감정은 사람들이 새로운 경험을 갖거나 풍습을 수정하는 것에 반발하게 되며, 이런 점에서 니체는 '풍습의 윤리'(Sittlichkeit der Sitte)가 사람들을 어리석게 만든다고 말한다.83)

다르게 배워야 할 또 다른 것은 인간에 대한 이해다.84) 니체는 인간에 대한 기존의 이해를 하나의 허구의 산물로 본다. 그것은 피가 흐르지 않는 추상물로서의 인간이다. 대신에 니체는 인간을 충동적 존재로 파악한다. 그는 개별적 충동을 하나의 유기체처럼 묘사하면서, 개별적 충동이 영양 공급을 통해 자신의 생명을 유지, 확장하고 자신의 결핍된 부분을 충족시키려고 하는 유기체의 기본 원리에 따라 움직인다고 본다.85) 이런 점에서 니체는 도덕을 "정동을 나타내는 기호언어"86)라고 이해하는데, 이것은 도덕이 사실상 우리의 신체적 활동에서 발현한 어떤 것이라는 점을 강하게 암시한다. 충동들은 "신경의 자극에 대한 해석"87)이고, 또한 충동들이 우리의 체험을 구성한다는 점에서 우리가 아무리 자신을 폭넓게 인식하더라도 우리의 인식은 불완전할 수밖에 없다.88) 그런 점에서 우리의 도덕적 판단과 가치도 마찬가지다.

---

82) 같은 책, p. 25.
83) 같은 곳.
84) 니체의 도덕 비판을 인간의 자기 이해의 문제로 다루는 논의로는 김바다, 「인간의 자기 이해의 관점에서 본 니체의 도덕 비판:『아침놀』을 중심으로」, 『니체연구』 제26집 (한국니체학회, 2014), pp. 79-122 참조.
85) 같은 글, p. 92.
86) 니체, 『선악의 저편』, p. 140.
87) 같은 책, p. 138.
88) 니체, 『아침놀』, p. 136.

우리의 도덕적인 판단들과 가치 판단들조차 우리에게 잘 알려져 있지 않은 생리학적 과정에 대한 영상과 상상 또는 어떤 신경의 자극을 특징짓는 일종의 습관적인 언어에 불과하다.[89]

지금까지 도덕은 감정에 의해 유발된 편견과 오류에 둘러싸여 그것의 본래 출발지인 충동들의 체계와의 밀접한 연관성 속에서 이해되기보다 오히려 행위의 의도와의 연관성 속에서 이해되어 왔다. 하지만 니체는 행위의 의도를 "그 무엇을 드러내 주지만, 여전히 더 많은 것을 숨기고 있는 것, …… 한층 더 해석이 필요한 기호이고 징후"[90]라고 파악하고, 그러한 의도된 도덕을 극복해야만 하는 것으로 규정한다.

그렇다면 도덕에 대해 우리가 다르게 느낀다는 것은 무엇을 의미하는가? 니체의 의도는 "삶의 광학으로 본다면 도덕은 무엇을 의미하는가?"[91]라는 물음에 잘 드러나 있다. 이것은 한마디로 물음의 전환이다. 곧 지금까지 우리가 도덕의 시선에서 삶의 의미를 물었다면, 이제 그 물음은 삶의 광학에서 도덕의 의미를 묻는 것으로 전환된다. 그것은 기껏해야 시선의 전환에 불과한 것처럼 보이지만, 그 시선의 전환을 통해 삶과 도덕은 근본적 자리바꿈을 이루게 된다. 이 자리바꿈은 "우리가 도덕을 위해서 살고 있는 것이 아니라 오히려 우리의 더 나은 삶을 위해서 도덕이 요구된다는 시각을 받아들인다는 것"[92]을 의미한다. 이것은 삶이 규제의 대상에서 규제의 주체로 바뀌는 것, 즉 도덕이 삶을 규제하는 것에서 삶이 도덕을 규제하는 것으로의 전환을 의미한다. 이로써 도덕의 명령은 우리의 삶과는 독립적으로, 삶의 외부에서 주어지는 것이 아니라 삶이 내리는 명령으로서 그것의 본래 모습을 회복하게 된다.

---

89) 같은 곳.
90) 니체, 『선악의 저편』, p. 62.
91) 니체, 『비극의 탄생』, p. 18.
92) 노양진, 「나쁜 것의 윤리학」, p. 9. (고딕은 원문의 강조.)

물론 이러한 전환에서 중요한 것은 도덕의 규범적 성격이 결코 변하지 않는다는 점이다. 니체는 모든 도덕의 본질적이고 귀중한 특징이 "오랫동안에 걸친 강제"93)에 있으며, 그 자의적 법칙의 억압 덕분에 이 지상에서 존재했던 모든 것이 비로소 발전했다고 주장한다.

> 도덕 속에 있는 '자연'은 방임을 …… 미워하도록 가르치며 …… 가장 시급한 과제를 해결하려는 욕구를 심어준다. 이는 **시야를 좁힐 것**을 가르치며, 또한 어떤 의미에서는 삶의 조건과 성장의 조건으로 어리석음을 가르친다. "그대는 누군가에게 오랫동안 복종해야만 한다: 그렇지 않으면 그대는 파멸하게 되며 그대 자신에 대한 마지막 존경심마저 잃어버리게 된다."94)

니체는 이것을 '자연의 도덕적 명법'(moralische Imperativ der Natur)이라고 부른다. 이것이 니체가 회복하기를 원한 자연적 규범성의 내막이며, 그것은 도덕적 자연주의의 형태로 정식화된다. 중요한 것은 니체가 이 자연적 규범성을 정언적인 것도 아니고 개인을 향한 것도 아닌, 오직 인간이라는 동물 전체, 곧 인류를 향한 것으로 보았다는 점이다. 여기서 니체는 자연적 규범성을 요구하는 '도덕적 자연주의'가 절대적 복종을 요구하는 '도덕적 절대주의'도 아니지만, 자율적 참여를 요구하는 '도덕적 개인주의'와도 다르다는 점을 강조한다. 이것은 니체의 도덕철학에 대한 비도덕주의적 해석이 자연적 규범성을 강조한 니체의 의도와는 거리가 있다는 점을 암시한다. 비도덕주의가 기본적으로 도덕적 관점을 거부한다는 점에서, 니체의 대안적 관점은 비도덕적 관점, 즉 미적 관점 또는 개인윤리적 관점으로 이해되기 때문이다. 자연적 규범성의 요구가 개인과는 무관한 인류 전체를 위한 것이라고 강

---

93) 니체, 『선악의 저편』, p. 140.
94) 같은 책, pp. 142-43. (고딕은 원문의 강조.)

조하는 점에서, 니체는 적어도 미적이거나 개인윤리적인 관점이 자신의 도덕철학적 입장이 될 수 없다는 점을 분명히 하고 있다고 볼 수 있다.95)

그렇다면 자연적 규범성에 근거한 니체의 '도덕적 자연주의'는 어떤 도덕철학적 입장을 지니는가? 그것은 또 하나의 도덕 이론인가 아니면 비도덕 이론인가? 여기서 우리는 다시 한 번 딜레마에 빠지게 된다. 하나의 도덕 이론이라면 그것은 규범적 보편주의의 측면에서 '규범성의 과잉'이라는 문제에, 또 비도덕 이론이라면 그것은 규범적 개인주의의 측면에서 '규범성의 결여'라는 문제에 직면할 수밖에 없기 때문이다. 하지만 이러한 딜레마는 실재론/반실재론의 구도처럼 객관주의/상대주의의 이분법적 대립 구도에 의해 생겨난 허구적인 것이다. 번스타인(R. Bernstein)에 따르면, '이것 아니면 저것'이라는 형태로 표현되는 '데카르트적 불안'이 객관주의와 상대주의의 이분법적 대립의 근원이다.96) 미신적 두려움의 감정이 우리를 도덕에 대한 허구적 믿음으로 이끈 것처럼, 데카르트적 불안이 이러한 허구적 대립 구도에 대한 믿음을 발생시킨 주범이다. 따라서 우리가 두려움에서 벗어나게 되면 허구적 믿음에서도 벗어날 수 있게 될 것이다. 우리는 어떻게 이 두려움에서, 그리고 이 허구적 믿음에서 벗어날 것인가? 한 가지 방법은 이 이분법적 대립 구도가 근원적으로 부적절하다는 것을 보여주는 새로운 시각을 받아들이는 것이다. 그것은 앞에서 다룬 신체화된 경험의 구조

---

95) 물론 그렇더라도 자신의 대안적 가치에 대한 니체의 선호를 부정할 수는 없다. 니체는 끊임없이 도덕을 벗어난 개별적 행위의 실험을 지지하고 요청하기 때문이다. 하지만 그의 이러한 선호가 그의 도덕철학의 성격을 규정짓는 것은 아니다. 이런 점에서 도덕의 영역들을 '금지의 도덕'과 '권고의 도덕'으로 구분하고, 지금까지 도덕의 영역으로 다루어왔던 개인적 선호(좋은 것)의 영역을 사적 가치의 영역으로 되돌리고 해로운 것을 금지의 영역으로 다루는 노양진의 논의는 주목할 만하다. 노양진, 『나쁜 것의 윤리학』, pp. 101-23 참조.
96) R. Bernstein, B*eyond Objectivism and Relativism: Science, Hermeneutics, and Praxis* (Philadelphia: University of Pennsylvania Press, 1983), pp. 16-20 참조.

에 대한 체험주의의 해명과 듀이가 제안하는 새로운 자연주의적 탐구가 될 것이다.

체험주의의 신체화된 경험에 대한 해명에 따르면, 실재론/반실재론 또는 객관주의/상대주의는 각각 경험에 대한 일면적이고 제한적인 이해 방식일 뿐이다. 듀이가 통찰한 것처럼, 우리의 경험은 두 요소의 상호작용적 공존으로 이루어지기 때문이다. 이 시각을 받아들이게 되면, 우리는 니체의 도덕철학 역시 두 요소의 공존으로 이해할 수 있다. 실재론적 요소가 자연적 규범성의 영역이라면, 반실재론적 요소는 대안적 가치의 영역이 될 것이다. 그리고 자연적 규범성의 영역이 '해로운 것'의 문제를 다루는 영역이라면, 대안적 가치의 영역은 '좋은 것'의 문제를 다루는 영역이 될 것이다.

결국 문제는 과연 우리가 도덕의 문제를 어떻게 볼 것인가에 있다. 즉 우리가 도덕을 규범의 문제로 볼 것인가 아니면 가치의 문제로 볼 것인가에 있다. 지금까지 전통 윤리학은 이 두 요소의 공존을 간과한 채 '도덕주의적 열망'에 따라 실재론적 요소와 반실재론적 요소를 뒤섞음으로써 도덕적 혼란을 가중시켜 왔다. 도덕주의적 열망을 비도덕주의적 열망으로 대체한다고 해서 이 혼란이 극복될 수 있는 것은 아니다. 비도덕주의 또한 그것이 하나의 열망에 근거한 것이라면, 우리는 혼란의 극복이 아닌 단지 '열망의 교체'만을 이룰 수 있을 뿐이기 때문이다. 따라서 실제 도덕적 혼란을 극복하기 위해, 우리는 좋은 것에 대한 열망을 사적 가치 실현의 영역으로 남겨 두고, 삶에 해로운 것을 금지하는 자연적 규범성의 영역을 도덕의 문제로 받아들일 필요가 있다.

이것이 왜 도덕적 자연주의가 니체의 도덕철학적 입장이 되어야 하는지에 대한 필자의 대답이며, 이것은 '좋은 것의 윤리학'에서 '나쁜 것의 윤리학'으로의 전환을 의미한다. 결론적으로 이러한 전환을 통해 우리는 니체의 도덕적 자연주의가 좋은 것의 척도를 제공하는 '좋은 것의 윤리학'이 아니라 해로운 것의 척도를 제공하는 '나쁜 것의 윤리학'으로 이해되어야 한다고 주장한다. 그것은 또한 도덕적 자연주의에 대한 니체의 정식화가 우리에게 보여주는 바이기도 하다.

> 도덕에서의 모든 자연주의, 말하자면 모든 건강한 도덕은 특정한 삶의 본능이 지배한다. 삶의 계명들은 '해야 한다'와 '해서는 안 된다'라는 특정한 규범으로 가득 차 있고, 이러면서 삶의 노정에서 나타나는 방해나 적대 행위가 제거된다.97)

이러한 윤리학의 전환을 통해 우리가 포기해야 할 것은 단순히 지금까지의 도덕적 이상만이 아니다. 그 도덕적 이상에 반대하여 수립된 비도덕적 이상까지 포함하는 모든 철학적 열망이다.

5. 나가는 말

이 글에서 필자는 니체의 도덕철학에 대한 비도덕주의적 해석을 주요 표적으로 삼아 비판적 분석을 시도했고, 비도덕주의적 해석을 그것이 제시하는 대안의 성격에 따라 미학적 입장과 윤리적 입장으로 구분했다. 두 입장은 니체가 도덕을 거부하고 도덕과는 다른 대안적 가치를 지지한다고 주장하는 점에서 의견이 일치했지만, 대안적 가치의 성격이 윤리적 지향을 담고 있는지 없는지에 따라 입장을 달리했다. 비도덕주의적 해석은 니체가 도덕과는 다른 대안적 가치를 지지한다고 주장함으로써, 다원화된 새로운 문화 속에서 우리에게 미적이고 윤리적인

---

97) 니체, 『우상의 황혼』, p. 109.

실존의 가능성을 위한 토대를 마련해준 반면, 니체의 대안적인 규범적 시각을 비도덕적 가치에서 찾으려고 시도함으로써, 니체가 규범적 시각 자체를 포기하거나 아니면 그의 규범적 시각의 정당성의 근거를 적절하게 제시하는 데 실패한다고 주장했다.

또한 필자는 비도덕주의적 해석의 근본 한계를 크게 두 가지 점에서 지적했다. 첫째, 그것이 '좋은 것의 정초'라는 전통 윤리학의 기본 가정에 입각해 있다는 점이고, 둘째, 그것이 실재론/반실재론의 이분법적 대립 구도에 입각해 있다는 점이다. 이 글에서는 비도덕주의적 해석이 이러한 한계 때문에 니체 도덕철학의 규범성 문제를 적절하게 해결하지 못한다고 보았다. 그리고 우리가 니체의 도덕철학을 '비도덕주의'가 아닌 '도덕적 자연주의'의 관점에서 바라볼 때, 그 한계를 극복할 수 있고, 또 니체의 도덕적 자연주의를 '좋은 것의 윤리학'이 아닌 '나쁜 것의 윤리학'으로 파악할 때, 니체의 도덕철학에 담긴 규범적 함의를 더 잘 이해할 수 있다고 주장했다.

결론적으로 필자는 우리가 도덕의 문제를 어떻게 볼 것인가라는 문제를 제기했다. 그것은 우리가 도덕을 규범의 문제로 볼 것인지 아니면 가치의 문제로 볼 것인지와 관련한 것이다. 필자는 전통 윤리학이 도덕주의적 열망에 따라 규범과 가치의 문제를 뒤섞음으로써 도덕적 혼란을 가중시켜 왔다고 주장했다. 그리고 도덕주의적 열망을 비도덕주의적 열망으로 대체하는 것으로는 도덕적 혼란이 극복되지 않을 뿐 아니라, 비도덕주의 자체가 하나의 열망이라는 점에서 '혼란의 극복'이 아닌 '열망의 교체'만을 이룰 수 있다고 보았다. 이 혼란을 극복하기 위해 필자는 우리가 '좋은 것에 대한 열망'을 사적 가치 실현의 영역으로 남겨 두고, 도덕의 문제를 삶에 해로운 것을 금지하는 자연적 규범성의 영역으로 제한할 필요가 있다는 점을 강조했다. 또한 필자는 이것을

'좋은 것의 윤리학'에서 '나쁜 것의 윤리학'으로의 전환으로 이해하며, 이러한 윤리적 전환에 의거해서 니체의 '도덕적 자연주의'를 '나쁜 것의 윤리학'으로 읽을 필요가 있다고 보았다. 결국 실제 도덕적 혼란을 극복하기 위한 어쩌면 유일한 방법은 그것이 도덕적 이상이든 비도덕적 이상이든 우리가 가진 모든 철학적 열망을 포기하는 데 있다는 것이 필자가 도달한 결론이다.

제 2 부

니체의 자연주의 윤리학

제4장
니체의 도덕 개념과 도덕 비판

1. 들어가는 말

　도덕 문제를 해결하는 것은 니체에게 무엇보다 중요한 철학적 관심사다. 니체에 따르면 도덕은 "**철학자들을 유혹하는 키르케**"1)다. 왜냐하면 도덕은 철학자들이 수천 년 동안 신봉해 온 낡은 신념으로, 모든 철학자들은 도덕의 유혹에 사로잡힌 상태에서 자신들의 철학체계를 세웠기 때문이다. 니체는 그들이 겉으로는 확실성과 진리를 지향했지만 사실상 존엄한 도덕적 건축물을 지향했다고 폭로한다. 이것이 칸트의 이성 비판의 허구성을 지적하면서 니체가 도덕 비판에 나선 이유다. 니체의 지적처럼 칸트의 의도가 이성이 도덕의 왕국을 공격할 수 없도록 이성의 한계와 역할을 규정하는 데 있었다면,2) 니체의 의도는 도덕이 자연적 삶의 세계를 지배하고 통제할 수 없도록 도덕의 한계와 역할을 새롭게 설정하는 데 있는 것으로 이해할 수 있다.
　니체는 지금까지 우리의 자연적 삶이 도덕의 지배와 통제 아래 놓임으로써 모든 삶의 가치가 전도되었다고 진단한다. 따라서 니체가 후기

---

1) 프리드리히 니체, 『아침놀』, 박찬국 역 (서울: 책세상, 2004), p. 12. (고딕은 원문의 강조.)
2) 같은 책, p. 13 참조.

에 자신의 과제로 삼았던 '모든 가치의 전도'(Umwerthung aller Werthe)는 모든 도덕 가치들로부터의 해방을 전제하는 기획이다.3) 문제는 도덕으로부터의 해방이 단순히 도덕을 부정하는 것에 한정되는 기획이 아니라는 데 있다. 즉 도덕으로부터의 해방은 도덕을 부정하면서 동시에 도덕을 긍정하는, 일면 모순적인 기획으로 보인다. 하지만 니체가 도덕을 비판하는 것은 도덕 자체를 폐기하기 위한 것이 아니라 도덕을 둘러싸고 있는 낡은 신념을 벗겨냄으로써 도덕의 자연성을 회복하고 도덕의 자기 극복을 위한 것이다. 그것을 니체는 "**도덕의 자기 지양**"4)이라고 정식화한다. 이런 점에 주목하여 필자는 우선 니체가 사용하는 도덕 개념의 의미를 살펴보고, 니체의 도덕 비판을 전통 윤리학 비판과 기독교 도덕 비판으로 구분하여 검토한다.

2. 니체의 도덕 개념

니체는 도덕에 대한 도덕철학자들의 지금까지의 접근이 너무 조야해서 도덕의 본래 문제가 전혀 다루어질 수 없었다고 지적한다. 니체에 따르면 그들은 도덕 앞에서 겸손하지 않았고 도덕을 학문으로 다루자마자 스스로에게 드높은 엄숙함을 요구했다. 그들은 도덕을 정초하기를 원했고, 또 도덕을 정초했다고 믿었다. 하지만 그러면서도 그들은 도덕 자체는 주어진 것으로 여겼다.5) 도덕의 정초란 "현재 유행하는 도덕에 대한 훌륭한 **믿음**의 현학적인 한 형식일 뿐이며, 그것을 **표현**하는 새로운 수단이다."6) 그것은 특정한 도덕성 안에 있다는 사실의 표

---

3) 니체, 『이 사람을 보라』, 백승영 역 (서울: 책세상, 2002), p. 414.
4) 니체, 『아침놀』, p. 16. (고딕은 원문의 강조.)
5) 니체, 『선악의 저편』, 김정현 역 (서울: 책세상, 2002), pp. 137-38 참조.

현이며, 그 도덕이 문제시될 수 있다는 사실에 대한 일종의 부정이다. 도덕철학자들의 이러한 어설픈 진지함 대신 니체는 도덕에 대한 낡은 신념을 문제 삼는 작업에 착수한다. 그 작업은 도덕의 자연적 발생 과정을 추적함으로써 이루어지며, 풍습의 오랜 역사와 함께 한다.[7]

풍습이 최초의 도덕 형태이며, 행위의 관습적 방식이 초창기 인간 삶에서 오늘날 작동하는 정화되고 고결한 도덕적 규칙들과 규범들, 그리고 원리들의 역할을 했다는 것이 니체의 기본적인 가설이다.[8] 물론 기나긴 풍습의 역사와 함께 한다는 점에서 도덕의 발생을 추적하는 것은 결코 쉬운 일이 아니다. 그 한 가지 이유를 니체는 오늘날 우리가 풍습의 힘이 약해지고 심지어 증발해버린 시대를 살고 있다는 점에서 찾는다. 하지만 니체가 주목하는 더 중요한 이유는 도덕(Moral)의 발생에 대한 통찰이 '풍습의 윤리'(Sittlichkeit der Sitte)를 비난하는 것처럼 보인다는 데 있다.[9] 그래서 니체는 이러한 것을 통찰해냈다 해도 그것이 혀에 달라붙은 채 좀처럼 떨어지려 하지 않는다고 말한다. 니체에 따르면 풍습은 "관습적인 행위방식과 평가방식"[10]이고, 윤리(Sittlichkeit)는 "어떠한 종류의 풍습이든 풍습에 대한 복종과 다름없

---

6) 같은 책, p. 138. (고딕은 원문의 강조.)
7) 니체는 윤리(Sittlichkeit)와 풍습(Sitte) 사이의 어원학적 관계에 천착하여 도덕의 기원에 대한 자연적 설명을 시도한다. 이러한 시도는 니체가 일관되게 어원학적 관점에서 도덕 계보학에 대한 본질적인 통찰을 확보한다는 점을 잘 보여 준다. 니체, 『도덕의 계보』, 김정현 역 (서울: 책세상, 2002), pp. 356-57 참조.
8) M. Clark and B. Leiter, "Introduction," in eds., M. Clark and B. Leiter, *Nietzsche: Daybreak* (New York: Cambridge University Press, 1997), xxix 참조.
9) 니체, 『아침놀』, p. 24 참조. 'Sittlichkeit'라는 용어는 대체로 '도덕'으로 번역되지만 '윤리'로도 혼용되어 사용된다. 도덕(Moral)과의 연속성을 강조하는 경우 '도덕'으로, 도덕과의 차이를 강조하는 경우 '윤리'라는 번역어를 사용하는데, 이 논문에서는 'Sittlichkeit'를 '도덕'(morality)과 구분하는 차원에서 윤리라는 용어로 통일하여 사용한다. 이에 대해서는 이상엽, 「니체의 도덕 비판」, 『한국철학논집』 제19집 (2006), pp. 77-78 참조. 이상엽은 'Sittlichkeit'를 '관습적 규범에 대한 의무의식'으로, 'Moral'을 '양심의 결정에서 비롯되는 개인의 책임의식'으로 구분하여 사용한다.
10) 니체, 『아침놀』, p. 24. (고딕은 원문의 강조.)

다."11) 니체는 풍습이 규제하지 않는 것들에는 윤리도 존재하지 않으며, 삶이 관습을 통해 규정되는 일이 적을수록 윤리의 범위도 작아진다고 주장한다. 윤리는 사람들로 하여금 개인으로서 자신을 무시하고 관습의 지시에 따를 것을 요구하며, 이런 점에서 자유로운 인간은 모든 것을 풍습이 아니라 자기 자신에 의존하기 때문에 비윤리적 존재가 된다.

풍습의 윤리가 지배하는 곳에서 윤리적/비윤리적(sittlich/unsittlich)이라는 규정은 단순히 어떤 행위가 풍습에 따른 것인지 아니면 다른 동기에 따른 것인지에 따라 결정된다. 이로 인해 실제로 풍습이 비롯된 원래 동기들이 개인적 이익과 관련이 있고, 바로 그 동기 때문에 그 행위가 행해질 경우에도 그것은 비윤리적인 것으로 규정되고 그것의 행위자마저도 그렇게 느끼게 된다. 니체는 그러한 감정이 관습에 대한 두려움에서 비롯된다고 말한다. 관습은 "우리에게 **유익한 것**을 명령하기 때문이 아니라 단순히 그것이 **명령한다**는 이유로 우리가 복종해야 하는 좀 더 높은 권위"12)이며, 그것은 불명료한 어떤 힘, 개인적인 것 이상의 무엇인가에 대한 두려움이다. 이러한 풍습에 대한 감정은 풍습의 오래됨, 신성함, 자명함과 관련되어 있고 사람들이 새로운 경험을 갖거나 풍습을 수정하는 것에 반발한다. 따라서 풍습에 대한 복종이라는 점에서 윤리는 새롭고 좀 더 나은 풍습의 발생을 저해하고 사람들을 어리석게 만든다.13)

니체에 따르면 원래 모든 것은 풍습이었다.14) 풍습을 넘어서고자 하는 사람은 입법자, 마술사, 혹은 일종의 반신(半神)이 되어야 했고 스스

---

11) 같은 곳.
12) 같은 책, p. 25. (고딕은 원문의 강조.)
13) 같은 책, p. 37 참조.
14) 니체, 『아침놀』, p. 25.

로 새로운 풍습을 만들어야 했는데, 그것은 목숨을 건 가공할 만한 일이었다.15) 풍습을 만드는 사람들은 극도로 예외적인 인간들이었고 풍습을 어긴다는 점에서 비윤리적인 사람들이었다. 니체는 우리가 그들을 예외적인 인간들로 생각하지 않는다면, 그것은 우리가 그들의 영향 아래서 교육받았기 때문이라고 말한다. 즉 그들은 풍습의 윤리를 대표하는 사람들을 강하게 부정하면서 새로운 길을 가기 때문에 비윤리적인 사람들이면서 공동체에서 자신을 분리하는 가장 심원한 의미에서 악한 사람들이다.16)

그들을 풍습에 복종하는 윤리적인 사람들과 구분하기 위해 니체는 가장 윤리적이라고 평가되는 사람들의 도덕적 동기를 묻는다. 그는 풍습의 가장 빈번한 이행을 윤리의 표지로 요구하는 도덕과 그것의 가장 어려운 이행을 요구하는 도덕의 차이를 구별하고, 풍습의 가장 어려운 이행을 윤리의 표지로 요구하는 도덕의 동기를 구분한다. 개인에게 유익한 결과를 가져오기 때문이 아니라 오히려 개인들의 반감과 이익에도 불구하고 풍습과 관습이 지배적인 것으로 보이기 위해 풍습의 어려운 이행을 요구하는 것이 풍습의 윤리라면, 소크라테스의 발자취를 쫓는 도덕주의자들은 극기와 절제의 도덕을 자신의 가장 고유한 이익으로서, 행복을 위한 가장 개인적인 열쇠로서 이해하기 때문에 풍습의 어려운 이행을 요구한다.17) 이처럼 풍습에 복종하는 사람들과 풍습을 넘어서려는 사람들을 구별함으로써 니체는 풍습의 윤리가 지배하는 상황에서 왜 비범하고 특별한 독창적인 정신의 소유자들이 항상 악하고 위

---

15) 이런 점에서 니체는 도덕의 역사에서 '광기'가 갖는 의미에 주목한다. 니체는 존중되던 습관과 미신의 속박을 부수기 위해, 곧 도덕의 질곡을 부수면서 새로운 법을 부여하기 위해 어떻게 탁월한 인간들이 실제로 미치지 않았을 경우에도 자신을 미치게 하거나 미친 것처럼 보이게 할 수밖에 없었는지를 잘 보여준다. 같은 책, pp. 29-32 참조.
16) 같은 책, p. 26 참조.
17) 같은 책, pp. 25-26 참조.

험한 사람들로 간주되고, 그들 자신도 그렇게 생각할 수밖에 없었는지를 잘 보여준다.

도덕의 발생을 추적하는 과정에서 니체가 주목하는 것은 풍습의 윤리가 의존하고 있는 그릇된 가정에 있다. 니체가 주목하는 것은 도덕의 동기가 관습에의 무조건적인 복종이라는 점에서, 그리고 그것이 행위자의 구체적인 목적들과 상관없이 적용되는 명령들이라는 점에서 도덕이 사실상 정언명법으로 받아들여졌다는 점에 있다.

> 관습에 대한 이러한 감정은 일반적인 두려움과 어떤 점에서 구별되는가? 그것(관습에 대한 두려움)은 관습에 깃들어 있다고 생각되는 좀 더 높은 명령하는 지성과 이해할 수 없는 불명료한 힘에 대한 두려움이고, 개인적인 것 이상의 무엇인가에 대한 두려움이다. 이러한 두려움에는 **미신**이 숨어 있다.18)

불명료한 어떤 힘에 대한 두려움이라는 점에서 관습에 대한 두려움은 미신적 공포에서 비롯된 것이다. 즉 관습의 권위에 대한 존중은 초자연적 관계들에의 믿음에 의존한다는 점에서 상상적 인과성에 대한 믿음이나 비합리적 신념이나 미신에 의해 유지된다. 따라서 관습에 의해 부여된 하나의 명령은 관습에 복종적이거나 숭배적인 태도를 갖는 사람들에게는 정언적인 힘을 갖게 된다.19) 문제는 이러한 미신적 신념의 지속성에 있다. 오늘날 우리가 고결하다고 믿는 '의도된 도덕'(Absichten-Moral)에서도 여전히 이러한 미신의 흔적이 그대로 발견된다. 그것들 사이의 구조적 유사성은 무조건적인 복종의 대상을 관습에서 다른 더 높은 권위의 원천으로 대체한다는 점이다. 아직도 어떤 사람들은 관습적 실천들을 향한 무조건적인 복종이나 숭배의 태도를

---

18) 같은 책, p. 25. (고딕은 원문의 강조.)
19) Clark · Leiter, "Introduction," *Nietzsche: Daybreak*, xxxi 참조.

유지하는 경우가 있지만, 대부분의 경우는 관습의 권위를 신의 권위나 양심, 또는 본체론적 자아로 대체한다.[20]

니체는 이러한 절대적 권위의 대체를 통한 무조건적인 복종의 지속이 상상적 인과성에 대한 믿음에 의해서 뿐만 아니라 더 중요하게는 우리의 도덕적 감정들을 통해서 여전히 그 영향력을 유지한다고 말한다.

> 우리는 우리가 틀렸다고 생각하는 판단들과 더 이상 믿지 않는 교설들에서 여전히 결론을 이끌어낸다. 우리의 감정을 통해서 말이다.[21]

니체에 따르면 우리의 도덕적 감정은 도덕적 판단에서 유래한다. 감정은 판단의 자손이라는 말이다. 감정의 배후에는 판단과 가치 평가가 존재하며, 그러한 판단과 가치 평가는 감정의 형태로 우리에게 유전되기 때문이다. 그런데 문제는 이 판단이 자신의 것이 아니라는 데 있다. 따라서 자신의 감정을 신뢰하는 것은 우리의 내부에 깃든 신들보다는 우리의 조부와 조모, 더 나아가 이들의 조부모에 복종하는 것을 의미한다.[22] 이런 점에서 니체는 도덕적 실천에 있어서 우리가 다르게 배워야 한다는 점을 강조한다. 니체에게 다르게 배운다는 것은 도덕적 실천이 지금까지와는 다른 근거들에 의해 행해져야 한다는 것을 의미하며, 결국 그것은 더 많은 것에 도달하기 위해, 즉 다르게 느끼기 위해 필요한 것이다.[23]

더 많은 것에 도달하기 위한 도덕적 실천은 그동안 도덕을 지배했던 가정들, 곧 무조건적인 복종 의식이나 상상적 인과성에 대한 믿음에서 벗어나는 것을 통해서 가능하다. 그것은 풍습을 둘러싼 미신을 걷어냄

---

20) 같은 책, xxxiii 참조.
21) 니체, 『아침놀』, p. 109.
22) 같은 책, pp. 50-51 참조.
23) 같은 책, p. 112 참조.

으로써 풍습의 형태로 드러나는 자연적 도덕을 회복하는 것을 통해서, 풍습이 갖는 자연적 유용성에 주목하는 것을 통해서 가능해진다. 원래 풍습은 한 공동체의 실존을 위한 전제조건이라는 점에서 인간의 삶에서 중요한 의미를 갖는다. 풍습은 "이익이 되거나 해를 끼친다고 생각되는 것에 대한 예전 사람들의 경험을 반영한다."24) 말하자면 그것은 선과 악 또는 내재적 정언명법과는 무관하며 대신에 삶의 조건과 성장의 조건으로서 하나의 공동체가 존립하는 데 필수적인 것을 함축하는 자연의 도덕적 명법처럼 보인다.25) 이런 점에서 니체는 도덕을 그것이 진리이기 때문에 무조건적으로 복종하는 절대적 규범성의 체계가 아니라 삶에 유용하기 때문에 복종하는 자연적 규범성의 체계로 이해한다고 볼 수 있다.

3. 전통 윤리학 비판

니체의 도덕 비판은 그가 도덕의 정초라고 부르는, 도덕을 둘러싼 그릇된 신념들을 공격하는 것으로부터 시작한다. 니체의 도덕에 대한 공격은 우선 도덕 자체를 표적으로 삼기보다 도덕에 대한 잘못된 편견을 향한다고 볼 수 있다. 그것은 도덕적 규범들이 인간의 감성적 충동이나 욕구와는 무관하게 그 자체로 존재한다고 보는 견해로 이러한 편견이 플라톤 이후 유럽의 철학과 종교를 지배해 왔다는 것이 니체의 통찰이다. 이러한 통찰에 따라 니체는 서양의 전통 철학이 다루고 있는 인간과 자연, 사회와 정치에 대한 모든 견해들이 도덕에 대한 편견에 의해 철저히 규정된다고 보았다. 따라서 니체의 도덕 비판은 반자연적 도덕

---

24) 같은 책, p. 37.
25) 니체, 『선악의 저편』, p. 143 참조.

에 대한 비판에 그치지 않고 도덕적 편견에 토대를 둔 서양의 철학 전통 자체에 대한 비판까지도 아우른다. 니체는 자신의 도덕 비판 작업을 철학자들이 수 천 년 동안 신봉하고 가장 확실한 지반으로 믿어온 도덕에 대한 낡은 신념을 비판하고 붕괴시키는 작업으로 보았다. 니체는 이러한 신념 위에 세워진 모든 철학적 건축물들이 계속해서 붕괴하고 새로운 것으로 대체되었지만 이러한 신념 자체는 여전히 전복되지 않은 채 새로운 철학적 건축물의 토대가 되고 있다고 생각한다.26)

　니체의 도덕 비판은 먼저 전통 윤리학이 의존해 온 도덕에 대한 그릇된 가정들을 공격한다. 그 그릇된 가정은 크게 두 가지로 나누어 살펴볼 수 있다. 첫째, 전통 윤리학은 자유롭고 도덕적으로 책임질 수 있는 어떤 의식적 주체를 전제한다는 것이다. 관습적인 도덕주의자는 우리가 우리의 행위를 자유롭게 선택하고, 또한 우리가 그런 행위들을 선택한 동기들이 알려지고, 따라서 우리 행위의 도덕적 가치가 평가될 수 있다고 믿는다.27) 이를 통해 의식적 동기가 행위의 원인으로 가정된다. 그리고 그 결과 행위들은 도덕적 동기로부터 행해질 때만 도덕적으로 칭찬받을 만한 것이 된다. 우리가 타인을 위한 행위, 자유로운 의지에 따른 행위만을 도덕적 행위로 규정하는 것은 이런 그릇된 가정 때문이며, 또한 그것 때문에 우리는 몇몇 행위에 그것이 갖는 본래의 가치보다 더 높은 가치를 부여하게 되었다.28) 이런 점에서 하나의 행위가 행위자 자신의 행복을 위한 욕구에 의해 순수하게 동기화된다면, 그것은 전혀 도덕적 가치가 없는 것으로 간주된다. 니체는 이러한 그릇된 가정들을 통해 잘못된 윤리학이 수립되었다고 말한다.

---

26) 박찬국, 「해설」, 『아침놀』, p. 435 참조.
27) Clark and Leiter, "Introduction," *Nietzsche: Daybreak*, xxviii 참조.
28) 니체, 『아침놀』, p. 171 참조.

가장 위대한 철학자의 오류도 대체로 특정한 인간 행위와 감각을 잘못 설명하는 데서 시작되었다는 것, 잘못된 분석, 예를 들면 소위 비이기적인 행위를 기초로 잘못된 윤리학이 수립되었으며 그 윤리학을 만족시키기 위해 다시 종교와 신화적 비본질을 인정하게 된 것, 그리고 끝으로 이런 음산한 유령의 그림자들이 물리학이나 세계관 전체에도 드리워졌다는 것이다.[29]

둘째, 전통 윤리학은 도덕적 규범들을 충동이나 욕구와 무관하게 그 자체로 존재한다고 본다는 것이다. 이러한 견해는 도덕의 기원을 인간의 경험적 심리에서 찾지 않고 이데아의 세계나 신의 계시 혹은 경험적 심리와 무관한 양심에서 찾는다.[30] 풍습의 윤리가 관습에 대한 두려움이라는 상상적 인과성에 대한 믿음에서 출발한 것처럼, 그런 그릇된 가정은 이제 더욱 고결한 권위들로 대체된다. 새로운 명령하는 권위들 역시 상상적 인과성에 대한 믿음에 의해 유지된다. 이로써 사실상 도덕은 행위자의 구체적인 목적들에 상관없이 적용되는 정언명령의 형태를 띠게 되며, 도덕에 대한 이런 그릇된 믿음은 우리의 감정들을 통해 여전히 보편적 법칙으로서 도덕을 승인하는 출발점이 된다.

니체가 표적으로 삼은 전통적인 윤리학의 입장은 크게 세 가지로 나누어 볼 수 있다. 칸트의 '의무 윤리학'과 '공리주의 윤리학', 그리고 쇼펜하우어의 '동정 윤리학'이 그것이다. 각각의 윤리적 입장은 도덕성의 근거를 '의무', '공리성', '동정'으로 제시한다는 점에서 각기 다른 전통을 형성하지만 "보편적 도덕원리가 존재하며, 이 원리를 적용하는 구체적인 규칙의 체계가 존재한다."[31]고 주장하는 점에서 공통적으로 절대주의 도덕이론으로 규정될 수 있다.

---

29) 니체, 『인간적인 너무나 인간적인 I』, 김미기 역 (서울: 책세상, 2001), p. 66.
30) 박찬국, 「해설」, 『아침놀』, p. 433 참조.
31) 노양진, 『몸이 철학을 말하다: 인지적 전환과 체험주의의 물음』 (파주: 서광사, 2013), p. 145.

1) 칸트의 의무 윤리학

의지의 자유를 토대로 인간 행위의 자율성을 확보함으로써 최고의 도덕법칙을 수립하는 칸트는 의무에서 말미암은 행위만을 도덕적 가치를 갖는 행위라고 말한다. "아무런 경향성 없이, 오로지 의무에서 그 행위를 할 때, 그때 그 행위는 비로소 진정한 도덕적 가치를 갖는다."32) 칸트에 따르면 하나의 행위가 의무의 동기로부터 행해진다는 것은 그 행위가 우리의 욕구나 목적들과 무관하게 행해진다는 것을 의미하며, 따라서 그것의 근거는 인간의 자연 본성이나 인간이 놓여 있는 세계 내의 정황에서 찾아서는 안 되고, 오로지 순수 이성의 개념들 안에서만 선험적으로 찾아야 한다.33) 왜냐하면 그 행위가 경험적 근거들에 의지하는 한, 그것은 실천적 규칙이라고 말할 수는 있어도 결코 도덕법칙이라고 말할 수는 없기 때문이다.34) 의지의 자유를 토대로 한 자율성을 전제로 칸트는 의무의 동기로부터 행위 하는 것과 도덕법칙에 대한 존경으로부터 행위 하는 것을 동일한 것으로 만든다.

칸트의 윤리학에 대한 니체의 비판 배경에는 의지의 자유 문제가 있다. 칸트에게 있어 의지의 자유는 "도덕법칙의 조건"35)이며, 도덕적 행위를 가능하게 하는 칸트의 이러한 초월적 자유는 경험적 사실이 아니라 실천 이성의 요청의 산물이다. 니체는 의지의 자유를 향한 열망이 단지 자기원인이고자 하는 것일 뿐이며,36) 우리 존재의 책임성에 대한 허구적 가정에 다름 아니라고 비판한다. 니체에 따르면 의지의 자유와 부자유는 신화일 뿐이고, "실제의 삶에서 중요한 것은 오직 **강한** 의지

---

32) 임마누엘 칸트, 『윤리형이상학 정초』, 백종현 역 (서울: 아카넷, 2005), p. 87.
33) 같은 책, p. 68 참조.
34) 같은 책, p. 69 참조.
35) 칸트, 「머리말」, 『실천이성비판』(개정판), 백종현 역 (서울: 아카넷, 2009), p. 53.
36) 니체, 『선악의 저편』, p. 41 참조.

와 약한 의지의 문제뿐이다."37) 이런 점에서 칸트의 자유의지의 오류는 모든 책임을 만드는 것의 근저에 놓인 심리학에 속한다.38)

니체는 칸트의 윤리학이 정언명령을 토대로 보편성을 확보하려는 보편주의 윤리학이라는 점에서 더욱 강하게 비판한다. 니체에게 덕은 우리의 고안물이고 필수품이어야 하므로 다른 의미로서의 덕은 어떤 의미에서든 한갓 위험일 뿐이다. "우리의 삶의 조건이 아닌 것은 삶을 **해친다**."39) 이런 점에서 니체는 칸트가 원했던 것 같은 '덕' 개념에 대한 존경심에서만 나온 덕은 삶에 해로운 것이라고 말한다. 덕, 의무, 선 그 자체, 비개인성과 보편타당성이라는 성격을 갖는 칸트적 선은 삶의 몰락과 삶의 최후의 소진의 환영들이라는 것이다. 가장 심층적인 삶의 보존법칙과 성장의 법칙들은 그것과 반대의 것을 제공한다고 니체는 말한다. 따라서 삶의 본능이 아닌 '의무'는 데카당스로 향하게 하는, 백치로 향하게 하는 처방전이라고 주장하면서 니체는 칸트를 "본능으로서의 반자연, 철학으로서의 독일의 데카당스"40)라고 규정한다.

니체가 가장 심각하게 문제 삼는 대목은 칸트와 더불어 '신학자-본능'(Theologen-Instinkte)이 다시 가능해졌다는 점이다.41)

---

37) 같은 책, p. 42. (고딕은 원문의 강조.)
38) 김정현, 『니체의 몸 철학』(서울: 문학과현실사, 2000), p. 109.
39) 니체, 『안티크리스트』, 백승영 역 (서울: 책세상, 2002), p. 225. (고딕은 원문의 강조.)
40) 같은 책, p. 226.
41) 니체는 위대한 개념들을 전부 손아귀에 쥐고 있는 이상주의자와 성직자의 '오만'에서 '신학자-본능'을 발견한다. 니체는 이런 '신학자-본능'을 지상에 존재하는 것 중에서 가장 널리 퍼져 있는 지하적인 형식의 허위라고 고발한다. 니체에 따르면 신학자의 피를 몸 안에 갖고 있는 자는 만사에 대해 삐딱하고 부정직한 태도를 취하고 거기서 발전된 파토스를 신앙이라고 부른다. 그들은 이런 그릇된 관점에서 도덕과 신성함을 만들어내며, 자신의 광학을 신성불가침한 것으로 만든 다음 다른 종류의 광학은 더 이상 어떤 가치도 가져서는 안 된다고 요구한다. 그들의 영향이 미치는 한, 가치판단은 뒤집히고 참과 거짓이라는 개념도 필연적으로 뒤바뀐다. 삶에 가장 해로운 것이 참이라고 불리고 삶을 고양하고 증대시키고 긍정하고 정당화하며 승리하게 만드는 것이 거짓이라고 불린다. 같은 책, pp. 221-23 참조.

옛 이상으로 향하는 샛길이 열렸고, '참된 세계'라는 개념과 세계의 **요체**로서의 도덕 개념이(오류들 중 가장 사악한 이 두 가지 오류들이!) 영리하고도 교활한 회의 덕분에 증명은 불가능하더라도 더 이상은 **논박**할 수 없는 것이 다시 되어버렸다.42)

니체는 칸트가 이성에 의해 도덕법칙의 보편성을 확보하고, 인간 행위의 보편적 기준의 가능성에 대한 희망을 열어놓음으로써 온갖 종류의 초월론자들이 다시 승리하게 되었다는 점을 비판한다. 초월론자들이 자신의 '아름다운 감정'을 논거로, '고양된 가슴'을 신성의 송풍구로, 확신을 진리의 규준으로 간주하게 되었다는 것이다.43) 칸트는 그들이 자신의 마음속 소망대로 따라갈 수 있는 사잇길을 가르쳐 주었고, 불가지론자들이 의문부호 자체를 신으로 경배할 수 있는 길을 열어주었다.44) 그래서 니체는 칸트의 성공이 단지 신학자의 성공에 불과하다고 말한다.

2) 공리주의 윤리학

니체는 도덕의 공리주의를 소크라테스주의로 소급시킨다. 니체는 소크라테스의 추론에서 행위의 도덕성을 오로지 행위의 결과에만 의존해서 판단하는 천민의 냄새를 맡는다. 니체는 도덕의 공리주의가 나쁜 행위를 볼 때 단지 불쾌한 결과만을 주시하여 그것을 하는 것이 어리석다고 판단하는 반면, 선은 즉시 유용하고 유쾌한 것과 동일시한다고 비판한다.45) 이러한 방식의 추론에서 니체는 도덕의 공리주의의 근원을

---

42) 같은 책, p. 224. (고딕은 원문의 강조.)
43) 같은 책, p. 226 참조.
44) 니체, 『도덕의 계보』, p. 532 참조.
45) 니체, 『선악의 저편』, pp. 144-45 참조.

찾고 있으며, 따라서 공리주의에 대한 니체의 비판은 공리주의가 '쾌락'이나 '행복' 같은 부차적 원리를 인간 행위의 목표로 설정하는 것을 향하기보다 그것의 공리성 원칙과 결과주의적 입장에 집중된다고 볼 수 있다.46)

먼저 결과주의적 입장에 대한 니체의 비판은 도덕적 판단에 있어서 그것의 유치함을 향한다. 행위의 도덕적 가치를 결과에 의해 판단하는 것은 그것을 행위의 기원에 따라 측정하는 것이 불가능하다는 것을 함의하고 있다. 여기서 니체는 묻는다. "그런데 결과는 알 수 있다는 말인가? 다섯 걸음 정도까지는 아마도. 어떤 행위가 어떤 자극을 불러일으키고, 어떤 것을 고무시키며 어떤 것을 반발하게 하는지에 대해 누가 말할 수 있단 말인가? …… 궁극적으로 우리는 무엇이 유용한지를 먼저 알고 있지 않으면 안 되는 것이다: 여기서도 공리주의자들의 시각은 단지 다섯 걸음 정도만을 보았던 것이다."47) 이런 점에서 니체는 공리주의적 시각에 회의적이다.

다음으로 공리성 원칙에 대한 니체의 비판은 그것이 타인들의 이익을 행위의 원리로 보면서 개인의 희생을 전체의 행복에 종속시키고 있다는 데 있다. 니체에 따르면 사람들은 "자아가 전체에 대한 순응이라는 형식으로 권리와 의무의 확고한 영역을 다시 획득할 때까지, 즉 그것이 전적으로 새롭고 다른 것이 될 때까지 자아는 자신을 부인하지 않으면 안 된다고 하는 요구에서는 놀라우면서도 유쾌하게 일치한다."48) 그리고 이때 사람들은 개인의 근본적인 변형, 아니 약화와 지양 이외에는 어떤 것도 원하지 않는다. 이로부터 사람들은 '개인적 존재

---

46) 백승영, 『니체, 디오니소스적 긍정의 철학』 (서울: 책세상, 2005), p. 573 참조.
47) 니체, 『유고(1888년 초-1889년 1월초)』, 백승영 역 (서울: 책세상, 2004), 14[185], p. 205.
48) 니체, 『아침놀』, p. 152.

형식' 속에 깃들어 있는 모든 것을 탄핵한다.49) 이런 점은 공리성의 원칙이 무리 동물의 도덕과의 연관 속에서 두려움으로서의 도덕을 형성할 때 분명히 드러난다. 즉 개인에 대한 도덕적 가치 판단을 지배하는 공리성이 오직 무리의 공리성에 불과한 한, 시선이 오직 공동체를 보존하는 것만을 향해 있는 한, 그것은 두려움의 도덕을 형성하게 된다.

> 어떤 의견 속에, 어떤 상태와 정동 속에, 어떤 의지 속에, 어떤 재능 속에 공공에 위험한 것, 평등을 위험하게 하는 것이 얼마나 많고 적게 있는가 하는 것, 이제 이것이 도덕적 관점이다: 공포는 여기에서도 다시 도덕의 모체가 된다.50)

이때 개인을 무리 이상으로 끌어올리고 이웃에게 공포를 주는 모든 것은 이제 악으로 불리게 된다. 이처럼 니체는 공감과 사회적 감각이 서로 뒤섞여 있는 것을 우리 시대의 도덕적인 근본 흐름으로 진단한다.

3) 쇼펜하우어의 동정 윤리학

니체에 따르면 "동정적인 사람들을 선한 사람이라고 부르는 것은 어떤 시대를 지배하는 도덕적인 유행일 뿐이다."51) 즉 현대 철학자들이 동정을 선호하고 과대평가하는 것은 새로운 현상일 뿐이다.52) 니체는 쇼펜하우어가 동정을 형이상학의 중심 개념으로 삼고 윤리학의 원리로 만들었다는 데 주목한다. 쇼펜하우어는 이기주의의 극복과 동정의 실천을 모든 도덕적 행위의 원천이라고 간주하고 그것을 다음과 같이 선

---

49) 같은 곳.
50) 니체, 『선악의 저편』, p. 159.
51) 니체, 『아침놀』, p. 156.
52) 니체, 『도덕의 계보』, p. 344 참조. '동정'의 간략한 역사에 대해서는 김정현, 『니체의 몸 철학』, pp. 114-15 참조.

언한다. "'누구도 해치지 말고 가능한 모든 사람을 도와라.' 이것이 모든 도덕 교사들이 정초하려고 노력하는 참된 명제다."53) 물론 니체는 도덕의 정초를 비판하면서 쇼펜하우어의 도덕원리를 예로 들고 있지만, 니체가 동정의 도덕에서 더 크게 문제 삼는 것은 그것의 가치 문제다.

니체는 동정을 "자기 멸시"54) "가장 새로운 종류의 악취미"55) "도덕적 건강에 해가 되는 기생충"56) 등 주로 부정적인 용어들을 동원하여 비판하고 있지만 니체가 동정 자체의 가치를 부정하는 것은 아니다. 니체가 부정하는 동정은 나약한 감정의 분출, 곧 하강하는 삶의 기호로서의 동정, 이타주의적 도덕의 동정, 곧 기독교적 동정이다. 그런 동정은 삶과 생명력의 총체적 손실을 야기하고 결국 데카당스(décadence)의 증대를 위한 핵심 도구가 되기 때문이다.57) 따라서 니체가 동정을 공격한다고 해서 그가 인간에 대한 사랑을 포기하는 것은 아니다. 단지 그의 사랑은 고통을 경감시켜 주는 동정을 경계할 뿐이다. "고뇌하고 있는 벗이 있다면, 너는 그의 고뇌가 쉴 수 있는 쉼터가, 그러면서도 딱딱한 침상, 야전 침상이 되어주어야 한다. 그렇게 함으로써 너는 그에게 더없이 큰 도움이 될 것이다."58) 니체는 고통을 경감시키는 사랑이 아니라 더 큰 힘을 갖게 하는 사랑을 말한다. 그는 이것을 위대한 사랑이라고 부른다. 위대한 사랑은 사랑하는 상대까지도 창조하는 사랑이다.59)

---

53) A. Schopenhauer, *The Two Fundamental Problems of Ethics*, trans. and ed. C. Janaway (New York: Cambridge University Press, 2009), p. 140.
54) 니체, 『선악의 저편』, p. 204.
55) 같은 책, p. 309.
56) 니체, 『유고(1885년 가을-1887년 가을)』, 이진우 역 (서울: 책세상, 2005), 7[4], p. 331.
57) 니체, 『안티크리스트』, p. 220 참조. 니체는 어떤 짐승이나 종이나 어떤 개인이 자기의 본능을 상실하고 자기에게 불리한 것을 선택하고 선호하는 것을 '타락'이라고 부르고, 그것을 데카당스의 의미로 이해한다. 같은 책, p. 219.
58) 니체, 『차라투스트라는 이렇게 말했다』(개정2판), 정동호 역 (서울: 책세상, 2007), p. 148.

니체는 이타주의적인 동정의 이면에 비밀스러운 이기주의가 있으며, 그것이 근원적인 삶의 부정과 약화를 초래한다는 점에 주목한다. 니체가 볼 때 쾌락이나 고통, 즉 수반되는 상태나 부차적인 것에 따라 사물의 가치를 재는 모든 사유 방식은 고통을 없애고자 한다는 점에서 삶의 부정과 약화를 초래한다. 니체에 따르면 그것은 의지의 부정을 동반한다. 니체는 의지의 부정을 종교적 위기와 각성의 표현으로 보았다.

> 조야한 민족이나 온순한 민족의 경우, 가장 갑작스럽고 방탕하며 관능적인 쾌락은 또한 바로 종교적 신경증의 가장 일반적인 증상에 속하며, 이는 곧 마찬가지로 갑자기 참회의 경련이나 세계 부정과 의지 부정으로 바뀐다.60)

니체는 종교적 신경증이 고독, 단식, 성적 금욕이라는 위험한 섭생 규정과 연결되어 있다고 말한다. 그리고 이런 종교적 신경증을 일종의 간질병의 징후로 의심한다. 니체는 의지를 부정하는 쇼펜하우어의 철학적 배경에도 이런 종교적 위기와 각성의 문제가 나타난다고 보았다.61)

니체는 쇼펜하우어와의 대결을 통해 이제 자신이 도덕에서 가장 중요한 문제로 삼은 도덕의 가치 문제를 접근한다. 특히 니체에게 문제가 되는 것은 비이기적인 것의 가치, 곧 동정 본능, 자기 부정 본능, 자기 희생 본능의 가치였다.62) 니체는 쇼펜하우어가 미화하고 신성시하고 저편 세계의 것으로 만들고 그래서 결국 가치 자체로 만든 이 본능의 가치를 토대로 삶과 자기 자신까지도 부정한다는 점에서 이러한 본능에 대한 근본적인 의구심을 갖는다. 그리고 거기서 인류의 커다란 위험

---

59) 같은 책, p. 149 참조.
60) 니체, 『선악의 저편』, p. 84.
61) 같은 책, pp. 84-85 참조.
62) 니체, 『도덕의 계보』, p. 343 참조.

과 허무로의 숭고한 유혹, 그리고 인류의 연약하고 우울함을 예고하는 마지막 병을 본다.63) 니체는 동정과 동정 도덕의 가치에 관한 문제를 새로운 요구로 전환하면서 모든 도덕의 가치를 묻는 것으로 나아간다.

니체는 도덕의 정초를 현재 유행하는 도덕에 대한 믿음의 형식으로 본다. 그래서 그는 동정적이고 공평하며 공익에 기여하는 인간이 도덕적 인간으로 느껴지는 것을 기독교가 우리에게 야기한 가장 보편적인 심정의 변화라고 말한다.64) 그것이 기독교의 의도도, 교리도 아니었을지라도 말이다. 니체는 그러한 심정의 변화가 개인의 구원에 대한 기독교적 믿음, 동정심과는 무관한 철저히 이기적인 믿음과 교리의 후퇴와 함께 이루어졌다고 본다. 즉 그것은 사랑, 특히 이웃사랑에 대한 부수적인 신앙이 거대한 자선행위와 함께 전면에 대두되었던 당시 기독교적 분위기의 잔재였다는 것이다.65) 이런 점에서 니체는 동정, 공평, 공익이라는 도덕적 가치의 득세가 결국 기독교 도덕이라는 지배적인 도덕의 영향 아래에서 이루어져 온 것이며, 그 도덕에 대한 믿음의 형식일 뿐이라고 진단하는 것이다. 이로써 기독교 도덕은 니체의 도덕 비판이 향하는 마지막 종착지가 된다.

4. 기독교 도덕 비판

니체는 기독교가 '신' '영혼' '자유의지' 같은 순전히 공상적인 원인

---

63) 같은 책, pp. 343-44 참조.
64) 니체, 『아침놀』, pp. 150-51 참조.
65) 같은 책, p. 151 참조. 그러한 변화는 초기 기독교의 정책적 전환이 반영된 것으로 이해할 수 있다. 즉 급박한 종말과 예수의 재림에 대한 기대가 사그라지면서 초기 기독교의 과제는 공동체의 와해를 막고, 공동체의 결속을 다지는 방향으로 선회할 수밖에 없었기 때문이다.

들과 '죄' '구원' '은총' 같은 순전히 공상적인 효력들에 토대를 두고 있기 때문에 그 안에서는 종교도 도덕도 '실재성'(Wirklichkeit)의 어떤 부분과도 접촉하지 못한다고 비판한다.66) 니체가 보기에 이러한 순전히 공상적인 허구의 세계는 실재성을 반영하는 꿈의 세계와는 달리 실재성을 왜곡하고 탈가치화하고 부정한다는 점에서 문제가 된다. 물론 니체는 그것이 허구라는 점 때문이 아니라 그 허구가 삶에 해롭기 때문에 문제를 삼는다. 그리고 그것이 해로운 이유를 그것의 기원에 대한 계보학적 탐구를 통해 밝혀낸다. 그 결과 니체는 실재성에 대한 이러한 왜곡과 부정이 결국 자연적인 것에 대한 증오에 뿌리를 두고 있으며, 그것이 실재성에 대한 깊은 불만족의 표현이라는 점에 주목한다.67) 쾌에 대한 불쾌의 우세, 즉 데카당스가 허구적 종교와 허구적 도덕의 원인이 된다는 것이다.

이런 점에서 니체는 기독교를 종교적 데카당스의 전형으로 파악한다. 니체에 따르면 기독교는 유대적 가치 전환의 상속자다.68) 야훼라는 이스라엘의 신 개념은 유대교 성직자들에 의해 탈자연화되면서 더 이상 이스라엘과 하나도 아니고 더 이상 민족적 자존심의 표현도 아닌 조건에 의해 제약된 신, 곧 성직자들의 도구가 되어버린다. 성직자들은 모든 행복을 보상으로, 모든 불행을 신에 대한 불복종의 벌로, 죄에 대한 벌로 해석한다. 이러한 해석은 자연적인 원인과 결과를 뒤집어버린 도덕적 세계 해석이라는 가장 기만적인 해석 방식이었다.69) 신 개념이 변조되면서 도덕 개념도 변조된다. 도덕은 더 이상 한 민족의 생존과 성장의 조건에 대한 표현도 아니고 그 민족의 가장 심층적인 삶의 본

---

66) 니체, 『안티크리스트』, p. 230 참조.
67) 같은 곳.
68) 니체, 『도덕의 계보』, p. 363 참조.
69) 니체, 『안티크리스트』, pp. 244-45 참조.

능도 아닌 것이 되어버린다. 오히려 그것은 추상화되고 삶의 반대가 되어버린다.

> [그것은] 상상력의 철저한 악화로서의 도덕, 만사에 대한 '사악한 시선'으로서의 도덕이 되어버렸다. 유대적 도덕은 무엇이고, 기독교적인 도덕은 **무엇인가**? 순수함이 죽어버린 우연; 불행을 '죄' 개념으로 더럽히는 것.70)

도덕의 역사에서 '죄'가 전면에 등장한다. 죄와 불행을 하나의 저울 위에 올려놓음으로써 죄의 크기는 이제 불행의 정도에 따라 측정된다.71) 성직자들은 신의 이름을 오용하여 자신들이 가치를 결정할 수 있는 상태를 '신의 나라', 그 상태에 도달하고 그 상태를 유지시키는 수단을 '신의 뜻'이라고 부른다. 그들에 의해 한 민족의 가치와 한 개인의 가치는 얼마만큼 신의 뜻에 복종했는지에 의거해서 측정된다. 그리고 신에 대한 불복종, 곧 성직자에 대한 불복종은 죄라는 이름을 얻게 된다.72) 이로써 죄는 성직자들의 생존 조건이 되고, 성직자들이 지배하는 곳에서는 필수 불가결한 것이 된다. 성직자들이 죄를 통해 지배 권력을 행사하게 된다는 것이다. 결국 신 개념의 탈자연화에서 시작된 유대의 탈자연화의 역사는 언제나 성직자의 논리이며, 이를 통해 세상에 죄와 벌 개념, 즉 도덕적 세계 질서 전체가 고안됨으로써 성직자의 지배가 확립된다.73)

이러한 탈자연화의 역사는 기독교에 와서 그 정점을 찍는다. 기독교

---

70) 같은 책, p. 246. (고딕은 원문의 강조.)
71) 니체는 기독교와는 너무 다른 의미에서 죄와 불행을 다루는 그리스 비극을 사례로 든다. 니체는 고대에도 불행이 있었지만, 고대인들은 죄와 불행 사이에 아무런 상응 관계를 설정하지 않았다는 점에 주목한다. 즉 기독교(유대적 가치 전환의 상속자로서)가 나타나면서 비로소 모든 것이 받아 마땅한 벌이 된다. 니체, 『아침놀』, pp. 90-91 참조.
72) 니체, 『안티크리스트』, pp. 247-49 참조.
73) 같은 책, pp. 287-88 참조.

는 삶 전체의 중심을 아예 세계의 배후로, 부활한 예수에 대한 거짓말 안으로 옮겨버림으로써 모든 이성과 본능을 부정하는 반자연의 길을 간다.74) 니체가 최초의 기독교인이라고 부르는 바울은 예수의 십자가의 죽음을 개인의 불멸에 대한 믿음을 통해 해석함으로써 다시 한 번 성직자가 권력을 획득하는 길을 연다. 니체에 따르면 바울이 만들어낸 신은 신에 대한 부정이며, 자기 자신의 의지를 신이라고 명명하는 것으로, 이는 원래 유대적인 것이다.75) 바울이 고안해낸 개인의 불멸이라는 거짓말은 삶의 중심을 삶에 두지 않고 피안으로, 무로 역으로써 자연성 전부를 파괴해버린다.76)

니체가 기독교를 비판하는 핵심적인 이유 가운데 하나는 바로 그것의 반자연적 성격 때문이다. 그것이 가장 악의에 찬 형식의 거짓 의지이며, 인류를 망쳐버린 주범이라는 점에서 니체는 기독교에 대한 맹목을 범죄 중에 범죄, 곧 "**삶에 대한 범죄**"77)로 규정한다. 기독교의 오류 중의 오류는 선의지의 결여에 있는 것이 아니라 오히려 자연성의 결여에 있다.78) 니체가 기독교 도덕을 반자연적 도덕이라고 규정하는 이유는 그것이 삶의 본능에 적대적인 도덕이기 때문이다.

> 그것은 삶의 본능들에 대한 때로는 은밀한, 때로는 공공연하고도 뻔뻔스러운 **매도적 유죄 판결**인 것이다. …… 반자연적 도덕은 삶의 가장 깊은 욕구들과 가장 높은 욕구들을 부정해버리며 신을 **삶의 적대자**로 만들어버린다.79)

니체는 삶 자체를 "성장을 위한 본능, 지속을 위한 본능, 힘의 축적

---

74) 같은 책, p. 273 참조.
75) 같은 책, pp. 284-85 참조.
76) 같은 책, pp. 273-74 참조.
77) 니체, 『이 사람을 보라』, p. 464. (고딕은 원문의 강조.)
78) 같은 곳.
79) 니체, 『우상의 황혼』, p. 109. (고딕은 원문의 강조.)

을 위한 본능, 힘을 위한 본능"80)이라고 말한다. 그리고 인류의 모든 최고 가치에 이런 본능이 결여되어 있을 뿐만 아니라 허무적 가치들이 가장 성스러운 이름으로 인류를 지배하고 있다고 진단한다. 그리고 그런 반자연 자체가 지금까지 도덕으로서 최고의 명예를 부여받고 법칙이자 정언명법으로서 인류 위에 걸려 있었다는 사실에서 니체는 인류의 가장 큰 위험을 발견한다.81) 이런 점에서 니체의 기독교 도덕 비판은 반자연성과의 투쟁이며, 동시에 그 반자연성의 뿌리에 있는 나약함과 비겁함, 즉 데카당스에 대한 비판으로 이해할 수 있다.82)

그 점과 관련하여 니체가 기독교 도덕을 비판하는 또 다른 핵심적인 이유가 드러난다. 그것은 기독교 도덕이 실제로 도덕에서의 노예 반란을 이끌었다는 데 있다. 그것은 가치의 전도를 통해 이루어진다.

> 유대인들이 …… 가치의 전도라는 저 기적적인 일을 해냈다. 그 덕분에 지상에서의 삶은 몇 천 년 간 새롭고 위험한 자극을 받아왔다: 그들의 선지자들은 '부' '무신' '악' '폭력' '관능'을 하나로 융합해 처음으로 '세상'이라는 말을 욕된 단어로 주조했다. 이러한 가치의 전도에 …… 유대 민족의 의의가 있다: 그들과 더불어 **도덕에서의 노예 반란**이 시작된다.83)

『도덕의 계보』에서 '선과 악'(Gut und Böse), '좋음과 나쁨'(Gut und Schlecht)의 계보를 추적하면서 니체는 귀족적 가치 평가 방식에서 성직자적 가치 평가 방식을 분리하여 파악한다. 니체에 따르면 성직자들은 가장 무력한 자들이며 따라서 가장 정신이 풍부한 증오자들이다.84) 니체가 주목하는 역사적 사례는 성직자 민족인 유대인이다. 그

---

80) 니체, 『안티크리스트』, p. 219. (고딕은 원문의 강조.)
81) 니체, 『이 사람을 보라』, pp. 464-65 참조.
82) 박찬국, 「해설」, 『아침놀』, p. 437 참조.
83) 니체, 『선악의 저편』, pp. 151-52. (고딕은 원문의 강조.)
84) 니체, 『도덕의 계보』, pp. 362-63 참조.

들은 자신의 적과 압제자에게 오직 그들의 가치를 철저하게 전도시키는 것을 통해 가장 정신적인 복수를 감행한다. 그들은 무력감의 증오에서 비참한 자, 가난한 자, 무력한 자만이 오직 착한 자이며, 고통받는 자, 궁핍한 자, 병든 자, 추한 자에게만 축복이 있고, 고귀하고 강력한 자들은 사악한 자이며 저주받을 자가 될 것이라고 말하면서 귀족적 가치 등식(좋은=고귀한=강력한=아름다운=행복한=신의 사랑을 받는)을 역전시킨다.85) 니체는 바로 이 유대의 가치 전환의 유산을 기독교가 상속함으로써 복수와 증오에서 비롯된 이상이 결국 모든 고귀한 이상을 누르고 승리하게 되었다고 말한다.86)

니체에 따르면 도덕에서의 노예 반란은 원한(ressentiment)이 창조적이 되고 가치를 낳게 될 때 시작된다. 이 원한은 "실제적인 반응, 행위에 의한 반응을 포기하고, 오로지 상상의 복수를 통해서만 스스로 해가 없는 존재라고 여기는 사람들의 원한이다."87) 고귀한 모든 도덕이 자기 자신을 긍정하는 것에서 생기는 것이라면, 노예도덕은 처음부터 '밖에 있는 것' '다른 것' '자기가 아닌 것'을 부정하는 것으로부터 생긴다. 니체는 가치를 설정하는 시선을 이렇게 전도시키는 것, 즉 시선을 자기 자신에게 되돌리는 대신 밖을 향하게 하는 것이 실로 원한에 속한다고 말한다.88) 니체는 유대인이 자기들의 적에게 복수하기 위해 자기들의 신을 자신들로부터 분리시켜 단 하나의 신으로 높이 들어 올리고, 사도들이 예수의 죽음을 터무니없는 방식으로 해석하여 단 하나의 신의 아들로 치켜세우고 분리시킨 것도 다 원한의 산물이라고 말한다.89)

---

85) 같은 책, p. 363 참조.
86) 같은 책, p. 365 참조.
87) 같은 책, p. 367.
88) 같은 곳, 참조.
89) 니체, 『안티크리스트』, p. 270 참조.

니체가 기독교 도덕을 비판하는 것은 그것이 노예도덕, 즉 무리 동물의 도덕의 승리공식이기 때문이다. 그런데 그것은 어떤 방식으로 승리하는가? 한마디로 그것은 다른 도덕의 가능성을 차단함으로써 승리한다. 무리 동물의 도덕은 가장 숭고한 무리 동물의 욕구에 따르고 아부했던 종교의 도움으로, "나는 도덕 자체이며, 그 외의 것은 어느 것도 도덕이 아니다!"[90]라고 완강하고 냉혹하게 말함으로써 다른 많은 도덕, 무엇보다 좀 더 높은 도덕의 가능성을 방어하고 차단한다. 니체는 다양한 도덕의 가능성을 차단하는 이런 승리 공식이 결국 삶의 가장 깊은 본능과 욕구를 부정한다는 점에서 삶에 해로운 도덕, 즉 반자연적 도덕이라고 말한다. 신은 마음속을 꿰뚫어 본다고 말하면서 이러한 반자연적 도덕은 삶의 가장 깊은 욕구들과 가장 높은 욕구들을 부정한다는 것이다.[91]

5. 나가는 말

니체는 기독교 도덕 안에서 거의 신성불가침이 되어버린 이러한 삶에 대한 반발, 곧 도덕의 반자연성이 결국은 삶이 내리는 가치 판단일 뿐이라는 점에 주목한다. "**어떠한 삶이 그러한 가치 판단을 하는가?**"[92] 니체는 가라앉고 약화되고 지쳐버린 삶, 매도당해 유죄판결된 삶이라고 답한다. 니체는 이제껏 이해되어 온 도덕이 스스로를 하나의 명령으로 만들어버린 데카당스 본능 자체라고 결론짓는다.[93] 이런 점에서 기

---

90) 니체, 『선악의 저편』, p. 161.
91) 니체, 『우상의 황혼』, p. 109 참조.
92) 같은 책, p. 110. (고딕은 원문의 강조.)
93) 같은 곳, 참조.

독교 도덕 비판은 앞에서 언급한 것처럼 반자연적 도덕에 대한 비판이면서 동시에 그 반자연성의 뿌리에 있는 데카당스에 대한 비판이 된다.

제5장
니체의 도덕 비판과 도덕의 자연성 회복

1. 들어가는 말

니체(F. Nietzsche)가 철학사에서 도덕을 가장 급진적으로 비판한 인물 가운데 한 사람이라는 점에 대해서는 의심의 여지가 없다. 반면 그가 누구보다 강한 도덕적 파토스의 소유자라는 점은 종종 간과되는 경향이 있다. 이런 경향 때문에 그는 오랫동안 비규범적 인물로 평가받아 왔다. 하지만 니체가 도덕을 비판했다는 사실이 그가 모든 도덕을 부정하고 규범적 기획 자체를 포기했다는 주장의 근거가 되는 것은 아니다. 니체는 누구보다 강한 도덕적 파토스의 소유자였으며, 오히려 그는 매우 다른 관점에서 도덕의 새로운 개념을 위한 토대를 밝히려고 시도했다고 볼 수 있다.

이 글에서 필자는 『아침놀』(Morgenröte)에서 니체의 도덕 비판을 '도덕의 자연성 회복'의 관점에서 재검토함으로써 그의 도덕 비판의 최종 목표가 도덕 자체를 폐기하거나 모든 도덕을 부정하는 데 있는 것이 아니라 도덕의 자연성 회복을 통한 도덕의 자기 극복에 있다는 점을 주장한다.[1] 이를 위해 필자는 『아침놀』의 도덕 비판 내용을 자세히

---

[1] 니체의 도덕 비판과 관련해서는 국내외적으로 다양한 연구들이 있다. 그중에서 니체의 도덕

분석하고, 그 내용이 어떤 점에서 도덕의 자연성 회복을 위한 기획인지를 밝힌다.

먼저 이 글에서는 『아침놀』에서 수행된 니체의 도덕 비판 내용을 본격적으로 다루기 전에 앞의 4장에서 살펴본 도덕의 자연적 기원에 대한 니체의 탐구를 다시 한 번 간략히 언급한다. 니체는 도덕의 원초적 형태를 '풍습의 윤리'(Sittlichkeit der Sitte)에서 찾는다. 그 이유는

비판을 새로운 도덕의 창출과 관련시켜 다루는 국내의 연구로는 대표적으로 김정현과 백승영의 연구가 있다. 김정현은 니체의 도덕 비판을 형이상학 비판과 변신론 문제와의 직접적인 연관관계에 주목하면서 도덕의 자기 극복 문제를 핵심과제로서 다룬다. 김정현, 『니체의 몸 철학』 (서울: 문학과현실사, 2000), pp. 100-123, 200-212 참조. 백승영은 니체의 도덕 비판을 절대적이고 반자연적인 도덕 유형에 대한 비판으로 파악하면서 니체가 제시하는 새로운 도덕 유형에 자연적이면서 비도덕적인 특성을 부여한다. 백승영, 『니체, 디오니소스적 긍정의 철학』 (서울: 책세상, 2005), pp. 543-97 참조. 이외에도 이상엽은 니체의 도덕 비판을 도덕적 기획 자체에 대한 부정으로 간주하면서 도덕을 대체하는 새로운 삶의 방식으로 삶의 미학을 제시한다. 이상엽, 「니체의 도덕 비판」, 『한국철학논집』 제19집 (한국철학사연구회, 2006), pp. 73-103 참조. 김바다의 경우 『아침놀』을 중심으로 니체의 도덕 비판을 다루면서 『아침놀』을 니체의 도덕 비판의 전형으로 간주하고, 니체의 도덕 비판을 인간의 자기 이해를 확장하려는 시도의 일환으로 파악한다. 김바다, 「인간의 자기 이해의 관점에서 본 니체의 도덕 비판: 『아침놀』을 중심으로」, 『니체연구』 제26집 (한국니체학회, 2014), pp. 79-122 참조. 최근 영미권을 중심으로 활발하게 이루어지고 있는 국외의 연구는 니체의 도덕 비판을 크게 자연주의적 관점과 연계하여 다루는 입장과 미학적/유사미학적 관점에서 다루는 입장으로 나눌 수 있다. 전자의 입장으로는 라이터(B. Leiter), 샤흐트(R. Schacht), 클락(M. Clark)을 들 수 있고, 후자의 입장은 풋(P. Foot), 네하마스(A. Nehamas), 로버트슨(S. Robertson)을 들 수 있다. B. Leiter, "Nietzsche and the Morality Critics," *Ethics* 107 (1997), pp. 250-85 참조; *Nietzsche: on Morality* (New York: Routledge, 2002) 참조. R. Schacht, "Nietzschean Normativity," R. Schacht, ed., *Nietzsche's Postmoralism* (New York: Cambridge University Press, 2001), pp. 149-80 참조; "Nietzsche's Naturalism and Normativity," C. Janaway and S. Robertson, eds., *Nietzsche, Naturalism, and Normativity* (Oxford: Oxford University Press, 2012), pp. 236-57 참조. M. Clark, "Nietzsche's Immoralism and the Concept of Morality," R. Schacht, ed., *Nietzsche, Genealogy, Morality* (Berkeley: University of California Press, 1994), pp. 14-31 참조. P. Foot, "Nietzsche's Immoralism," R. Schacht, ed., *Nietzsche, Genealogy, Morality* (Berkeley: University of California Press, 1994), pp. 3-13 참조. A. 네하마스, 『니체: 문학으로서의 삶』, 김종갑 역 (서울: 책세상, 1994) 참조. S. Robertson, "Nietzsche's Ethical Revaluation," *Journal of Nietzsche Studies* 37 (2009), pp. 66-90 참조.

풍습의 윤리와 전통적 도덕이 미신적 두려움의 감정과 공상적 인과관계에 대한 믿음으로부터 기원할 뿐만 아니라 양자 모두 자유로운 개인들에 대해 결코 호의적이지 않다는 특성을 공유하고 있기 때문이다.

이런 공통점에 주목하면서 필자는 『아침놀』의 도덕 비판을 크게 두 가지 측면에서 검토한다. 그것은 첫째, 도덕으로부터의 해방이라는 측면과 둘째, 도덕에 의해 비판받아 온 것들을 긍정하는 측면이다. 도덕으로부터의 해방은 도덕 자체로부터의 해방이 아니라 도덕에 대한 낡은 이해로부터의 해방을 의미하며, 따라서 거기에는 도덕에 대한 새로운 이해가 담겨 있다. 그것은 도덕이 우리의 외부에서 주어진 절대적으로 복종해야 할 규범의 체계가 아니라 우리가 필요에 의해 스스로에게 부여하는 자의적인 규범의 체계라는 것이다. 이런 점에서 도덕으로부터의 해방은 자연적 규범성의 회복이라는 의미로 이해된다.

그리고 도덕에 의해 비판받아 온 것들을 긍정하는 측면은 도덕에서 벗어난 개인적 가치평가와 그 가치평가에 의거한 행위들의 실천을 장려하는 의미를 갖는다. 그것은 지금까지 개인적이고 이기적인 것으로 비난받아 온 행위들을 행할 수 있는 용기를 회복하고, 그 행위들을 행할 때 사람들이 느꼈던 양심의 가책을 제거하고, 그 행위들과 삶의 전체적인 모습에서 악한 겉모습을 제거함으로써 그 행위들의 가치를 회복하는 것을 의미한다. 따라서 도덕에 의해 비판받아 온 것들을 긍정하는 것은 한마디로 그동안 비도덕적인 것으로 여겨졌던 개인적 가치평가를 회복하는 것을 의미한다. 이 글에서는 도덕적 편견들로부터의 해방을 추구하는 『아침놀』의 도덕 비판이 개인적 가치평가의 긍정뿐 아니라 삶의 조건으로서 자연적 규범성의 회복에도 초점을 맞추고 있다는 점에서, 그것을 도덕의 자연성 회복을 위한 기획으로 이해한다.

더불어 이 글에서는 『아침놀』에서 니체가 수행한 도덕의 자연성 회복 작업이 도덕의 가치 물음을 위한 계보학적 탐구로 전환되는 과정에서 매개적 역할을 한다는 점에 주목한다. 그것은 도덕의 가치 물음으로 수렴되는 니체의 도덕 비판 과정이 도덕의 자연성 회복을 매개로 이루어진다는 것을 의미한다. 곧 니체의 도덕 비판은 기본적으로 도덕을 둘러싼 편견들로부터의 해방을 통해 도덕의 자연성을 회복하고, 도덕의 자연성을 회복함으로써 도덕에 의한 도덕의 자기 극복을 수행하는 도덕재평가의 과정이라는 것이다. 이처럼 삶의 조건과 성장의 조건이라는 도덕의 자연적 특성을 회복함으로써 우리는 삶과 도덕의 관계를 재설정할 수 있게 되고, 이를 통해 도덕을 삶에 유효한 도구로서 적절하게 자리매김할 수 있게 될 것이다.

2. 도덕의 자연적 기원

"근원에 대한 통찰과 함께 근원의 무의미성이 증대된다."[2] 기원에 대한 탐구가 언제나 역설적이고 신성모독의 감정을 불러일으킨다는 것은 니체의 중요한 철학적 통찰의 하나다. 니체에게 모든 것은 하나의 역사를 가질 뿐만 아니라 그 역사로부터 분리될 수도 없다. '역사적으로 철학하기'는 모든 논리적이거나 변증법적인 철학하기와는 대조되는 니체의 고유한 철학하기 방법의 하나이며, 이는 신성모독적인 니체 철학의 성격을 단적으로 보여주는 것이기도 하다. 니체 이전의 대부분의 철학자들은 도덕이 존재의 더 높은 영역으로부터, 더 높은 진리에 의해 근거 지워져있다고 믿었던 반면, 니체는 도덕이 하나의 기원을 가지고 있을 뿐만 아니라 하나의 방식으로 역사에, 땅 위에, 그리고 자연적 발전의

---

2) 프리드리히 니체, 『아침놀』, 박찬국 역, 서울: 책세상, 2004, p. 60. (고딕은 원문의 강조.)

더 낮은 영역에 근거하고 있다고 주장한다. 니체는 오랫동안 존속한 모든 사물의 비이성적 기원을 폭로하는 것으로부터 도덕에 대한 그의 심리적이고 역사적인 설명을 시작한다.

앞 장에서 본 것처럼 니체는 최초의 도덕의 형태가 풍습(Sitte)과 관련이 있다는 점에 주목한다. 풍습은 관습적인 행위방식과 평가방식으로, 그런 관습적인 방식들이 초기 인간의 삶에서 오늘날 작동하는 것과 같은 도덕적 규칙과 규범, 원리의 역할을 했다는 것이 니체의 기본적 가설이다.[3] 한마디로 니체는 초기의 도덕, 곧 윤리(Sittlichkeit)가 '풍습에 대한 복종'에 다름 아니라고 주장한다.[4] 니체에 따르면 관습이 규제하지 않는 것에는 윤리도 존재하지 않고, 삶이 관습을 통해 규정되는 일이 적을수록 윤리의 범위도 작아진다. '풍습의 윤리'(Sittlichkeit der Sitte)가 지배하던 시대에 행위는 오직 그것이 관습을 위한 의미에서 수행될 때만 윤리적으로 느껴졌다. 따라서 자유로운 인간은 관습이 아니라 자기 자신에게 의존하기 때문에 비윤리적이라고 규정되었다. 이처럼 풍습의 윤리가 지배하던 시대에 '윤리적/비윤리적'(sittlich/unsittlich)이라는 규정은 단순히 어떤 행위가 풍습에 따른 것인지 아니면 다른 동기에 따른 것인지에 따라 결정되었다. 심지어 실제로 풍습이 비롯된 원래 동기들이 개인적 이익과 관련 있고, 바로 그 동기 때문에 그 행위가 행해질 경우에도 그것은 비윤리적인 것으로 규정되었고 그것의 행위자마저도 그렇게 느꼈다는 것이다.[5]

도덕의 발생을 추적하는 과정에서 니체는 도덕의 동기가 관습에 무조건 복종하고, 또 관습이 행위자의 구체적 목적과 상관없이 적용되는

---

3) M. Clark and B. Leiter, "Introduction," in eds., M. Clark and B. Leiter, *Daybreak*, trans., R. J. Hollingdale (New York: Cambridge University Press, 1997), xxix 참조
4) 니체, 『아침놀』, p. 24.
5) 같은 책, pp. 24-25 참조.

명령이라는 점에서 도덕이 사실상 정언명령으로 받아들여졌다는 것에 주목한다. 니체에 따르면 관습에 대한 그러한 감정은 관습에 대한 두려움에서 비롯된 것이며, 그것은 일반적인 두려움과는 구별되는 두려움이다. 미신적 두려움에 의거한 관습에 의해 부여된 하나의 명령은 전통을 향해 복종적이거나 숭배적인 태도를 갖는 사람들에게 정언적이고 윤리적인 힘을 갖는다. 니체에 따르면 풍습은 단지 "이익이 되거나 해를 끼친다고 생각되는 것에 대한 예전 사람들의 경험"6)을 반영한 것일 뿐이다. 하지만 미신적 두려움과 같은 풍습에 대한 감정은 그런 경험이 아니라 풍습의 오래됨, 신성함, 자명함과 관련이 있다. 니체는 풍습에 대한 감정이 사람들이 새로운 경험을 갖고 풍습을 수정하는 것에 반발한다는 점에서 풍습의 도덕이 새롭고 좀 더 나은 풍습의 발생을 저해하고, 사람들을 어리석게 만든다고 주장한다.7)

또한 관습의 권위에 대한 존중은 그런 미신적 두려움이나 공포의 감정에 의해 유지될 뿐만 아니라 비합리적 신념이나 공상적 인과관계에 대한 믿음에 의해서도 유지된다. 니체에 따르면 옛날 사람들은 초자연적인 관계, 즉 행위의 성공이 그 행위의 결과가 아니라 신이 선사한 부가물이라고 믿었고, 따라서 그들은 행위의 성공을 위해 전혀 다른 수단과 방책을 사용해야만 했다.8) 물론 『아침놀』을 쓸 때 니체는 사람들이 필연적인 작용을 파악함으로써 풍습의 기초로 믿어져왔던 무수한 공상적 인과관계를 파괴해왔다는 점에서 인과관계에 대한 감각이 증대할수록 윤리가 지배하는 영역의 범위가 축소될 것이라고 낙관적으로 바라보기도 했다. 어쨌든 초자연적 원인을 전제함으로써 사람들이 이른바 신의 은총과 벌이라는 행위의 초자연적 결과에 더 주목하게 되고, 실제

---

6) 같은 책, p. 37.
7) 같은 책, p. 37 참조.
8) 같은 책, p. 29 참조.

자연적 원인과 결과들에 대해 탐구하지 않게 되고, 그 결과 더 어리석게 된다는 것이 니체의 진단이다. 니체는 인간이 풍습의 윤리에 속박됨으로써 드러나는 문제를 다음과 같이 언급한다.

> 첫째로 원인, 둘째로 결과, 셋째로 현실을 경멸하고, 그의 모든 격조 높은 감각들(외경, 숭고, 긍지, 감사, 사랑의 감각)을 **상상된 세계**, 이른바 더욱 격조 높은 세계에 결부한다. 그 결과 오늘날에도 여전히 우리는 인간의 감정이 **고양되는** 경우 어떻게든 저 상상된 세계가 작용하고 있는 것을 보게 된다.[9]

니체가 풍습의 윤리를 오늘날 유럽의 전통적 도덕, 곧 기독교 도덕과 그것에 뿌리를 둔 도덕의 기원이라고 주장하는 데는 그것들이 공유하는 특징들 때문이다. 니체는 고통을 죄 있는 우리의 본성에 대한 처벌로 이해하는 기독교 도덕이 미신적 두려움뿐 아니라 공상적 인과관계에 대한 믿음에 입각해 있는 풍습의 윤리와 밀접한 관련이 있다고 주장한다.[10] 그리고 니체는 그것들이 공유하는 또 다른 특징으로 일체의 개인적 행위나 개인적 사고방식에 대한 단죄를 든다. 풍습의 윤리가 지배하는 상황에서는 어떠한 독창적인 정신도 양심의 가책을 느낄 수밖에 없었던 것처럼, 오늘날 우리가 더욱 고결하다고 생각하는 전통적 도덕의 지배 아래에서도 개인적 존재 형식 속에 깃들어 있는 모든 것은 여전히 악, 적의, 낭비적인 것, 고가의 것, 사치스러운 것으로 탄핵되기 때문이다.[11]

물론 전통적 도덕은 신의 권위, 양심, 본체적 자아와 같은 더욱 고결한 권위들로서 관습을 대체했지만, 니체가 볼 때 그런 새로운 명령하는

---

[9] 같은 책, p. 49. (고딕은 원문의 강조.)
[10] D. Owen, "Nietzsche, Re-evaluation and the Turn to Genealogy," *European Journal of Philosophy* 11:3 (2003), p. 251 참조.
[11] 니체, 『아침놀』, p. 152 참조.

권위들은 여전히 공상적 인과관계의 산물에 불과하다는 것이 분명하다. 또한 니체는 풍습의 윤리가 미신적 두려움이나 공상적 인과관계에 대한 믿음에 의거하고 있다는 점에서 그것이 지적 오류의 산물임에도 우리가 여전히 그것을 지속적으로 승인하는 이유를 우리의 감정에서 찾는다. "우리는 우리가 틀렸다고 생각하는 판단들과 더 이상 믿지 않는 교설들에서 여전히 결론을 이끌어낸다. 우리의 감정을 통해서 말이다."12) 그 감정은 당연히 불명료한 힘에 대한 미신적 두려움에 기인한 것이다. 그런 점에서 니체는 풍습의 윤리가 지배했던 역사로부터 모든 것이 변화되고, 이를 통해 인류가 그들의 성격을 바꾸었다는 데 대해 여전히 지극히 회의적이다.

도덕의 자연적 기원에 대한 탐구를 통해 니체는 도덕이 두려움의 감정과 공상적 인과관계에 대한 믿음으로부터 기원했을 뿐만 아니라 자유로운 개인들에 대해 결코 호의적이지 않다는 점을 파악하게 되는데, 이는 니체가 전통적 도덕에 대한 그의 비판의 내용을 형성하는 길잡이가 된다. 『아침놀』에서 니체의 도덕 비판은 본질적으로 이 두 가지 흐름을 따라 진행된다.13) 그것은 첫째, 전통적 도덕이 그릇된 가정들을, 곧 오류를 포함하고 있다는 것이며, 둘째, 그 결과 전통적 도덕이 개인의 약화와 폐지를 수반한다는 것이다. 물론 중요한 것은 도덕에 대한 니체의 이러한 비판이 도덕 자체를 폐기하고 모든 도덕을 부정하기 위한 것이 아니라는 점이다. 이는 도덕을 둘러싼 어리석은 견해들을 비판하는 것이 결코 도덕 자체를 비판하는 것은 아니라는 니체 자신의 언급에서도 알 수 있다.14) 『아침놀』에서 니체가 비판하는 것은 도덕적 편견, 곧 도덕에 대한 낡은 이해이며, 도덕이 근거하고 있는 오류다.

---

12) 같은 책, p. 109.
13) Clark and Leiter, "Introduction," xiii 참조.
14) 니체, 『즐거운 학문』, 안성찬·홍사현 역 (서울: 책세상, 2005), p. 326.

따라서 거기에는 도덕에 대한 새로운 이해가 담겨 있다.

3. 도덕으로부터의 해방

『아침놀』에서 니체는 도덕 자체를 문제 삼기보다 도덕에 과도하게 부여된 가치를 끌어내리는 데 초점을 맞춘다. 도덕에 왜 이토록 과도하게 가치가 부여되어 왔는지, 그리고 왜 그런 가치를 끌어내려야 하는지 등이 니체가 제기하는 문제다. 니체는 그런 가치가 부여된 이유를 미신적 두려움이나 공상적 인과관계에 대한 믿음 때문이라고 본다. 실상 도덕은 그 원초적 기원을 풍습의 윤리에 두고 있고, 그 기원에서 보면 현재 지배적인 도덕은 하나의 유행일 뿐이고, 한 민족의 윤리적 명령은 그 민족의 약점과 관련이 있다. 결국 풍습이 아니라 풍습에 대한 감정이 문제가 된다. 풍습에 대한 감정이 도덕에 과도한 가치를 부여하게 된 이유다. 니체가 도덕에 과도하게 부여된 가치를 끌어내리려는 것은 도덕으로부터의 해방을 위해서다. 그리고 도덕으로부터의 해방은 도덕 자체로부터의 해방이 아니라 도덕에 대한 낡은 이해로부터의 해방이다. 도덕으로부터 해방되기 위해서 니체는 도덕을 둘러싼 편견들에 맞서 싸운다.

니체가 기본적으로 문제 삼는 것은 모든 도덕적 판단의 근거가 진리에 있다는 편견이다. 니체는 도덕적 판단이 실제 행위의 동기가 된다는 점을 부정하지는 않는다. 니체에게 문제가 되는 것은 모든 도덕적 판단의 근거가 오류이며 이러한 오류가 사람들로 하여금 도덕적 행위를 하게 한다는 것이다.[15] 즉 도덕이 지금까지 오류 위에서 작동하고 있었

---

15) 니체, 『아침놀』, p. 112.

다는 것이 니체의 관점이다. 여기서 니체가 비판하는 오류는 크게 두 가지다. 하나는 도덕이 무조건적으로 복종해야 하는 절대적 명령이라는 믿음이다. 도덕은 행위자의 삶의 조건과 상관없이 적용되는 정언적 명령이라는 것이다. 니체는 도덕을 절대적 명령의 체계라고 믿는 것이 오류인 이유를 먼저 도덕적 가치판단의 기원에서 찾는다. 니체는 모든 도덕의 기원이 우연적 관계를 타인에게 본질적인 것으로 상상하는 다음과 같은 혐오스럽고 비소한 추론에 의거한 것이라고 의심한다.

> 나에게 해로운 것은 악한 것(그 자체로 해로운 것)이다. 나에게 이로운 것은 선한 것(그 자체로 기분을 좋게 하고 유익한 것)이다. 나에게 한 번 또는 몇 번 해를 입히는 것은 그 자체로 적대적인 것이다. 나에게 한 번 또는 몇 번 이익을 주는 것은 그 자체로 우호적인 것이다.16)

니체가 보기에 이러한 추론은 삼중의 오류를 범하고 있다. 그것은 어떤 인간의 행위에 대해 그 행위의 결과에 주목하고, 그 행위가 초래하는 결과를 그의 의도로 간주하고, 결국 그것을 그의 지속적인 성질로 간주하는 것이다.17) 니체는 이러한 어리석음의 배후에 선과 악이 우리를 기준으로 측정되므로 우리 자신이 선의 원리여야 한다는 인간의 오만함이 자리하고 있는 것은 아닌지 의심한다.

더 나아가 니체는 그러한 행위의 가치평가 자체에 대해서도 의문을 제기한다. 문제는 모든 행위가 가치평가에 의거하는데, 사실상 그 가치평가가 자신의 것이라기보다 대부분 받아들여진 것이라는 데 있다. 그리고 받아들인 것을 자신의 것처럼 생각하는 데 있다. 그것들을 받아들이는 이유는 관습에 대한 복종이라는 풍습의 윤리의 동기가 잘 보여주

---

16) 같은 책, p. 111. (고딕은 원문의 강조.)
17) 같은 책, p. 110 참조.

는 것처럼 어떤 불명료한 힘에 대한 미신적 두려움 때문이며, 이렇게 받아들인 것을 자신의 것처럼 생각하는 것은 자아의 환영 때문이다.[18] 니체에 따르면 대부분의 사람들은 일생 동안 자신의 자아를 위해서는 아무것도 하지 않으며 오직 자아의 환영을 위한 일만 한다. 자아의 환영은 주위 사람들의 머리에서 형성되어 그들에게 전해진 것으로, 결국 사람들은 인간에 대한 일반적인 판단의 안개 속에서 추상물로서의 인간이라는 허구적 가치평가의 안개 속에서 살아간다.[19]

니체는 도덕에서 개인들의 더 불확실하고, 더 자의적인 결단이 배제되는 것을 이런 허구적 가치평가의 영향에서 찾는다. 오늘날 인류의 유지와 촉진이라는 도덕의 목표에 무엇을 유지하고 어느 방향으로 촉진할 것인지에 대한 구체적 규정과 방향이 빠져 있는 것도 그런 이유 때문이다. 도덕적 권위는 도덕적 실천의 영역에서의 결단의 자의성과 개인적 물음을 전혀 허용하지 않으며, 개인들의 좀 더 섬세하고 좀 더 포괄적이며 좀 더 중요한 행위의 영역으로 올라갈수록 도덕의 명령에 복종하도록 요구한다.[20] 그 결과 어떠한 개인적 물음을 제기하는 것도 전혀 허용하지 않는 도덕적 권위의 명령 아래서 인류의 사유는 마비될 수밖에 없다는 것이 니체의 확고한 판단이다.

도덕적 판단의 혐오스러운 기원과 허구적 가치평가의 영향을 추적함으로써, 니체는 도덕이 개인의 외부에서 주어지는 절대적이고 무조건적인 명령의 체계가 아니며, 따라서 도덕에 복종하는 것이 결코 그 자체로 도덕적인 것이 아니라는 점을 분명히 한다.[21] 니체에 따르면 지금까지 사람들이 도덕법칙을 우리의 임의를 넘어서 있는 것으로 간주

---

18) 같은 책, p. 112-13 참조.
19) 같은 책, p. 113-14 참조.
20) 같은 책, p. 116-17 참조.
21) 같은 책, p. 109.

하고, 이 법칙을 자신에게 부여하려 하지 않고 어딘가로부터 명령받기를 바란 것은 결국 지적 오류의 산물에 불과하다. 따라서 『아침놀』에서 니체의 도덕 비판은 도덕적 편견, 곧 도덕법칙을 주어진 것으로, 절대적으로 복종해야 할 것으로 생각하는 것에 대한 이의제기이지 도덕 자체에 대한 비판은 아니다. 니체는 규범적 강제성을 모든 도덕에서 본질적이고 귀중한 것으로 파악할 뿐만 아니라 그것의 자의적 성격을 강조한다.

> 이 지상에서 자유롭고 정교하고 대담하며 춤같이 경쾌하고 장인적인 확실성으로 존재하거나 존재했던 모든 것은 …… '자의적 법칙의 억압' 덕분에 비로소 발전되었던 것이다.22)

니체는 인류의 성장을 위한 자의적 법칙의 억압과 예속의 중요성을 강조하면서 도덕법칙이 주어진 것이 아니라 우리가 필요에 의해 스스로에게 부여한 것이라는 점을 분명히 한다. 니체는 그것을 도덕 속에 있는 자연이 삶의 조건과 성장의 조건으로 가르치는 일종의 어리석음이라고 표현한다. 니체는 그것을 자연의 도덕적 명법이라고 부르면서, 이 명법을 정언적인 것도, 개인을 향한 것도 아닌 인간이라는 동물 전체, 곧 인류를 향한 것으로 파악한다.23)

물론 이러한 주장은 『아침놀』에서 개인들에게는 어떠한 도덕적 지침도 주어져서는 안 된다는 니체의 주장과 모순되는 것처럼 보일 수 있다. 니체는 도덕적 지침들이 개인과 대립하며 개인의 행복뿐만 아니라 인류의 행복과 안녕과도 무관하다고 주장하고 있기 때문이다. 하지만 그것은 인류에게 일반적으로 인정된 목표가 존재하지 않을 때의 경우

---

22) 니체, 『선악의 저편』, 김정현 역 (서울: 책세상, 2002), p. 141.
23) 같은 책, p. 143 참조

다. 인류에게 하나의 목표가 존재하는 경우는 다르다는 말이다. 니체는 인류에게 하나의 목표를 추천하는 것은 우리의 임의에 달려 있고, 그 목표를 우리가 받아들일 경우 똑같이 임의로 자신에게 어떤 도덕법칙을 부과할 수 있다고 말한다.24) 그렇게 스스로에게 부과하는 법칙일 때만이 도덕은 온전히 삶의 조건과 성장의 조건으로서 도덕, 곧 자연성을 회복한 도덕이 된다.

　니체는 사람들이 도덕을 무조건 복종해야 하는 정언적 명령의 체계로 믿게 된 것을 도덕에 과도하게 가치가 부여된 데서 찾고 있으며, 이는 앞에서 본 것처럼 미신적 두려움과 공상적 인과관계에 대한 믿음에 기인한 것이다. 니체는 도덕의 자연적 기원에 대한 탐구와 도덕을 둘러싼 편견들에 대한 비판을 통해 도덕에 부여된 과도한 가치를 끌어내림으로써, 도덕이 우리의 외부에서 주어진 절대적으로 복종해야 하는 규범의 체계가 아니라 우리가 필요에 의해 스스로에게 부여하는 자의적 규범의 체계라는 것을 분명히 한다. 그리고 이제 니체는 도덕에 더 높은 가치가 부여됨으로써 초래된 결과들, 곧 개인적 행위의 제거, 위축, 폐기라는 문제에 주목한다.

4. 개인적 가치평가의 긍정

　니체가 문제 삼는 다른 하나의 오류는 우리가 행위의 도덕적 가치를 평가할 수 있다는 믿음이다. 니체는 사람들이 인간의 행위가 어떻게 성립하는지를 정확히 알고 있다고 생각하는 오래된 망상을 문제 삼는다. 니체는 이러한 망상 때문에 사람들이 자신뿐만 아니라 다른 사람들

---

24) 니체, 『아침놀』, p. 118 참조.

행위에 대해 자유롭게 도덕적 평가를 할 수 있다는 것을 의심하지 않는다고 본다. 니체는 올바른 인식에는 올바른 행위가 뒤따른다는 가장 치명적이고 가장 깊은 오류를 신봉했다는 점에서 소크라테스와 플라톤 역시 행위의 본질에 대한 인식이 존재한다는 일반적인 망상과 어리석은 자만의 계승자들이었다고 비판한다. 하지만 니체에 따르면 "모든 행위들은 본질적으로 미지의 것이다."25) 그것들이 미지의 것일 수밖에 없는 이유는 단순하다. 니체에게 유기체인 인간의 본질을 구성하는 것은 충동들의 체계이며, 충동들 전체를 인식한다는 것은 우리에게 불가능한 미션이기 때문이다.26)

> 어떤 사람이 아무리 폭넓게 자신을 인식하고자 하더라도 그의 본질을 구성하는 **충동들** 전체를 인식하는 것보다 더 불완전한 것은 없다. 보다 거친 충동들의 이름은 거의 댈 수도 없으며, 그것들의 수와 강도, 그것들의 증강과 감소, 그것들 상호 간의 작용과 반작용, 무엇보다도 그것들에 **영양이 공급되는** 법칙은 전혀 알려져 있지 않다.27)

니체는 충동들, 특히 이른바 도덕적 충동들까지도 신경의 자극에 대한 지극히 자유롭고 자의적인 해석들로 파악한다. "우리의 도덕적인 판단들과 가치판단들조차 우리에게 잘 알려져 있지 않은 생리학적 과정에 대한 영상과 상상 또는 어떤 신경의 자극을 특징짓는 일종의 습관적인 언어에 불과하다."28)는 니체의 주장은 도덕적 판단의 자의적인

---

25) 같은 책, p. 133.
26) 김바다는 니체가 충동을 도덕적 믿음과 행위, 타인과 자신에 대한 도덕적 평가를 구성하는 핵심 기제로 파악한다는 점에 근거하여 충동을 자기 안의 타자들을 이해하는 중요 개념으로 보고, 『아침놀』에서 니체의 도덕 비판을 인간의 자기 이해의 확장으로 이해한다. 김바다, 「인간의 자기 이해의 관점에서 본 니체의 도덕 비판: 『아침놀』을 중심으로」, 『니체연구』 제26집 (한국니체학회, 2014) 참조.
27) 니체, 『아침놀』, p. 136. (고딕은 원문의 강조.)
28) 같은 책, p. 138.

특성을 분명히 보여준다. 따라서 우리가 우리의 행위를 자유롭게 선택하고, 또 우리가 그 행위를 선택한 동기들이 알려지고, 우리의 행위의 도덕적 가치들이 평가될 수 있다는 행위에 대한 도덕주의적 믿음은 전적으로 그릇된 것이다. 니체에 따르면 우리는 우리의 행위를 자유롭게 선택하지도 못할 뿐만 아니라 우리가 행위 하는 동기들을 알지도 못한다. 자유의 영역은 단지 "피상과 자기만족의 영역"29)에 불과하고, 우리가 행위의 동기를 알고 있다는 생각도 하나의 특정한 행위가 초래하는 결과들에 대한 우리의 관념 속에서일 뿐이다.30)

니체는 동정적 행위에 대한 심리적 분석을 통해 도덕적 판단 전체의 가변적 성격과 행위의 동기의 불명료성을 잘 보여준다. 니체에 따르면 타인을 위해 생각하고 타인을 위해 사는 것이 일상적 찬미의 대상이 되거나, 동정적 감정과 연민 혹은 타인의 이익을 행위의 원리로 높이는 것은 하나의 도덕적 유행에 불과하다.31) 동정을 형이상학의 중심 개념으로, 그리고 윤리학의 원리로 만든 것은 쇼펜하우어(A. Schopenhauer)였다.32) 그리고 니체는 동정적 행위가 결코 하나의 동기에서 행해지지 않는다는 점을 섬세하게 분석한다.

    다른 사람들의 불행은 우리에게 모욕감을 준다. 우리가 그를 이러한 불행에서 벗어나도록 도와줄 수 없다면, 그것으로 인해 우리는 아마도 자신의 무력함과 비겁함을 깨닫게 될 것이다. 또는 타인의 불행은 이미 그 자체로 타인에 대한 혹은 우리 자신에 대한 우리의 명예를 감소시키는 동기가 된다. 또는 타인의 불행과

---

29) 같은 책, pp. 142-43 참조.
30) 같은 책, p. 145 참조.
31) 같은 책, pp. 150-51 참조.
32) 김정현은 우리가 다른 사람의 고통에 온전히 직접 참여하는 행위로서 동정이 잠정적 구원에 이를 수 있는 실천의 길에 속한다는 점에서, 쇼펜하우어가 동정을 모든 자유로운 정의와 모든 진정한 인간애의 현실적 기초로 파악한다고 본다. 김정현, 『니체의 몸 철학』(문학과현실사, 서울 2000), pp. 115-16 참조.

고통은 우리도 겪을 수 있는 위험을 가리킨다. 그리고 인간의 위험한 처지와 연약함을 가리키는 징표만으로도 그것은 우리에게 고통을 느끼게 한다. 우리는 동정적 행위를 통해 이런 종류의 고통과 모욕을 거부하고 그것들에 보복한다. 동정적인 행위 속에는 심지어 세련된 자기 방어 혹은 복수심마저 존재할 수 있다. …… 매우 다양한 종류의 것일 수 있는 고통을 '함께 고통을 경험한다'는 의미의 동정이라고 부르는 것은 잘못된 것이다.33)

니체는 유기체로서 인간이 충동들의 체계이며, 그 충동들의 체계 전체를 인식하는 것이 불가능하다는 것을 보여줌으로써 우리가 우리의 행위를 자유롭게 선택하지도 못하고, 그 행위를 선택한 동기들도 알려지지 않는다는 점을 분명히 한다. 그것은 결국 우리 행위의 도덕적 가치들 역시 평가될 수 없다는 점을 보여주는 것이다. 이런 점에서 니체는 오직 타인만을 위해 행해지는 행위들만을 도덕적이라고 부르거나, 자유로운 의지에 따라 행해지는 행위들만을 도덕적이라고 부르는 것을 지적 오류의 결과물로서 파악한다.34) 그리고 니체는 그러한 오류의 결과로부터 생겨난 문제에 주목한다. 그것은 지금까지 도덕적이라고 불렸던 몇몇 행위들, 곧 이타적 행위와 자유로운 행위에 그것이 갖는 본래의 가치보다 더 높은 가치가 부여됨으로써 그 행위들이 다른 행위들, 곧 이기적이고 부자유한 행위들로부터 분리되고, 결국 이기적이고 부자유한 행위들의 가치가 낮게 평가되었다는 것이다.35) 이런 도덕적 판단 때문에 도덕적 행위를 제외한 다른 모든 행위들이 위축되는 결과를 초래했다는 것이 니체가 핵심적으로 문제 삼는 대목이다. 이러한 문제로부터 니체는 도덕에 의해 비판받아 온 모든 것들을 긍정하고, 그것들의 가치를 회복시키는 작업을 하나의 과제로서 제시한다. 그것은 그동

---

33) 니체, 『아침놀』, pp. 153-54.
34) 같은 책, pp. 170-71 참조.
35) 같은 책, p. 171 참조.

안 비도덕적인 것으로 여겨졌던 개인적 가치평가를 회복하고, 그 가치평가에 의거한 행위들의 실천을 장려하는 것을 의미한다.

도덕으로부터의 해방은 이제 개인적이고 이기적인 행위의 회복을 향한다. 니체는 "원인을 죄인으로 만들고, 결과를 사형집행인으로"36) 만드는 것에서 벗어나 행위의 무구함을 회복하기를 원한다. 니체는 끊임없이 도덕으로부터 벗어난 행위의 실험을 강조한다. 그는 도덕적 감정과 판단을 대체하는 삶과 행위의 법칙을 새롭게 건설하는 과제를 자신에게 부여하고, 생리학, 의학, 사회학, 고독학과 같은 학문들을 새로운 이상을 위한 초석으로 삼는다.37) 그리고 이런 학문들을 발판 삼아 그는 도덕의 공위 시대에 우리가 할 수 있는 최선의 것이 각자가 주인이 되어 작은 실험 국가들을 건설하는 것이 되어야 한다고 호소한다.38) 니체의 『아침놀』이 취하고 있는 잠언 모음집이라는 형식 역시 니체의 사상이 도덕적 편견에서 벗어나서 실험적 성격을 갖는다는 것과 무관하지 않다.39) 물론 『아침놀』에서 니체가 제안하는 행위의 실험들은 단지 유일한 도덕이 있다는 편견에 대항해 도덕에 대한 낡은 이해를 벗어나 도덕에 대한 새로운 이해를 확장하는 의미로 제한적으로 이해될 필요가 있다. 그러한 실험들 자체를 도덕을 대체하는 대안적인 윤리적

---

36) 같은 책, p. 237.
37) 같은 책, p. 349 참조. 도덕을 대안적인 가능성들이 개입된 모든 활동과 관계있는 것으로 파악한다는 점에서 니체의 실천철학은 듀이(J. Dewey)의 철학과 공명한다. 듀이에 따르면, 도덕은 인간 본성에 가장 가까운 것이다. 따라서 그것은 뿌리 깊게 경험적인 것이지 목적론적인 것도 형이상학적인 것도 아니다. 그런 점에서 듀이는 도덕적 탐구가 인간 마음과 신체에 관한 모든 것(인류학, 의학, 생물학, 심리학 등)과 관련이 있기 때문에 도덕을 실제 사실들과 힘들로부터 분리하는 것이 도덕을 광적이고, 환상적이고, 권위적인 것으로 만드는 오류라고 주장한다. J, Dewey, *Human nature and conduct: The Middle Works* 1899-1924, Vol. 14, ed., Jo Ann Boydston (Carbondale: Southern Illinois University Press, 1983), p. 204.
38) 니체, 『아침놀』, pp. 349-50 참조.
39) 박찬국, 「해설: 제2의 계몽시대를 여는 책」, 『아침놀』, 박찬국 역 (서울: 책세상, 2004), p. 440.

입장의 적극적인 표명으로까지 확장시키는 것은 『아침놀』의 도덕 비판의 의도를 벗어나는 것으로 보인다.40)

『아침놀』에서 수행된 도덕적 편견에 대한 니체의 사상은 도덕에 대한 몇몇 지적 오류들을 비판함으로써 그동안 도덕에 과도하게 부여되었던 가치를 끌어내리는 데 그 목적이 있다. 그리고 그 목적은 도덕 자체를 폐기하거나 모든 도덕을 부정하는 것이 아니라 도덕에 대한 새로운 이해를 수립하는 것으로 향한다. 니체는 사람들이 도덕을 무조건적으로 복종해야 하는 절대적 명령의 체계로 이해한 것도, 또 행위의 도덕적 가치를 평가할 수 있다고 믿은 것도 모두 지적 오류 때문이라고 말한다. 그 오류를 걷어내는 것, 곧 도덕에 대한 낡은 이해를 벗어던지는 것은 도덕에 대한 신뢰를 철회하는 것이며, 그것은 니체 스스로가 언급하는 것처럼 오히려 도덕에 충실하기 위한 것이기도 하다.41)

니체가 충실하기를 원하는 도덕은 무엇인가? 한마디로 그것은 자연성을 회복한 도덕이며, 자연성을 회복한 도덕은 삶의 조건과 성장의 조건으로서의 도덕이다. 이것이 니체가 이해하는 도덕의 자연적 명법, 곧 자연적 도덕이며, 도덕의 자연성을 회복함으로써 도덕의 가치 물음이 본격화된다.

---

40) 그러한 예로서 엔젤-피어슨(K. Ansell-Pearson)의 논의를 들 수 있다. 엔젤-피어슨은 『아침놀』에서 니체의 도덕 비판을 도덕을 대체하는 실험으로, 그리고 니체의 이러한 행위의 실험을 '자기함양의 윤리학'(ethics of self-cultivation)이라는 이름으로 재구성한다. K. Ansell-Pearson, "Beyond compassion: on Nietzsche's moral therapy in Dawn," *Continental Philosophy Review* 44 (2011), pp. 179-204 참조.
41) 니체, 『아침놀』, 「서문」, p. 15.

5. 도덕의 자연성 회복

앞에서 살펴본 것처럼 『아침놀』의 도덕 비판은 도덕적 편견들을 제거함으로써 도덕으로부터 해방되고 개인적 가치평가들을 긍정하는 것을 목표로 삼는다. 도덕으로부터의 해방은 삶의 절대적 원리라는 도덕에 대한 낡은 이해에서 벗어나는 것을 의미하며, 이를 통해 삶의 조건이라는 도덕에 대한 새로운 이해를 회복시킨다. 개인적 가치평가의 긍정은 우리가 행위의 도덕적 가치를 평가할 수 있다는 그릇된 믿음에서 벗어나는 것을 의미하며, 이를 통해 그동안 비도덕적인 것으로 여겨졌던 모든 개인적인 것들을 회복시킨다. 『아침놀』의 도덕 비판은 이처럼 도덕에 대한 낡은 이해, 곧 도덕의 그릇된 전제 또는 오류를 비판함으로써 도덕의 폐기나 부정이 아니라 도덕의 자연성 회복을 지향한다.

자연성을 회복한 도덕은 한마디로 규범성의 원천을 인간 삶의 외부에서 찾는 것이 아니라 삶의 조건에서 찾는다. 그리고 도덕적 행위는 다른 행위들의 가치를 하락시키는 이타적이거나 자유로운 특정한 행위가 아니라 삶의 자연적 조건과 성장의 조건에 따른 행위가 된다. "우리의 삶의 조건이 아닌 것은 삶을 **해친다**."[42] 이것이 도덕에 대한 니체의 근본 명제다. 물론 『아침놀』의 도덕 비판이 그 자체로 도덕의 가치를 직접 묻고 있는 것은 아니다. 그것은 도덕을 둘러싼 어리석은 견해들을 비판하고 있으며, 이를 도덕 자체를 비판한 것으로 생각하는 것은 잘못된 것이다. 니체는 도덕의 오류를 지적하는 것이 도덕의 가치 문제와 연관되는 것은 아니라는 점을 분명히 한다.

"너는 마땅히 해야 한다"라는 규범의 가치는 …… [도덕을 둘러싼 어리석은 견

---

42) 니체, 『안티크리스트』, 백승영 역 (서울: 책세상, 2002), p. 225. (고딕은 원문의 강조.)

해들로] 무성하게 뒤덮인 오류의 잡초와는 근본적으로 상이하고 별개의 문제다. …… 도덕이 오류에서 생겨난다는 것은 가능한 일이다. 하지만 이에 대한 통찰이 도덕의 가치 문제와 연관되는 것은 결코 아니다.43)

그렇다면 『아침놀』의 도덕 비판, 곧 도덕적 편견으로부터의 해방은 어떤 점에서 도덕의 가치 물음과 연관을 맺는가? 그것은 우선 도덕의 가치 물음을 위한 전제로서 요구된다. 니체는 도덕의 가치를 평가하기 위해서는, 곧 도덕적 편견에 대한 사상이 편견에 대한 편견이 되지 않으려면 도덕의 외부에 서 있을 것을, 선악의 저편을, 우리의 피와 살이 되어버린 명령적 가치평가 전체로부터의 자유를 전제로 요구한다고 말한다.44) 그리고 니체는 도덕으로부터의 해방이라는 목적을 달성하기 위해 새로운 수단이 필요하다는 점을 강조한다. 그것은 위대한 건강, 곧 "이전의 어떤 건강보다 더 강하고 더 능란하고 더 질기며 더 대담하고 더 유쾌한 건강"45)을 의미한다. 니체는 우리가 이 위대한 건강을 통해 이기적인 것으로 비난받아 온 행위들을 행할 수 있는 용기를 회복하고, 그 행위들과 삶의 전체적인 모습에서 악한 겉모습을 제거할 수 있다고 보았다.46) 그렇게 건강한 가치들을 회복함으로써 새로운 이상, 위험에 가득 찬 이상에 눈을 뜨게 되는데, 그 이상은 지금까지 성스럽다고, 선하다고, 신적이라고 불렸던 모든 것을 즐겁게 부정하는 정신의 이상이다.47) 그 이상과 더불어 위대한 진지함이 비로소 시작된다는 니체의 선언은 도덕으로부터의 해방이라는 전제조건으로부터 시작된 정신의 이상과 함께 도덕의 가치 물음이 본격화된다는 것을 의미한다. 이

---

43) 니체, 『즐거운 학문』, p. 326.
44) 같은 책, p. 388 참조.
45) 같은 책, p. 392.
46) 니체, 『아침놀』, p. 148 참조.
47) 니체, 『즐거운 학문』, p. 393 참조.

는 도덕의 가치 물음이 개인적 가치의 회복을 통해 인류에게 일반적으로 인정되는 목표를 임의적으로 추천하고, 그 목표에 따라 똑같이 임의적으로 도덕법칙을 부과함으로써, 곧 도덕의 자연성을 회복함으로써 수행된다는 것을 의미한다.

도덕의 자연성 회복은 지금까지의 도덕적 실천의 근본적 전환을 요구한다. 그 요구는 우리의 삶과 도덕의 근본적인 자리바꿈에 대한 요구다. 즉 그것은 우리에게 규범성 자체를 폐기하라고 요구하는 것이 아니라 규범을 대하는 우리의 태도를 바꾸라고 요구한다. 더 이상 규범을 외부에서 주어진 절대적으로 복종해야 하는 정언명령으로 받아들이는 것이 아니라 우리 스스로의 필요와 조건에 따른 자연적 명령으로 이해하라는 것이다. 이것은 우리가 도덕을 위해 사는 것이 아니라 오히려 도덕이 우리의 더 나은 삶을 위해 요구된다는 도덕에 대한 자연주의적 시각을 받아들이는 것을 의미한다.48) 니체의 이러한 근본적인 자리바꿈에 대한 요구는 니체가 도덕적 실천이 이제까지와는 다른 근거들에 의해 행해져야 한다고 강조하는 대목에서 잘 드러난다.

> 내가 바보가 아니라면 내가 다음과 같은 사실을 부정하지 않는다는 것은 자명하다. 비윤리적이라고 불리는 많은 행위들은 피해야 하고 극복해야 하며, 윤리적이라고 불리는 많은 행위들은 행해야 하고 장려해야 한다. 그러나 나는 전자도 후자도 **이제까지와는 다른 근거들에 의해** 행해져야 한다고 생각한다. 우리는 **다르게 배워야만** 한다.49)

도덕적 실천이 다른 근거들에 의해 행해져야 하고, 우리가 다르게 배워야만 한다는 니체의 호소는 도덕에 대한 전면적인 새로운 이해를 촉

---

48) 노양진, 『나쁜 것의 윤리학』 (파주: 서광사, 2015), p. 9 참조.
49) 니체, 『아침놀』, p. 112. (고딕은 원문의 강조.)

구하는 것이다. 그것은 도덕이 삶의 원리가 아니라 삶의 조건이라는, 곧 도덕의 자연성 회복을 의미한다. 도덕의 자연성 회복은 한마디로 삶과 도덕의 자리바꿈을 의미하며, 그 자리바꿈을 통해 도덕의 명령은 우리의 삶 외부에서 주어지는 것이 아니라 삶이 내리는 명령으로서 그것의 본래 모습을 회복하게 된다. 자연성을 회복한 도덕을 매개로 이제 니체의 도덕 비판은 도덕의 가치 물음으로, 도덕에 의한 도덕의 자기 극복으로 전환한다. 지금까지 성스럽고, 선하고, 신적이라고 불렸던 도덕은 그것이 삶에 적대적이라는 이유로, 즉 선의지의 결여 때문이 아니라 자연성의 결여 때문에 금지와 제거의 대상이 된다.

6. 나가는 말

필자는 『아침놀』에서 니체의 도덕 비판을 도덕의 자연성 회복의 관점에서 재검토함으로써 니체의 도덕 비판의 목표가 도덕 자체를 폐기하거나 모든 도덕을 부정하는 데 있는 것이 아니라 도덕의 자연성 회복을 통한 도덕의 자기 극복에 있다고 주장했다. 그러한 작업은 『아침놀』에서 수행된 니체의 도덕 비판 내용을 자세히 분석하고, 그 내용이 어떤 점에서 도덕의 자연성 회복을 위한 기획인지를 밝히는 것을 통해서 이루어졌다. 이를 위해 필자는 『아침놀』의 도덕 비판을 도덕으로부터의 해방과 도덕에 의해 비판받아 온 것들의 긍정이라는 두 가지 측면에서 검토했다.

도덕으로부터의 해방은 도덕 자체로부터의 해방이 아니라 도덕에 대한 낡은 이해로부터의 해방으로 이해되고, 이를 통해 필자는 도덕이 우리의 외부에서 주어진 절대적으로 복종해야 할 규범의 체계가 아니라 우리가 필요에 의해 스스로에게 부여하는 자의적 규범의 체계라고 주장했다. 또한 도덕에 의해 비판받아 온 것들의 긍정은 우리 행위의 도덕적 가치가 평가될 수 없다는 점을 토대로 비도덕적인 것으로 여겨졌던 개인적 가치평가들의 회복으로 이해되었다. 필자는 도덕적 편견들로부터의 해방을 추구하는 『아침놀』의 도덕 비판이 개인적 가치평가의 긍정뿐 아니라 삶의 조건으로서 자연적 규범성의 회복에도 초점을 맞추고 있다는 점에서 그것을 도덕의 자연성 회복을 위한 기획으로 이해했다.

또한 필자는 도덕의 가치 물음으로 수렴되는 니체의 도덕 비판의 과정이 도덕의 자연성 회복을 매개로 이루어진다고 보았다. 곧 필자는 니체의 도덕 비판이 도덕을 둘러싼 편견들로부터의 해방을 통해 도덕의 자연성을 회복하고, 도덕의 자연성을 회복함으로써 도덕에 의한 도덕의 자기 극복을 수행하는 도덕재평가의 과정이라는 점에 주목했다. 결론적으로 필자는 도덕의 자연성 회복이 지금까지의 도덕적 실천의 근본적인 전환을 요구한다고 주장했다. 그리고 그 전환을 삶과 도덕의 근본적인 자리바꿈에 대한 요구로 이해했다. 즉 더 이상 규범을 외부에서 주어진 절대적으로 복종해야 하는 정언명령으로 받아들이지 않고 우리의 필요와 조건에 따른 자연적 명령으로 이해했다. 결국 필자는 지금까지 성스럽다고, 선하다고, 신적이라고 불렸던 도덕이 삶에 적대적이라는 이유로, 또 자연성을 결여하고 있다는 이유로 금지와 제거의 대상으로 전락한 것이 도덕의 자연성 회복의 결과라고 보았다.

제6장
니체 도덕철학의 자연주의적 함의

1. 들어가는 말

현대의 통합적 기획에 대한 불신과 회의가 깊어질수록 우리의 삶은 더 깊고 더 폭넓게 가치의 무제약적 분기 상황으로 내몰리고 있다. 현대와 탈현대의 기로에서 니체(F. Nietzsche)는 이러한 상황을 초래한 원인 제공자로서 과도한 비난과 열정적 찬사를 한 몸에 받는 인물이다. 한편으로 니체는 사람들이 소중히 여기는 많은 것, 그중에서도 특히 도덕에 의문을 제기함으로써 그들의 안전한 삶의 터전을 송두리째 뒤흔들어 많은 사람들을 불편하게 만드는 존재다. 다른 한편 어떤 사람들에게 니체는 낡은 전통을 깨부수고 건강하고 새로운 미래를 예비하는 전령 같은 존재이기도 하다. 아이러니한 것은 비난하든 찬사를 보내든 니체가 비규범적 삶의 가능성을 열어젖혔다는 데 동의한다는 점이다. 이런 점에서 니체는 오랫동안 '규범성'(normativity)에 대해 어떤 생각도 가져서는 안 되고, 그것에 대한 어떤 긍정적 개념도 가져서는 안 된다고 생각되었다. 그 결과 니체는 규범성의 기획과는 전혀 관계없는 비규범적 인물로 낙인찍히게 되었다.1)

---

1) 하버마스(J. Habermas)는 니체를 "예술을 위한 예술의 옹호자"라고 말하면서 니체의 사유

하지만 비규범적 삶의 가능성을 열어젖혔다는 이유로 니체를 전적으로 비규범적 인물로 취급하는 것은 부당한 편견의 산물이다. 니체가 철학사에서 도덕에 대한 가장 급진적인 비판가의 한 사람이라는 것은 의심의 여지가 없다. 하지만 동시에 그가 도덕에 대한 신뢰를 철회하는 것이 역설적으로 도덕에 충실하기 위해서이며, 그 스스로 엄격한 '최후의 도덕'을 따르는 양심의 인간임을 분명히 하고 있는 점을 볼 때,2) 도덕에 대한 그의 비판에는 강한 도덕적 파토스가 존재한다는 점 또한 부인할 수 없다. 따라서 도덕에 대한 니체의 강한 반감은 도덕 자체, 곧 도덕의 정동적이며 규범적인 본성을 향한 것이라기보다 오히려 도덕을 둘러싸고 있던 그동안의 오류와 편견을 향한 것이며, 또한 지배적인 도덕, 곧 규범에 무조건적으로 복종하는 노예 의식과 그것에 어울리는 무조건적인 복종을 요구하는 절대적인 도덕적 규범을 향한 것으로 볼 수 있다.3)

이 글에서 필자는 니체의 도덕적 입장에 담긴 규범 연관성을 적극적으로 해명함으로써 니체에 대한 비규범적 편견을 극복하려고 시도한다. 더 나아가 이러한 해명은 비규범적 편견의 극복이라는 소극적 목적을 넘어 더 큰 목표, 곧 자연주의적 관점에서의 규범적 정당화라는 새로운 윤리학적 시각의 전환으로 이어지게 될 것이다.

이를 위해 필자는 우선 니체 도덕철학의 규범성 문제를 최근 영미철학계를 중심으로 활발하게 펼쳐지고 있는 자연주의적 논의와의 연관성

를 전적으로 미적인 것으로 규정한다. 이러한 규정을 통해 하버마스는 니체를 비규범성의 원천으로서 탈현대로의 전환점으로 파악한다. 위르겐 하버마스, 『현대성의 철학적 담론』, 이진우 역 (서울: 문예출판사, 1994), pp. 111-35 참조.
2) 프리드리히 니체, 『아침놀』, 박찬국 역 (서울: 책세상, 2004), p. 15.
3) 이런 점에서 니체의 도덕에 대한 새로운 이해는 사람에 따라 다양한 해석이 가능하겠지만, 적어도 니체가 전통 도덕을 넘어 새로운 도덕을 역설했고 그가 자신의 관점에서 진정한 도덕철학을 추구했다는 사실은 부인하기 어렵다. 최소인·김세욱, 「니체의 반도덕주의와 자기 긍정의 윤리」, 『철학논총』 제80집 (새한철학회, 2015), p. 488 참조.

속에서 검토한다.4) 물론 자연주의에 대한 불충분한 규정과 니체의 자연주의적 입장에 대한 불일치가 여전히 존재한다는 점에서 니체를 한 사람의 자연주의자로 규정하는 것은 그것을 드러내는 것만큼이나 그것을 감추는 것이기도 하다. 따라서 이 글에서는 먼저 자연주의에 대한 개념적 이해를 위해 드 까로와 맥아더(M. de Caro and Macarthur)의 논의를 따라 자연주의를 '과학적 자연주의'(scientific naturalism)와 '개방적 자연주의'(liberal naturalism)로 구분하여 검토하고,5) 니체의 자연주의를 비환원적이고 개방적인 자연주의의 형식으로 파악한다. 그리고 이를 토대로 니체의 도덕철학의 자연주의적 성격을 규명하고, 그것의 규범 연관성을 밝힌다. 니체의 자연주의와 규범성에 관한 논의는 라이터(B. Leiter)와 샤흐트(R. Schacht)의 입장을 비교하여 파악함으로써 이루어진다. 이 과정은 니체 도덕철학의 자연주의적 정당화를 위한 작업의 일환이며, 이는 니체의 도덕철학을 '나쁜 것의 윤리학'(ethics of the bad)의 시각에서 재조명함으로써 보완된다.6)

---

4) 니체에 대한 전면적인 자연주의적 읽기는 라이터(B. Leiter)에 의해 시도되었고, 최근 니체에 대한 자연주의적 논의의 흐름은 주로 규범성 문제와의 연관성 속에서 다루어지고 있다. B. Leiter, *Nietzsche on Morality* (New York: Routledge, 2002); R. Schacht, ed., *Nietzsche's Postmoralism* (Cambridge: Cambridge University Press, 2001); B. Leiter and N. Sinhababu, eds., *Nietzsche and Morality* (New York: Oxford University Press, 2007); C. Janaway and S. Robertson, eds., *Nietzsche, Naturalism, and Normativity,* (Oxford: Oxford University Press, 2012); Christian J. Emden, *Nietzsche's Naturalism* (Cambridge: Cambridge University Press, 2014) 참조.
5) de Caro and D. Macarthur, "Introduction: Science, Naturalism, and the Problem of Normativity," de Caro and D. Macarthur, eds., *Naturalism and Normativity,* (New York: Columbia University Press, 2010), p. 3 참조.
6) '나쁜 것의 윤리학'이라는 개념은 노양진의 논의에서 차용한 것이다. 노양진은 도덕의 층위를 '권고의 도덕'과 '금지의 도덕'으로 나누고 윤리학의 핵심 관심사가 금지의 영역을 설정하는 데 있다는 점에 주목하여 '좋은 것의 윤리학'에서 '나쁜 것의 윤리학'으로의 윤리적 시각 전환을 주장한다. 노양진, 『나쁜 것의 윤리학: 몸의 철학과 도덕의 갈래』 (파주: 서광사, 2015) 참조.

전통 윤리학의 문제는 니체가 도덕의 정초를 문제 삼은 것처럼 규범성의 정당화를 '좋은 것'을 통해 확립하려고 했다는 데 있다. 이 때문에 전통 윤리학의 과제는 '최고선'의 근거를 밝히는 것이 되었으며, 이것은 경험적 영역을 넘어서야만 가능한 것이었다.7) 필자는 도덕에 대한 니체의 가치 물음이 전통 윤리학의 절대주의적 방식을 벗어나 자연주의적 관점에서 규범성의 문제를 다루는 하나의 새로운 방식을 제안하고 있다고 본다. 그리고 이런 점에서 초자연적인 정당화 방식을 버리고 자연주의의 길을 선택한 니체의 도덕철학이 '나쁜 것의 윤리학'의 한 형태로 읽힐 수 있다고 주장한다. 이 글은 니체 도덕철학의 규범적 정당화 문제를 자연주의적 논의의 틀 속에서 검토함으로써, 윤리학의 실질적 과제가 '좋은 것'의 발견이나 추구가 아니라 오히려 '나쁜 것'의 본성과 원천을 밝히는 데 있다는 것을 보여준다.8)

2. 자연주의의 두 유형

자연주의와 규범성 문제의 연관성을 더 잘 이해하기 위해서는 자연주의라는 용어에 대한 예비적 검토가 필요하다. 일반적으로 자연주의는 두 가지 유형으로 구분할 수 있다. 먼저 대다수의 영미철학자 사이에서 정통적 입장인 '과학적 자연주의'와 그것과 연관된 난관을 극복하려는 입장인 '개방적 자연주의'가 그것이다.9) 두 가지 자연주의의 버전

---

7) 노양진, 『몸이 철학을 말하다: 인지적 전환과 체험주의의 물음』 (파주: 서광사, 2013), p. 150 참조.
8) '좋은 것의 윤리학'과 '나쁜 것의 윤리학'에서 '좋은 것'(the good)과 '나쁜 것'(the bad)의 구분은 니체가 자신의 도덕철학, 특히 주인도덕의 핵심적 개념어로 사용하는 '좋음'(gut)과 '나쁨'(schlecht)의 구분에서 나오는 '나쁨'(schlecht)의 의미가 아니라 규범윤리학의 자기정당화 가능성의 규정에서 나오는 용어다.
9) 이러한 구분은 드 까로와 맥아더(M. De Caro and D. Macarthur)의 논의에 따른 것이다.

은 기본적으로 초자연을 거부한다는 점에서 서로 입장을 공유한다. 그것은 규범적 사실들이 인간의 실천에 독립적인 플라톤주의에도 반대하고, 직관이라는 독특한 인식능력에 의존한 무어식의 비자연주의에도 대립하며, 규범적 사실들을 위한 유신론적 토대나 그것들에의 우리의 접속에도 대립한다.10) 반면 두 버전은 초자연의 범주를 둘러싸고 논란이 있다. 과학적 자연주의가 자연적인 것을 엄격하게 세계의 과학적 이미지의 측면에서 해석한다면, 개방적 자연주의는 자연적인 것에 대한 더욱 확장된 개념을 제공하기 때문이다.11)

'과학적 자연주의'는 한마디로 과학적 사고가 방법론적으로 전형적이고, 실체론적으로 결정적이라고 보는 입장이다.12) 드 까로와 맥아더는 과학적 자연주의를 '존재론적(ontological) 이론'이나 '방법론적(methodological) 이론'으로부터 유발된 입장군이라고 파악한다. 존재론적 이론이 세계를 성공적인 과학적 설명을 우리에게 약속하는 독립적 실재들로 구성된다고 보는 입장이라면, 방법론적 이론은 과학적 탐구가 우리의 지식이나 이해의 참된 원천이며, 모든 지식이나 이해의 형태들이 과학적 지식이나 이해로 환원가능하다는 입장이다.13)

이에 앞서 과학적 자연주의의 입장에 선 라이터는 '방법론적 자연주의'와 '실체론적(substantive) 자연주의'로 자연주의를 구분한 바 있다.14) 라이터에 따르면 철학에서의 자연주의는 대체로 방법론적 시각

M. de Caro and D. Macarthur, "Introduction: Science, Naturalism, and the Problem of Normativity," M. de Caro and D. Macarthur, eds., *Naturalism and Normativity* (New York: Columbia University Press, 2010) 참조.
10) 같은 책, p. 3 참조.
11) 같은 곳.
12) R. Schacht, "Nietzsche's Naturalism and Normativity," Janaway and Robertson, eds., *Nietzsche, Naturalism, and Normativity*, p. 237.
13) de Caro and Macarthur, "Introduction: Science, Naturalism, and the Problem of Normativity," *Naturalism and Normativity*, p. 4 참조.
14) Leiter, *Nietzsche on Morality* (New York: Routledge, 2002), p. 3 참조.

이며, 그러한 철학적 탐구는 과학 안에서의 경험주의적 탐구와 함께 지속되는데, 철학 안에서는 물리과학과의 연관성을 원하는 강한 방법론자보다 성공적인 자연과학이나 사회과학과의 연관성을 추구하는 약한 방법론자가 더 지배적이다.15) 방법론적 자연주의는 한 마디로 철학적 이해가 과학적 이해와 동일해야 하고, 동일한 방법을 사용해야 하고, 동일한 결과에 주의를 기울여야 한다는 입장이다.16) 실체론적 자연주의는 역사적으로 초자연주의에 대한 반대를 포함하는 것으로 사물이 물리적 사물로 존재한다는 존재론적 시각이거나 어떤 개념에 알맞은 철학적 분석이 경험주의적 탐구에 복종할 수 있다는 것을 보여주는 의미론적 시각이다. 하지만 이러한 시각은 오늘날은 초자연주의에 대한 반대에 머무르지 않고 물리주의로 잘 알려진 급진적 시각으로 나아간다. 라이터는 많은 철학자들이 방법론적 자연주의의 덕 안에서 실체론적 자연주의의 어떤 유형(비물리주의적인 유형)에 이끌린다고 보았다.17)

반면 '개방적 자연주의'는 명백하게 규정된 신조는 없으며, 사회과학과 인문과학을 포함하는 과학의 다양성과 포괄성을 다루기를 원하는 자연주의의 새로운 형태를 설명하려는 시도의 하나로서 이해된다.18) 그것은 과학적 자연주의에 대한 하나의 대안적 형태의 자연주의로서, 그것의 성패는 특별히 그것이 규범적 현상에 대한 더 나은 설명을 제공하는가에 의존한다. 개방적 자연주의가 존재하기 위한 불가피한 조건은 과학적 자연주의를 거부하는 것이며, 그것은 과학적 자연주의와 초자연주의 사이에서 전형적으로 간과된 개념적 공간을 점유하는 것으

---

15) 같은 곳.
16) 같은 책, p. 4 참조.
17) 같은 책, pp. 4-5 참조.
18) de Caro and Macarthur, "Introduction: Science, Naturalism, and the Problem of Normativity," *Naturalism and Normativity*, p. 9 참조.

로서 가장 잘 이해된다.19)

개방적 자연주의는 과학적 자연주의와 초자연주의 사이에서 어려움에 처하기도 한다. 한편으로 개방적 자연주의가 원리적으로 문제가 많은 요소들이 학문에 의해 설명되거나 해명될 수 있다고 이해될 때, 그것은 과학적 자연주의와 다르지 않은 것이 된다. 다른 한편, 그런 요소들이 학문에 의해 설명될 수 있는 실재들로 환원될 수 없는 것으로 이해될 때, 그것은 초자연주의의 한 형식이 된다는 딜레마에 빠지게 된다.20) 이 딜레마를 벗어나는 것은 실재들이 과학에 의해 탐구된 세계의 법칙을 위반할 수 없고, 반과학적 방법으로 파악되지 않기 때문에 과학적으로 설명되거나 해명될 수 없지만 여전히 초자연적이지 않은 실재들이 있다는 것을 보여주는 데 있다.21) 이를 통해 그것의 정통적인 이해를 넘어서서 자연주의를 완화시키는 다른 길들이, 자연주의를 상상하는 다른 길들이, 그런 이유로 초자연적인 것이 거부되는 다른 길들이 드러나게 될 것이다.22)

요약하면, '과학적 자연주의'가 대다수의 영미철학자 사이에서 정통으로 받아들여진 입장이라면, '개방적 자연주의'는 그것과 연관된 난관을 극복하려는 입장이다.23) 두 가지 자연주의의 버전은 기본적으로 '초자연'을 거부한다는 점에서 서로 입장을 공유하는 반면, 두 버전은 초자연의 범주를 둘러싸고 논란이 있다. 곧 과학적 자연주의가 자연적

---

19) 같은 곳.
20) de Caro and A. Voltolini, "Is Liberal Naturalism Possible?," De Caro and Macarthur, eds., *Naturalism and Normativity*, p. 70 참조.
21) 같은 글, p. 79 참조.
22) de Caro and Macarthur, "Introduction: Science, Naturalism, and the Problem of Normativity," *Naturalism and Normativity*, pp. 9-10 참조.
23) 과학적 자연주의와 개방적 자연주의의 구분은 드 까로와 맥아더에 의한 것이다. de Caro and D. Macarthur, "Introduction: Science, Naturalism, and the Problem of Normativity," *Naturalism and Normativity* 참조.

인 것을 엄격하게 세계의 과학적 이미지의 측면에서 해석한다면, 개방적 자연주의는 자연적인 것에 대한 더욱 확장된 개념을 제공한다.24)

3. 니체의 자연주의

니체 도덕철학의 규범 연관성 문제를 다루는 데는 몇 가지 장애물이 놓여 있다. 먼저 포스트모던적 해석 환경 아래에서 니체가 자연주의자라는 주장은 기이하게 느껴져 왔을 뿐만 아니라, 오랫동안 그가 규범적 사고에 대한 강력한 비판자로 간주되어 왔기 때문에 그의 규범적 관점들과 일반적으로 그에게 귀속되어 왔던 자연주의적 세계관의 연관성 문제를 다루는 것은 생각하기 쉽지 않은 문제였다는 점을 그 하나로 들 수 있다.25) 하지만 최근 분석철학과 주류 도덕철학자들을 위시한 영미철학을 중심으로 한 니체에 대한 지속적 환영과 그가 제공하는 자연주의적 전제들과 야망들에 대한 점증적 관심은 역사적으로 쌓여온 니체에 대한 비규범적 편견을 털어내는 데 크게 기여하고 있다.

니체에 대한 전면적인 자연주의적 읽기는 라이터로부터 시작된다. 앞서 본 것처럼 라이터는 자연주의를 '방법론적 자연주의'와 '실체론적 자연주의'로 구분하고, 니체를 과학적 자연주의의 한 유형인 방법론적 자연주의자로 규정한다.26) 니체 철학의 방법과 결과들이 최선의 경험

---

24) 같은 곳.
25) Janaway and Robertson. "Introduction: Nietzsche on Naturalism and Normativity," *Nietzsche, Naturalism, and Normativity*, p. 1 참조.
26) 라이터에 따르면, 방법론적 자연주의는 한 마디로 철학적 이해가 과학적 이해와 동일해야 하고, 동일한 방법을 사용해야 하고, 동일한 결과에 주의를 기울여야 한다는 입장이다. 이에 비해 실체론적 자연주의는 역사적으로 초자연주의에 대한 반대를 포함하는 것으로 사물이 물리적 사물로 존재한다는 존재론적 시각이거나 어떤 개념에 알맞은 철학적 분석이 경험주의적 탐구에 복종할 수 있다는 것을 보여주는 의미론적 시각이다. Leiter, *Nietzsche*

적 탐구를 모델로 삼고 있고 그것과 연관되어 있다고 보기 때문이다.27) 라이터는 니체가 강력한 의미에서의 실체론적 자연주의자는 아닐지라도, 다양한 인간 현상(특별히 도덕 현상)을 설명하는 이론을 제공하는 것을 목표로 삼아 이러한 현상의 원인적 결정인자를 드러내는 것을 추구했다고 주장한다. 이러한 주장을 뒷받침하기 위해 라이터는 생리학적이고 심리학적인 '사실 유형'(type-facts)이라는 개념에 주목한다.28) 그 개념을 니체가 직접 사용한 것은 아니지만, 성숙기의 니체를 설명하면서 라이터는 전형적인 니체적 주장 형태를 다음과 같이 요약한다.

> 한 사람의 이론적 신념은 그의 도덕적 신념이라는 관점에서 가장 잘 설명되고, 그의 도덕적 신념은 그의 인간 유형에 관한 자연적 사실이라는 관점에서 (예를 들어, '사실 유형'의 관점에서) 가장 잘 설명된다.29)

라이터에게 이러한 점은 과학적 탐구의 방법과 이상에 의해 좌우될 뿐만 아니라 도덕과 행위자, 생리-심리학적 상태와 과정으로 축소시키는 측면에서 궁극적으로 설명되는 것을 포함하는 인간적 현상의 대부분을 지닌 체계적인 방법론적 아젠다를 표현하는 것이다.30) 더 나아가 라이터는 니체를 오늘날 가장 영향력 있는 과학적 패러다임을 모방하여 인간 본성에 대한 사변적인(speculative) 이론을 구축한 흄(D. Hume)처럼 사변적인 방법론적 자연주의자라고 부른다.31)

---

on Morality, p. 3-4 참조.
27) 같은 책, p. 6 참조.
28) 같은 책, pp. 6-7 참조.
29) 같은 책, p. 9.
30) Janaway and Robertson. "Introduction: Nietzsche on Naturalism and Normativity," *Nietzsche, Naturalism, and Normativity*, pp. 5-6 참조.
31) Leiter, *Nietzsche on Morality*, p. 4 참조.

니체의 자연주의를 원인적 결정인자의 발견에 입각한 체계적인 방법론적 아젠다로 파악하는 라이터의 자연주의적 읽기는 대체로 너무 전면적인 것으로 받아들여진다. 제너웨이와 로버트슨(C. Janaway and S. Robertson)은 많은 비평가들의 지적을 토대로 라이터의 자연주의적 읽기가 너무 체계적이고, 과학적이고, 기계론적이고, 환원주의적일 뿐만 아니라 가치와 문화의 역할에 대해서도 충분히 주의를 기울이지 않는다고 지적한다.32) 대표적으로 샤흐트(R. Schacht)는 니체를 흄이나 프로이트(S. Freud)와 같은 자연주의자의 일원으로 파악하는 라이터의 기본적인 견해에 동의하면서도 라이터의 입장이 니체의 자연주의를 너무 과학주의적으로 설명한다고 비판한다.33) 과학주의적 설명 대신 니체의 자연주의에 대한 샤흐트의 더 개방적인 설명은 니체의 규범성에 대한 관점을 위해 주목할 만하다. 샤흐트는 니체의 자연주의를 다음과 같이 설명한다.

> 니체 철학은 이 세계(우리가 삶, 자연, 역사의 세계라고 부르는 것)가 비록 그것의 본질적이거나 근본적인 특정한 형상을 가지고 있지 않을지라도 존재하고 있는 단지 그런 종류의 세계와 현실이라는 관점에 헌신한다. 그리고 니체 철학은 더 나아가 세계 안에서 벌어지고 알려진 모든 것이 발전들을 야기하는 그것의 내적인 역동성과 우연성에 완전히 빚지고 있는 세계 안에서 일어나는 발전의 결과이며, 이미 벌어졌고 이미 알려졌던 것에 대한 정교화나 상관적으로 촉발된 변형을 통해 아래로부터 생겨난다는 일반적인 지도 정신(guiding idea)에 헌신한다.34)

---

32) Janaway and Robertson. "Introduction: Nietzsche on Naturalism and Normativity," *Nietzsche, Naturalism, and Normativity*, p. 6 참조.
33) Schacht, "Nietzsche's Naturalism and Normativity," *Nietzsche, Naturalism, and Normativity*, p. 237 참조.
34) 같은 책, p. 239.

샤흐트는 니체의 자연주의를 확장적이고(extended) 최소주의적인(minimalist) 자연주의로 이해한다. 샤흐트에 따르면, 그것은 인간을 자연으로 되돌려 번역하는 자연주의일 뿐만 아니라 탈동물화라는 의미 있는 방식일 수 있는, 단순히 동물보다 더 될 수 있는 어떤 것으로서 인간 삶에 대한 설명을 취하는 확장적 자연주의다. 그리고 지도 정신에 지나지 않는 것에 헌신한다는 점에서 니체의 자연주의는 최소주의적 자연주의다.35)

또한 샤흐트는 니체의 자연주의를 '역사-발전적' 자연주의로 규정한다. 샤흐트는 니체의 자연주의의 중요한 초점이 인간적인 생물학적이고 생리학적인 전제들과 심리학적 차원들을 가지면서도 또한 사회적, 문화적, 환경적으로 우연적인 사건들을 포함하는 역사적 특성을 가진 인간 현상의 다양한 종류의 창발과 발전에 있다고 본다.

따라서 니체의 자연주의는 니체가 '힘에의 의지'(Wille zur Macht)라고 부르는 근본적 기질의 편재성에 대한 그의 추측에도 불구하고, 마음에 관해 과학적으로 환원적(reductive)이기보다 창발적(emergent)이다. 샤흐트가 보는 니체는 인간이 생리학에 토대를 두고 있을지라도 인간적 문화 현상들은 그것들의 생물학적 기원과 받침대로부터 질적으로 다른 자연의 삶의 형식들을 역사적으로 발전시켜왔다는 것을 꽤 명백히 확신시킨다.36) 니체의 자연주의에 대한 이러한 관점들은 규범성 안에서 그리고 규범성에 관한 니체의 관점들을 위해 중요한 함축을 갖는다.

---

35) 같은 책, pp. 240-41 참조.
36) 같은 책, pp. 241-43 참조.

4. 니체, 자연주의, 규범성

　니체의 자연주의를 어떻게 규정하느냐에 따라 니체의 도덕 비판이나 그의 도덕철학의 성격을 바라보는 시각도 큰 차이를 보인다. 니체를 방법론적 자연주의자로 규정하는 라이터는 「니체와 도덕 비판」이라는 그의 논문에서 니체의 도덕 비판에 대한 이질적 관점들을 선명하게 대비시킨다.37) 라이터는 피상적인 유사성에도 불구하고 니체가 영미철학의 비판자들과 꽤 다른 관점에서 도덕 비판에 참여하고 있다는 것을 보여주기를 원한다. 그래서 그는 영미철학의 비판자들이 단지 도덕에 대한 특정한 철학적 이론의 비판자들인 반면, 니체는 하나의 실제적 문화 현상으로서 참된 도덕의 비판자라고 주장한다. 이러한 주장을 통해 라이터는 니체를 영미철학의 도덕 비판자들보다 부르주아와 기독교 문화에 불만을 가진 유럽 전통의 모더니스트에 더 가깝게 놓는다. 그러한 비판자들처럼 니체는 이론의 단점이 아니라 문화의 조건에, 특별히 그것의 도덕적 문화의 성격과 결과들에 더 관심을 가지며, 그러한 차이 때문에 니체의 비판은 도덕에 대한 훨씬 더 위험한 도전을 대변한다고 말한다.38)

　이러한 주장을 뒷받침하기 위해 라이터는 니체의 도덕 비판을 '이론 비판가'(theory critic)와 '도덕 비판가'(morality critic) 유형으로 구분하여 분석한다.39) 라이터는 체계적 이론화에 대한 니체의 적대감이 그를 이론 비판가들의 자연적인 동맹자처럼 보이게 함에도 불구하고, 그가 규범적인 윤리 이론을 제공하지 않는다는 점을 근거로 그가 이론

---

37) Leiter, "Nietzsche and the Morality Critics," *Ethics* 107 (January 1997) 참조.
38) 같은 글, pp. 250-52 참조.
39) 라이터에 따르면 이론 비판가들은 환원주의와 기계적 결정 절차를 불쾌한 의미에서 이론의 표지로 삼고 최소주의적인 요구를 넘어서는 그러한 이론적 야망들 때문에 도덕 이론을 비판하는 반면, 도덕 비판가들은 이론적 야망 때문이 아니라 그것의 도덕적 헌신 때문에 도덕 이론을 비판한다.

비판가들과 아무런 관련이 없다고 주장한다. 오히려 라이터는 니체의 규범적 이론화에 대한 적대감이 니체의 자연주의로부터 성장한 것이며, 니체의 자연주의는 규범 이론들이 제기하는 것의 유용성에 관한 깊은 회의로 우리를 이끈다고 본다.40) 또한 라이터는 자연주의적 규범성에 관해 제기되는 몇 가지 우려들을 검토하면서 자연주의적 규범이 결코 자기 반박적인 인식론적 근거에 의해 이론적으로 정당화될 수 없다는 점을 강조한다.41) 라이터의 이러한 주장은 기본적으로 니체에게 도덕적 반실재론의 표준적 주장들을 귀속시킨 결과로 이해할 수 있다.42)

니체의 자연주의를 니체의 규범적 이론화에 대한 적대감의 근거로 파악하는 라이터와는 달리 니체를 더 개방적 형태의 자연주의자로 파악하는 샤흐트는 그가 니체에게 귀속시키는 강건한(robust) 자연주의가 엄격하게 과학적 자연주의보다 규범성에 대한 더욱 의미 있는 개념을 제공한다고 주장한다.43) 기본적으로 샤흐트는 니체의 도덕철학을 규범적 기획으로 파악하며, 그것이 규범성의 일반적 특성에 대한 근본적인 재해석으로 확장되는 더 큰 규범적 기획이라고 본다.44) 니체의 이러한 더 큰 규범적 기획을 제대로 파악하기 위해 샤흐트는 우리가 실존적이며 급진적으로 개인주의적인 니체 해석에서 벗어나야 한다고 제안한다. 그렇지 않으면 니체의 더 큰 도덕철학적 기획은 도덕에 대한 격렬한 비판이나 자율적인 주권적 개인에 대한 찬사, 또는 그것들의 단순한 총합으로 축소되거나 너무 쉽게 오해될 수 있기 때문이다.45)

---

40) 같은 글, pp. 261-62 참조.
41) Leiter, "Normativity for Naturalists," *Normativity, Philosophical Issues* 25 (2015), pp. 64-76 참조.
42) Janaway and Robertson. "Introduction: Nietzsche on Naturalism and Normativity,"*Nietzsche, Naturalism, and Normativity*, p. 10 참조.
43) Schacht, "Nietzsche's Naturalism and Normativity,"*Nietzsche, Naturalism, and Normativity*, p. 245 참조.
44) Schacht, "Nietzschean Normativity,"*Nietzsche's Postmoralism*, p. 154 참조.

샤흐트에 따르면, 니체는 무리 동물의 도덕에 유감을 표시할 뿐만 아니라 도덕의 총체적 현상이 재고려되고, 재해석되고, 재평가되어야 한다고 생각했는데, 그 결과는 모든 도덕의 제거가 아니라 오히려 도덕의 회복이 될 것이라고 생각했다. 즉 샤흐트는 니체가 말한 도덕의 자기 극복이 도덕의 폐기보다 지양(Aufhebung)에 더 가깝다고 생각한다.46) 샤흐트는 보편적으로 유효한 도덕원리가 있다는 생각을 버림으로써 니체와 의견의 일치를 이룬다고 할지라도, 그러한 점은 기존의 도덕과 다른 적절하게 재해석된 규범적 개념들의 부활과 재합법화의 길을 여는 데 긍정적으로 취해질 수 있다고 말한다. 왜냐하면 도덕의 규범성은 보편적이거나 절대적인 유효성과 권위를 가지고 있지 않은 인간 삶의 지속적인 특징 안에 오직 그것들의 기초를 가지고 있기 때문이다.47)

개방적 자연주의의 형식을 따라 니체의 도덕 비판을 도덕의 폐기가 아니라 도덕의 자기 지양과 도덕의 자기 극복으로 이해할 때 니체 도덕철학의 규범 연관성 문제는 더 나은 해명의 길을 가는 것으로 보인다. 우리가 니체의 자연주의적인 도덕철학적 주장을 샤흐트의 논의를 따라 새로운 규범적 질서에 대한 모색이라는 점에서 받아들이게 될 때, 우리는 실제 규범성의 원천이 어디서 발견될 수 있는가 하는 문제와 맞닥트리게 된다. 이것은 우리가 '인간을 위한 도덕'48)이라고 부르게 될 것을 결정하는 열쇠가 된다.

---

45) 같은 책, p. 151 참조.
46) 같은 책, p. 152 참조.
47) 같은 책, p. 156 참조.
48) 우리의 경험 구조에 대한 포괄적 해명을 통해 전통적인 윤리적 개념들의 수정을 요구하는 존슨(M. Johnson)은 우리의 모든 변형적 활동이 초자연적 토대나 순수 이성 또는 의지라고 주장된 능력에 의존하는 어떤 흔적도 없다는 점에서 인간적 활동이며, 그런 점에서 그 결과로서 주어진 도덕을 '인간을 위한 도덕'이라고 부른다. M. Johnson, *Morality for Humans* (Chicago: The University of Chicago Press, 2014), xii 참조.

5. 규범성의 자연주의적 원천

샤흐트는 규범성의 원천에 대한 탐색에서 도덕의 규범성이 보편적 특성을 가져야 한다고 가정하는 코스가드(C. Korsgaard)의 논의를 비판적으로 검토하면서, 인간성과 규범성 양자가 자연주의적 라인을 따라 재해석되어야 한다는 점을 강조한다.49) 샤흐트에 따르면, 모든 규범성은 궁극적으로 초도덕적(extra-moral) 기원을 갖는다. 샤흐트는 니체가 '힘에의 의지'라고 부르는 모든 규범성의 궁극적 기원을 "모든 규범성의 기본적인 내용을 구성하는 우리의 삶의 환경과 연결된 효과적이고 궁극적으로 정신생리학적인 구조"50)라고 부른다. 하지만 샤흐트에게 그것이 규범적 원천의 전모는 아니다. 인간 삶과 관련된 규범성의 몸 중심적 원천은 생물학적 본성 안에서 찾아지기보다 차라리 표면에 훨씬 더 가까운 곳에서 찾아질 수 있다. 샤흐트는 궁극적 기원과 삶의 형식(forms of life)의 관계를 칸트의 정식을 빌어 이렇게 말한다. "정동(affects) 없는 삶의 형식은 규범적으로 공허하지만, 삶의 형식 없는 정동은 규범적으로 무의미하다."51) 이러한 인식을 토대로 샤흐트는 역사적으로 발전하고 변화하는 사회문화적 특징들의 중요한 혼합물들을 포함하는 삶의 형식과 결부되는 것이 인간적 규범성의 원천들과 인간적 도덕들의 특징이라고 주장한다.52)

샤흐트는 니체의 언급에 따라,53) 여러 종류의 도덕들이 인간 삶에

---

49) Schacht, "Nietzschean Normativity," *Nietzsche's Postmoralism*, p. 157 참조; 규범성의 원천에 관한 코스가드의 논의는 크리스틴 M. 코스가드, 『규범성의 원천』, 강현정·김양현 역 (서울: 철학과현실사, 2011) 참조.
50) Schacht, "Nietzschean Normativity," *Nietzsche's Postmoralism*, p. 158.
51) 같은 책, p. 159.
52) 같은 책, p. 161 참조.
53) 니체, 『즐거운 학문』, pp. 192-93; 『선악의 저편』, pp. 138. 161; 『우상의 황혼』, 백승영 역 (서울: 책세상, 2002), p. 109 참조.

오랫동안 있어 왔고 편재적으로 계속되어 왔다는 점에서, 그리고 규범성이 그것들의 근본적 특징들 가운데 하나라는 점에서 다량의 규범성이 있다고 주장한다. 그래서 무조건적인 하나의 참된 규범성이 있다고 가정하는 것은 잘못이며, 규범성에 관한 철학의 과제는 이러한 도덕적 성배를 추구하는 것이 아니라 오히려 규범들을 포함하는 삶의 다양한 형식들과 연결된 것으로서 규범성의 현상을 이해하려고 시도하는 것이라는 점을 분명히 한다.54) 이처럼 샤흐트는 니체의 도덕과 규범성이 어떤 종류의 삶의 형식과의 연관을 제외하면 단지 공허한 추상적 개념일 뿐이라고 본다.

> 니체에게 삶의 형식들과 특별한 (풍성함이 있는) 인간의 삶의 형식들은 구조와 윤곽에서 다르고, 그것들이 즉각 구현하고 불러일으키는 가치에서 다르다. 가치는 삶의 형식 연관적이고, 규범은 삶의 형식 맥락적이고, 규범성은 구조적 삶의 형식이다.55)

샤흐트는 내면화(internalization)와 동일화(identification)를 규범적 효능을 지닌 윤리적이고 도덕적인 규범들로 향하는 사잇길이라고 본다. 우리가 삶의 형식을 동일시하고 그것을 믿고 그것을 내면화할 때, 그것을 믿는 사람들에 의해 인정된 당위는 단순히 주관적인 것이 아니라 일종의 객관적인 것이 된다는 것이다.56) 샤흐트에 따르면, 인간적 성숙함에 대한 니체적인 진리는 우리의 삶의 형식의 기본 구조들이 우리에게 중요하며, 삶의 형식이 절대적이지는 않지만 대신에 겸손하고 중요하게 우리의 것이라는 점을 일깨워 준다. 샤흐트가 전하는 니

---

54) Schacht, "Nietzsche's Naturalism and Normativity," *Nietzsche, Naturalism, and Normativity*, p. 247 참조.
55) 같은 책, pp. 250-51.
56) 같은 책, p. 255.

체의 결론은 규범성이 외부의 도움으로 우리를 더 낫게 하는 어떤 것이 아니라 반대로 그것을 특별하게 중요한 인간적 현상이나 인간적 능력으로 표현하는 데 있다는 것이다.57)

규범성이 '구조적 삶의 형식'(forms of life-structural)이라는 샤흐트의 논의는 규범성이 더 이상 인간 외부의 어떤 것이 아니라 인간적 현상이라는 점을 잘 보여준다.58) 또한 샤흐트는 규범성이 모든 다양성 안에서 인간성을 산출하는 데 핵심적인 중요성을 갖고, 더 높은 인간성을 산출하는 데 있어서도 그것이 내면화되는 즉시 인간성의 기반 시설이 된다는 점을 잘 보여줌으로써 가장 개성적인 니체의 주권적 개인들도 삶의 형식에 빚질 수밖에 없다고 주장한다. 따라서 샤흐트에 따르면, 더 높은 인간 안에서 적절하게 이해되고 정교화된 '선악의 저편'으로 가는 것은 획일적인 도덕주의를 통한 노예 생활로부터의 해방에도 불구하고 규범적 차원이 전혀 없는 것과는 거리가 멀다.59)

이런 점에서 샤흐트는 니체의 규범적 기획에 대한 자연주의적 해명에 어느 정도 충실하고 있다고 볼 수 있다. 하지만 자연적 규범성을 삶의 형식에 구조적인 것으로 다루는 것은 니체의 자연주의적인 도덕철학의 초점을 너무 사회문화적 맥락에서 다룬다는 점에서,60) 그래서 각

---

57) 같은 책, pp. 255-56 참조.
58) 샤흐트는 가치들이 '연관적 삶의 형식'(forms of life-relational)이고, 규범들이 '맥락적 삶의 형식'(forms of life-contextual)이고, 규범성이 '구조적 삶의 형식'이라고 주장한다. 규범성이 구조적 삶의 형식이라는 것은 그것이 삶의 형식의 규범체계들에 내재적이라는 것을 의미한다. 같은 책, p. 251.
59) Schacht, "Nietzschean Normativity," *Nietzsche's Postmoralism*, p. 163 참조.
60) 샤흐트의 논의는 라이터에 반대해서 가치들이 그 가치들을 소유한 개인들의 정신물리학적 구조로 쉽게 설명될 수 있다는 생각을 거부하는 자연주의에 대한 제너웨이(C. Janaway)의 생각과 크게 다르지 않다. 그런 점에서 라이터가 니체에게 귀속시키는 자연주의는 너무 환원주의적이고, 제너웨이나 샤흐트가 니체에게 귀속시키는 설명은 자연주의적 설명으로 너무 약하다는 엠덴(C. J. Emden)의 주장은 다른 대안적 방식의 자연주의적 논의 가능성을 제기한다는 점에서 귀 기울일 만하다. Emden, *Nietzsche's Naturalism*, p. 65.

각의 삶의 형식들 간의 실천적 규제력을 담보하기 어렵다는 점에서 규범적 다원주의로부터 자유롭지 못하다는 문제에 봉착하게 된다. 필자가 보기에 그러한 문제는 샤흐트가 니체의 규범적 기획에 대한 자연주의적 해명에 충실함에도 불구하고 여전히 전통 윤리학의 기본 가정에 묶여 있기 때문에 생기는 문제로 보인다. 즉 그것은 윤리학이 절대적인 도덕적 지침에 대한 미련은 포기하더라도 여전히 다양한 좋은 것에 대한 지침은 마련해 줄 수 있다는 믿음에 근거한 것으로 보인다. 필자는 샤흐트의 논의가 최근 경험 구조에 대한 새로운 해명을 토대로 규범적 경험을 우리 인지과정의 일부로 제시하면서 윤리학의 시각 전환을 촉구하는 '체험주의'(experientialism)의 논의를 통해 적절히 보완될 수 있다고 본다.61) 필자는 '나쁜 것의 윤리학'이라는 시각을 통해 니체의 도덕철학의 규범 연관성을 재조명함으로써 니체의 자연주의적인 규범적 입장의 정당화 가능성을 제안한다.

6. 니체와 윤리적 시각 전환

체험주의는 최근 인지과학의 경험적 탐구 성과들에 주목하여 우리의 경험 구조에 대한 포괄적 해명을 시도하는 자연주의적 흐름의 한 가지다. 체험주의적 시각을 이끌고 있는 존슨(M. Johnson)은 인간이 기본적으로 상상적 존재라는 점에 주목하여, 우리의 신체화된 경험으로부터 생겨나는 상상력과 이해의 구조들을 탐색한다.62) 도덕적 이해까지도 포함하는 우리의 모든 사유가 신체적 경험의 본성에 근거하고 상상

---

61) 노양진, 『몸이 철학을 말하다』, pp. 136-54 참조.
62) 마크 존슨, 『마음 속의 몸: 의미, 상상력, 이성의 신체적 근거』, 노양진 역 (서울: 철학과현실사, 2000) 참조.

적 과정에 의해 구조화되어 있다는 것을 보여줌으로써 존슨은 윤리학에 관한 전통적인 개념들의 대규모적인 수정을 요구한다.63)

체험주의적 시각의 윤리학적 기여는 단순히 전통적인 보편적 도덕법칙에 근거한 도덕성의 인지적 부적절성과 무책임성에 대한 비판에만 머물지 않는다. 윤리학에의 체험주의의 실질적 기여는 상상적인 도덕적 추론에 대한 대안적이고 건설적인 견해를 제시하는 데 있고, 더 중요하게는 그 대안적 견해가 전통적인 도덕성 이론이 기본적으로 가정해 왔던 도덕적 지침의 제시라는 역할을 비판하는 데 있다는 점이다. 즉 존슨이 제시하는 종류의 지침은 옳은 행위를 규정해 주는 데 있는 것이 아니라 오히려 하나의 옳은 행위가 있다고 믿는 것이 왜 해로운 것일 수 있는지를 설명하는 데 있다.64) 도덕적 상상력에 근거한 이러한 윤리적 시각을 존슨은 '인간을 위한 도덕'으로 부르는데, 이 시각은 노양진에 의해 '나쁜 것의 윤리학'이라는 이름으로 더 구체적인 형태를 갖추게 된다.

노양진은 보편적 도덕원리의 발견을 목표로 한 절대주의적 도덕 이론이 본성상 다른 두 가지 층위의 도덕이 존재한다는 사실을 간과해 왔다는 점에 주목한다. 노양진에 따르면, 절대주의적 도덕 이론은 두 갈래의 도덕이 갖는 다른 본성과 역할에도 불구하고 두 영역을 포괄하는 단일한 원리가 존재한다는 가정 아래 도덕적 명제가 갖는 보편적 규범성을 원리적으로 정당화하는 것을 윤리학의 과제로 삼음으로써 실질적인 도덕적 경험에 대한 해명을 가로막아 왔을 뿐만 아니라 윤리학적 탐구에 혼란을 가중시켜 왔다.65) 이런 상황 인식을 바탕으로 노양

---

63) 존슨, 『도덕적 상상력: 체험주의 윤리학의 새로운 도전』, 노양진 역 (서울: 서광사, 2008), p. 21 참조.
64) 같은 책, pp. 21-22 참조.
65) 노양진, 『나쁜 것의 윤리학』, p. 103 참조.

진은 보편적 도덕원리에 의존한 도덕적 절대주의와 보편적 도덕원리의 부재라는 도덕적 허무주의의 이분법적 대립을 순수하게 이론적인 차원의 가상으로 보고, 우리의 실질적인 도덕적 경험의 본성과 구조에 대해 자연주의적으로 해명하는 길의 필요성과 가능성을 동시에 탐색한다.66)

노양진은 규범적 강제성을 축으로 도덕을 '금지의 도덕'과 '권고의 도덕'으로 구분함으로써 윤리학의 핵심과제를 금지의 도덕 영역을 설정하는 문제로 국한시킨다.67) 그는 절대적 도덕이라는 환상이 사라지면 도덕이 일상적인 경험의 한 양상을 가리키게 된다는 점에 주목한다. 금지와 권고라는 도덕의 두 영역은 본성상 매우 다른 경험을 구성하기 때문에 그것은 도덕 이론의 본성과 구조에 관해 중요한 변화를 요구하게 된다는 것이다. 즉 규범적 강제성을 정당화할 수 있는 유일한 근거는 우리의 종적 지반을 훼손한다는 점에서 타인에 대한 해악으로 국한되며, 그것이 금지의 도덕을 규정하게 된다. 이에 반해 규범적 강제성이라는 근거를 잃은 '좋은 것'의 영역, 곧 권고의 도덕은 다원주의적으로 열려 있는 사적 가치의 영역으로 다루어지게 된다.68)

이러한 지적은 윤리학의 핵심과제가 지금까지 전통 윤리학이 당연시해 온 것처럼 권고의 도덕을 원리적으로 정당화하는 데 있는 것이 아니라, 금지의 도덕을 규정하는 데 있다는 것을 함축한다. 노양진은 금지의 도덕이 본성상 우리가 추구해야 할 이상들을 제시하려는 것이 아니라 우리가 금지해야 할 해로운 것을 규정하는 데 그 주된 목적이 있다는 점을 분명히 한다. 즉 "금지의 도덕을 준수하는 것은 이상의 실현을 겨냥한 것이 아니라 우리가 속한 공동체를 유지하기 위한 최소한의 조건을 확보하기 위한 것이다."69) 이런 시각에서 볼 때, 절대주의적 도

---

66) 같은 책, p. 104 참조.
67) 같은 책, pp. 101-102 참조.
68) 같은 책, p. 122 참조.

덕 이론이 제시했던 도덕원리들은 사실상 '좋은 것'을 규정하는 권고의 도덕에 속하는 것임에도 불구하고, 역사의 어느 시점에 권고의 도덕에 속하는 가치들이 금지의 도덕 영역을 규정하면서 대규모적인 도덕적 억압이라는 귀결을 낳았다는 그의 지적은 니체의 도덕철학을 '나쁜 것의 윤리학'으로 읽을 수 있는 통로를 제공하는 것으로 보인다.70)

'나쁜 것의 윤리학'의 시각에서 니체의 도덕철학을 재검토하는 것은 현재 니체의 도덕철학을 긍정적으로 평가하는 대부분의 논의들이 처한 딜레마 상황을 이해하고 극복하는 데 기여할 수 있다.71) 그 딜레마는 니체의 도덕 비판과 그가 제시하는 긍정적 대안 사이의 좁힐 수 없는 간격에서 기인하며, 결국 문제는 니체가 도덕의 부정과는 별개로 그의 긍정적인 대안적 이상을 정당화하는 것이 쉽지 않다는 데 있다. 로버트슨(S. Robertson)에 따르면, 그의 긍정적 기획과 관련하여 니체는 원실존주의자, 이기주의자, 덕윤리학자, 유사미학자, 결과주의자, 비체계주의자 등으로 다양하게 해석되지만, 적어도 그 해석자들의 공통점은 니체가 광범위한 의미에서 탁월성의 실현을 구성하거나 의미 있게 포함하는 인간적 '선' 개념으로 나아간다는 점에서 그의 긍정적 이상을 '완전주의'(perfectionism)의 한 형식으로 간주한다는 점이다.72) 이런

---

69) 같은 책, pp. 116-17.
70) 같은 책, p. 117.
71) 그 딜레마 상황은 니체의 도덕 비판과 그가 제안하는 긍정적 대안 사이에 놓인 간격 때문에 발생하는 것으로 보인다. 그것은 니체가 도덕의 권위 주장이 의존하는 가치의 객관성을 부정하면 그 자신의 긍정적인 대안적 가치도 더 이상 객관적으로 정당화할 수 없다는 점에 기인한다. 필자가 보기에 현재 니체의 도덕철학에 대한 다양한 논의들은 니체의 도덕에 대한 긍정적/부정적 입장 간의 간격을 메꾸기 위한 시도들이다. 하지만 이러한 시도들이 니체의 긍정적 대안을 그의 도덕 비판과 별개의 사안으로 다루는 한 결코 성공하기 쉽지 않을 것이다. 니체의 도덕철학과 관련한 다양한 해석적 논란들을 체계적으로 잘 정리하고 있는 글로는 Simon Robertson, "Nietzsche's Ethical Revaluation," *Journal of Nietzsche Studies* 37 (2009), pp. 66-86 참조.
72) 같은 글, p. 67 참조.

점에서 볼 때 니체의 긍정적 대안을 다루는 대부분의 논의는 여전히 전통 윤리학이 당연시하는 권고의 도덕을 원리적으로 정당화하려는 시도, 곧 '좋은 것의 윤리학'에 머물러 있다. 하지만 앞에서 본 것처럼 '도덕적 자연주의'(moral naturalism)에 대한 니체 자신의 정식화는 니체가 주장하는 도덕에 대한 입장이 결코 우리가 추구해야 할 이상을 제시하는 데 있기보다 삶에 해로운 것을 금지하고 제거하는 데 있다는 것을 잘 보여준다.

> 도덕에서의 모든 자연주의, 말하자면 모든 **건강한** 도덕은 특정한 삶의 본능이 지배한다 — 삶의 계명들은 '해야 한다'와 '해서는 안 된다'라는 특정한 규범으로 가득 차 있고, 이러면서 삶의 노정에서 나타나는 방해나 적대 행위가 제거된다.[73]

니체는 규범을 본능적 충동의 산물로서 삶의 조건과 성장의 조건으로 파악한다. 도덕은 "이제까지와는 **다른 근거들에 의해 행해져야 한다**."[74]는 것이 니체의 도덕 비판에 담긴 기본적 입장이라는 점에서 니체는 도덕의 핵심인 규범을 폐기하는 것이 아니라 규범에 대한 새로운 이해를 제안하고 있다고 볼 수 있다. 삶의 본능에 적대적인 반자연적인 규범적 도덕이 아닌 삶의 본능에 적대적인 것을 제거하는 자연적인 규범적 도덕이야말로 니체가 자신의 도덕적 논의를 통해 진정으로 보여주기를 원하는 것이라 할 수 있다.

---

73) 니체, 『우상의 황혼』, p. 109. (고딕은 원문의 강조.)
74) 니체, 『아침놀』, p. 112. (고딕은 원문의 강조.)

7. 나가는 말

　필자는 이 글에서 니체 도덕철학의 규범적 함의를 밝히는 작업을 통해 니체의 도덕철학적 기획이 비규범적인 것이라는 혐의를 벗겨내려고 시도했다. 그러한 작업은 자연주의적 관점에서 니체의 도덕철학을 재검토함으로써 이루어졌다. 니체의 도덕철학을 재검토하기에 앞서 필자는 자연주의에 대한 불충분한 규정과 니체의 자연주의적 입장에 대한 고려할 만한 불일치가 존재한다는 점에서 먼저 자연주의의 이론적 본성을 명확히 규정했다. 그리고 이러한 사전작업을 통해 니체의 자연주의의 성격을 과학적 자연주의가 아닌 개방적 자연주의의 형태로 규정했다. 이러한 규정을 바탕으로 필자는 니체의 자연주의를 원인적 결정인자의 발견에 입각한 체계적인 방법론적 아젠다로 파악하는 라이터의 자연주의적 읽기를 비판적으로 검토했다. 그리고 필자는 자연주의를 니체의 규범적인 이론화에 대한 적대감의 근거로 파악한다는 점에서 라이터의 논의에 반대하고, 샤흐트의 자연주의에 대한 더 개방적인 형태의 설명이 니체의 규범성에 대한 더 의미 있는 관점을 제공하는 것으로 보았다.

　규범성을 중요하게 인간적인 것으로 파악하는 샤흐트의 논의가 니체의 규범적 기획에 대한 자연주의적 해명에 어느 정도 충실함에도 불구하고, 필자는 그의 해명이 여전히 '좋은 것'의 원리적 정당화라는 전통 윤리학의 기본 가정에 묶여 있다는 점에서 그의 논의의 한계를 지적하고, 규범적 경험을 인지과정의 일부로 제시하면서 윤리학의 시각 전환을 촉구하는 '체험주의'를 통해 그것의 보완 가능성을 타진했다. 이 과정에서 필자는 니체의 도덕철학을 '나쁜 것의 윤리학'으로 재조명했다. 규범적인 것을 정당화할 수 있는 궁극적 근거가 좋은 것이 아니라 나쁜 것이 될 수밖에 없다는 '나쁜 것의 윤리학'의 시각에 따라, 니체의 도덕철학적 입장은 규범성의 문제를 축으로, 전통 윤리학이 기본적으로 가정했던 정초의 기획, 곧 좋은 것을 이상화하는 기획이 아니라 나쁜 것을 금지하는 기획으로 새롭게 파악되었다.

　니체 도덕철학의 규범 연관성을 해명하고 그것의 자연주의적 정당화를 시도함으로써 이 글은 니체에 대한 광범위한 비규범적 편견을 극복하고 니체의 도덕철학적 위상을 회복하는 데 기여할 것으로 보인다. 물론 그 기여가 단순히 니체의 도덕적 신분 회복이나 니체의 자연주의적인 도덕적 입장을 재확인하는 데 그치는 것은 아니다. 니체의 도덕철학을 '나쁜 것의 윤리학'의 시각에서 다룸으로써 이 글은 규범윤리학과 비규범윤리학 사이에서 답보 상태에 있는 현재의 윤리학적 상황에 새로운 논의의 가능성을 열어주는 촉매제가 될 수 있다. 이 글에서 필자는 이러한 현재의 답보적인 윤리학적 상황이 '좋은 것의 윤리학'이라는 전통 윤리학의 근본 가정을 공유하는 데서 비롯된 것으로 파악했다. 따라서 니체의 도덕철학을 '나쁜 것의 윤리학'의 관점에서 다루는 것은 규범성의 자연주의적 정당화 가능성을 '나쁜 것'의 금지로 제한함으로써 규범윤리학과 비규범윤리학 사이에서 정체된 현재의 윤리학적 구도를 타개하는 데 중요한 기여를 할 수 있을 것이다.

제7장
도덕적 자연주의와 나쁜 것의 윤리학

1. 들어가는 말

이 글에서 필자는 니체(F. Nietzsche)의 윤리학을 자연주의적 관점에서 재구성한다. 니체는 자신의 도덕적 기획을 '도덕적 자연주의'(moral naturalism)라는 이름으로 부른다. 도덕적 자연주의란 "자연 본성을 상실해버린 도덕 가치를 자신의 자연 본성으로 다시 옮기는 것"[1]으로, 한마디로 '도덕의 자연성 회복' 선언이다. 그런데 다른 한편 니체가 스스로를 '비도덕주의자'라고 칭하는 것처럼 니체의 도덕적 자연주의는 또한 비도덕적 성격도 갖는다. 문제는 도덕적 자연주의가 비도덕주의와 합류하면서 생겨난다. 특정한 도덕의 성격을 비도덕적으로 파악하는 것과 도덕 자체를 비도덕적으로 규정하는 것은 전혀 다른 문제임에도 불구하고, 그동안 도덕에 대한 니체의 입장은 자연스럽게 비도덕주의를 향하는 것으로 이해되어 왔다. 오늘날 니체의 도덕적 자연주의에 대한 불분명한 이해의 근저에는 이러한 오해가 깊이 배어 있는 것으로 보인다.

---

[1] 프리드리히 니체, 『유고(1887년 가을-1888년 3월)』, 백승영 역 (서울: 책세상, 2000), p. 57.

따라서 니체의 윤리학을 자연주의적으로 재구성하는 이 글은 도덕적 자연주의의 특성을 분명히 밝힘으로써 그것이 비도덕주의와 어떻게 다른지를 드러내는 데 초점이 맞춰질 것이다. 이를 위해 우리는 크게 두 가지 과제를 다루게 될 것이다. 첫째, '규범성'(normativity)의 자연주의적 원천, 곧 자연적 규범성을 탐구하는 문제가 중요하게 다뤄질 것이다. 둘째, '나쁜 것의 윤리학'(ethics of the bad)의 관점에서 도덕적 자연주의를 재구성하게 될 것이다.

우선 규범성은 도덕의 핵심 요소이기 때문에, 새로운 규범성의 원천에 대한 탐구는 도덕적 자연주의의 핵심과제가 아닐 수 없다. 지금까지 전통 윤리학은 규범성을 주어진 어떤 것으로 받아들여 규범성의 원천에 대한 그 어떤 비판적 물음도 허용하지 않은 채 도덕을 정초하는 데 몰두해 왔고, 도덕적 명제가 갖는 규범성을 보편적 원리를 통해 정당화하는 데 집중해 왔다. 이런 식의 정당화는 도덕에 대한 실질적 탐구 가능성을 원천적으로 가로막아왔을 뿐만 아니라 규범성 자체를 보편적 원리에 의해 주어진 어떤 것, 즉 '규범성=이성'이라는 공식을 당연한 것으로 받아들이게끔 만들어 왔다.

하지만 전통 윤리학을 비판하는 도덕적 자연주의가 규범성 자체를 문제 삼는 것은 아니다. 니체의 전통 윤리학 비판이 향하는 곳은 규범성의 절대적, 보편적 정당화, 곧 반자연적 정당화에 있기 때문이다. 규범적인 것을 이성적인 것과 동일시하는 오래된 가정만 걷어낸다면, 규범적인 것을 제거하는 것은 정신적인 자살 행위와 다를 바 없다는 퍼트남(H. Putnam)의 주장에 우리가 동의하지 않을 이유가 없다.[2] 따라서 문제의 핵심은 규범성의 제거에 있는 것이 아니라 새로운 규범성의

---

2) Hilary. Putnam, "Why Reason Can`t Be Naturalized?", in his *Realism and Reason: Philosophical Papers 3* (Cambridge: Cambridge University Press, 1983), p. 246 참조.

원천에 대한 탐구에 있다. 이것이 니체가 자신의 철학적 과제로 삼았던 모든 가치의 전도를 위한 출발점이다. 니체 스스로도 분명히 밝히고 있듯이 '선악의 저편'은 적어도 '좋음과 나쁨의 저편'이라는 의미는 아니기 때문이다.3)

도덕적 자연주의를 비도덕주의와 선명하게 구분하기 위해서는 도덕의 층위 구분을 통해 '나쁜 것의 윤리학'으로의 전환을 모색할 필요가 있다.4) '나쁜 것의 윤리학'으로의 전환은 도덕적 자연주의가 갖는 독특한 구도를 선명하게 파악하는 데 꼭 필요한 입장일 뿐만 아니라 비도덕주의적 니체 읽기의 한계를 밝히는 데도 기여를 하게 될 것이다. 이러한 전환은 니체의 도덕적 자연주의를 전적으로 비도덕주의로 이해하는 것이 보편적 도덕원리의 추구라는 전통 윤리학의 기본 가정에서 벗어나지 못한 데 기인한다는 점을 분명히 보여줄 것이다. 니체는 규범성을 새롭게 이해하기를 원했지, 결코 도덕 자체를 비도덕주의로 대체하기를 원한 것은 아니기 때문이다.

니체 윤리학의 자연주의적 재구성 작업을 통해 우리는 다음과 같은 점을 확인할 수 있다. 첫째, 니체의 윤리학을 개인윤리의 차원에서 다루거나 윤리학을 미학과 동일시하는 형태의 모든 비도덕주의적 논의는 도덕적 자연주의에 대한 오해이며, 도덕의 단일한 원리를 가정하는 전통 윤리학의 오랜 족쇄가 드리운 흔적의 결과에 다름 아니다. 둘째, 니체의 도덕적 자연주의는 두 가지 층위의 도덕 영역, 즉 비도덕주의 영

---

3) 니체, 『도덕의 계보』, 김정현 역 (서울: 책세상, 2002), p. 389.
4) 노양진은 본성상 매우 다른 층위의 도덕을 '권고의 도덕'과 '금지의 도덕'으로 구분하고, 윤리학의 핵심과제를 '금지의 도덕' 영역을 설정하는 문제에서 찾는다. 이를 통한 '좋은 것의 윤리학'에서 '나쁜 것의 윤리학'으로의 전환은 오늘날 윤리학적 혼란을 해소하는 것은 물론 니체가 생각하는 비도덕주의의 성격과 도덕적 자연주의의 구도를 파악하는 데도 중요한 기여를 할 수 있을 것으로 보인다. '나쁜 것의 윤리학'에 관한 본격적인 논의는 노양진, 「도덕의 영역들」, 『범한철학』 제47집 (2007 겨울) 참조.

역과 자연적 규범성 영역을 모두 포괄한다. 셋째, 니체의 집요한 기독교 비판은 도덕적 자연주의로 이행하기 위한 사전 정지 작업이 아니라 도덕적 자연주의의 구도 안에서 자연적 규범성의 문제로 이해된다. 곧 이것은 '나쁜 것의 윤리학'으로의 전환이 니체에 의해 이미 선취되고 있다는 것을 의미한다.

2. 도덕과 규범성

도덕적 가치의 문제를 하나의 절대적이고 보편적이고 객관적인 실재의 문제로, 곧 '정초'의 문제로 다룬 것은 다분히 플라톤적이고, 이러한 플라톤적 시도가 서양철학사의 지배적인 흐름을 형성해왔다는 것은 주지의 사실이다.5) 니체는 이러한 시도가 하나의 철학적 열망에 불과하다는 것을 보여주기를 원한다. 그는 도덕을 정초하기를 원했고, 또 그것을 정초했다고 믿었던 철학자들의 어설픈 진지함을 비웃는다. 그가 보기에 철학자들이 말하는 '도덕의 정초'란 단지 현재 유행하는 도덕에 대한 훌륭한 믿음의 현학적인 하나의 형식이며, 그것을 표현하는 새로운 수단에 불과하다. 왜냐하면 도덕이란 "정동(情動)을 나타내는 기호언어"6)일 뿐이기 때문이다.

도덕을 정동의 기호언어로, 즉 경험의 문제로 이해하게 되면 기존의 보편적이고 절대적인 도덕의 해체는 불가피하게 되며, 더불어 우리의 경험이 어떠한 보편적이고 절대적인 기준도 제시할 수 없다는 점에서 곧바로 도덕적 허무주의 문제와 마주하게 된다. 하지만 도덕의 문제를

---

5) 노양진, 「경험으로서의 가치」, 『범한철학』 제39집 (2005 겨울), pp. 7-8 참조.
6) 니체, 『선악의 저편』, 김정현 역 (서울: 책세상, 2002), p. 140. (고딕은 원문의 강조.)

우리 경험의 한 방식으로 다룬다고 해서 니체의 주장이 자동적으로 도덕적 삶의 기본 조건을 이루는 규범성의 문제에 대한 전반적인 회의주의로 이어지는 것은 결코 아니다. 왜냐하면 보편적 도덕원리의 근거를 찾지 못하면 도덕적 회의주의에 빠지게 된다는 식의 이분법적 구도는 도덕을 정초하기를 원하는 도덕주의자들의 열망이 빚어낸 가상적 구도일 뿐이기 때문이다.

니체는 새로운 목표를 달성하기 위해 "다른 방식의 정신"[7)]이 필요하다고 역설한다. 물론 그가 말한 다른 방식의 정신은 '자연주의적 정신'이고 그런 정신의 소유자인 미래의 인간은 '자연주의자'를 일컫는다고 봐도 무방하다.[8)] 왜냐하면 그 정신은 "저편 세계의 것, 감각에 반하는 것, 본능에 반하는 것, 자연에 반하는 것, 동물성에 반하는 것에 이르려는 저 모든 열망을, 간단히 말해 전체적으로는 삶에 적대적인 이상이자 세계를 비방하는 자의 이상인 지금까지의 이상들을"[9)] 의문에 붙이는 정신이기 때문이다. 따라서 니체에게 도덕적 자연주의는 지금까지의 이상으로부터, 그리고 그 이상에서 성장할 수밖에 없는 허무주의에서 우리를 구원해 주는 수단이 된다.[10)] 우리는 니체가 도덕을 경험의 문제로 바라보면서도 여전히 규범성의 문제를 놓치고 있지 않다는 점

---

7) 니체, 『도덕의 계보』, p. 447.
8) 자연주의자 니체에 대한 조망은 Brian Leiter, *Nietzsche: On Morality*, (New York: Routledge, 2002), 참조. 라이터(B. Leiter)는 자연주의를 방법론적 자연주의(methodological naturalism)와 실체론적 자연주의(substantive naturalism)로 구분하면서, 니체를 방법론적 자연주의자로 규명하고 있다. 그는 니체에 대한 로티식의 포스트모던적 읽기(과학에 대한 회의주의)를 비판할 뿐만 아니라, 물리주의적이고 환원주의적인 읽기에 대해서도 반대 입장을 분명히 한다. 그럼에도 니체에 대한 라이터의 자연주의적 해석은 너무 전면적이고 과학주의적이라는 비판을 받는다. 니체의 자연주의에 관한 논의는 앞의 6장 「니체 도덕철학의 자연주의적 함의」 참조.
9) 니체, 『도덕의 계보』, p. 446.
10) 같은 책, p. 448 참조.

에 주목할 필요가 있다.

> 모든 도덕은 방임과는 반대의 것이며, '자연'에 대한 폭압이고 '이성'에 대해서도 폭압이다 : 그러나 이는 아직 도덕에 맞서 항의하는 것은 아니다. 그러면서도 우리가 다시 한번 어떤 도덕에서 결정해야 하는 것은 모든 종류의 폭압과 비이성이 허용되지 않는다는 사실이다. 모든 도덕에서 본질적이고 귀중한 것은 그것이 오랫동안에 걸친 강제라는 것이다.11)

니체는 방임이 아니라 폭압과 강제가 도덕의 본질이라고 규정한다. 이런 점에서 도덕에 대한 니체의 이의제기가 도덕이 갖는 규범적 성격 자체를 향하는 것이 아니라는 점은 분명하다. 그는 유럽의 전 역사에서 폭압, 자의, 어리석음이 정신을 교육시켜왔다는 점에 주목하면서 노예 상태를 정신적 훈육과 육성에 반드시 필요한 수단으로 파악한다. 그가 말하는 노예 상태란 삶과 성장의 불가피한 조건으로서 도덕, 즉 규범적 강제성에의 복종 상태를 말한다.12) 이것을 그는 '자연의 도덕적 명법'이라 명명한다. 이 명법은 칸트처럼 정언적인 것도 아니며, 개인을 향한 것도 아니며, "무엇보다도 '인간'이라는 동물 전체, 인류를 향한 것이다."13) 이 '자연의 도덕적 명법'은 규범성의 성격에 대한 니체의 생각을 분명히 보여준다. 니체가 생각하는 규범성은 이성에 의해 보편적으로 부여되지도 않고, 개인적인 자기 극복, 자기 형성의 차원에 머무는 것도 아니다. 그것은 인간의 성장을 위해, 오로지 인간에 의해 그리고 인간을 위해 부여된 것이다.

이처럼 니체가 생각하는 규범성의 성격은 정언적이지도, 개인적이지도 않다. 그것은 오직 인간 종의 성장을 위해 인간 스스로가 부여한 어

---

11) 니체, 『선악의 저편』, p. 140.
12) 같은 책, pp. 142-43 참조.
13) 같은 책, p. 143.

리석음인 것이다. 니체는 결코 규범성의 폐기를 원하지 않는다. 그는 단지 왜곡된 규범성의 원천을 바로잡기를 원한다. 그래서 그의 도덕적 자연주의는 보편적 도덕원리에 기반을 둔 전통 윤리학이 그랬던 것처럼 특정한 삶의 본능이 지배하며, '해야 한다'와 '해서는 안 된다'는 특정한 규범들로 가득 차 있다.14) 하지만 여기에는 중요한 두 가지 차이점이 있고, 그 차이점의 배후에는 그가 진정한 대립이라고 규정한 '본능 대 이성'의 대립이 놓여 있다.15)

첫째, 전통 윤리학에서 규범성이 삶의 본능에 적대적이거나 삶에 유죄판결을 내리는 역할을 했다면, 도덕적 자연주의에서 그것은 삶의 노정에서 나타나는 방해나 적대 행위를 제거하는 역할을 한다. 즉 전통 윤리학이 보편적 도덕원리의 지도 아래 자연적 삶 전체를 길들이는 도덕을 지향했다면, 도덕적 자연주의는 자연적 삶, 즉 '힘에의 의지'라는 자연주의적 출발점으로부터 삶의 성장을 지향한다.16) 다시 말해 그의 도덕적 자연주의는 '선악'이라는 허구적이고 반자연적인 가치평가 기준을 넘어 '좋은 것'과 '나쁜 것'이라는 자연적인 가치평가 기준을 향하고 있으며, '좋은 것'과 '나쁜 것' 간의 끊임없는 상호작용을 통한 전체로서의 삶의 지속과 성장을 이루기 위한 조건이 된다.

둘째, 전통 윤리학이 도덕적 '선'과 '악'이라는 보편적 규범성 아래에서 삶의 전체 영역을 포괄하는 단일한 도덕원리를 추구했다면, 자연적 삶의 '좋음'과 '나쁨'을 전제로 규범적 가치평가를 도출하는 도덕적 자연주의는 단일한 원리의 추구, 곧 도덕의 정초라는 가정을 포기한다. 이를 통해 도덕적 자연주의는 '좋음'과 '나쁨'이라는 미적 가치평가의

---

14) 니체, 『우상의 황혼』, 백승영 역 (서울: 책세상, 2002), p. 109.
15) 니체, 『이 사람을 보라』, 백승영 역 (서울: 책세상, 2002), p. 391.
16) 도덕의 목적이 삶의 성장을 지향한다는 것은 도덕에 있어 자연주의적 입장이 갖는 공통된 요소로 보인다. 그러한 점은 또 다른 자연주의 철학자 듀이(J. Dewey)에게서도 선명하게 찾아볼 수 있다. 존 듀이, 『철학의 재구성』, 이유선 역 (서울: 아카넷, 2010), p. 203.

영역을 사적인 비도덕의 영역으로 간주하고, 나쁨의 상태를 유지, 지속시키는 해로운 것의 영역을 자연적 규범성이 작동하는 도덕 영역으로 설정한다. 이 점이 도덕적 자연주의가 비도덕의 영역을 추구하면서도 규범성의 문제를 놓치지 않는 이유가 된다.

3. 이성 비판: 이성의 제자리 찾기

도덕을 정초하기를 원했던 도덕주의자들은 규범성을 보편적으로 주어진 어떤 것으로 여겼기 때문에 규범성의 원천에 대한 비판적 물음을 묻지 않았다. 하지만 도덕이 하나의 경험의 문제로 파악되고, 규범적 경험이 우리의 도덕적 삶을 규정하는 핵심요소로 인정될 때 규범성의 원천에 대한 탐구는 도덕 이론의 본성을 이해하는 출발점이 된다. 따라서 규범성의 원천에 대한 진지한 물음을 묻지 않았기 때문에 도덕의 본래 문제들을 전혀 보지 못했고, 그래서 지금까지의 모든 도덕학에는 아직 도덕의 문제 자체가 결여되어 있다는 니체의 지적은 결코 과장된 것이 아니다.[17] 전통 윤리학이 도덕을 정초하는 데 온통 시선을 빼앗기고 있는 동안 보편적 규범성에 대한 믿음을 의심하는, 곧 그 믿음을 검토하고 분석하고 해부하고 평가하는 작업은 착수될 수 없었던 것이다.

규범성의 원천에 대한 니체의 새로운 탐구 작업은 그 출발점에서부터 그의 이성 비판과 밀접하게 연결된다. 왜냐하면 이성은 전적으로 도덕에 의해 이끌려 왔으며, 따라서 도덕은 이성을 유혹해 온 키르케였기 때문이다.[18] 즉 이성은 보편적 규범성에 대한 믿음을 검토하고 분석하고 해부하고 평가하는 도구가 아니라 처음부터 "존엄한 도덕적 건축물

---

17) 니체, 『선악의 저편』, p. 138.
18) 니체, 『아침놀』, 박찬국 역 (서울: 책세상, 2004), p. 12.

을 위한 지반을 정비하고 튼튼하게 하는"19) 일을 자신의 과제로 삼아 왔기 때문이다. 니체가 볼 때 그런 이성은 생리학에서 출발하는 이성이 아니라 도덕에서부터 출발하는 '병든 이성', '타락한 이성'이다. 니체는 이성의 이러한 본래적 타락이 결과를 원인과 혼동함으로써 시작된다고 말한다.20) 니체에 따르면 생성과 소멸과 변화를 보여주는 한, 감각은 거짓말을 하지 않기 때문에 감각의 증거를 가지고 이성이 만들어내는 것, 즉 단일성, 동일성, 지속, 실체, 원인, 물성, 존재가 감각의 증거를 변조하는 원인이다. 그리고 이러한 변조의 결과, 최후의 것, 가장 빈약한 것, 가장 공허한 것이 최초의 것으로, 원인 그 자체로서, 최고로 실재적인 존재자로서 규정되었다는 것이다.21) 니체는 이것을 "이성의 중대한 원죄, **불멸하는 비이성**이라고 부른다."22)

니체가 보기에 우리의 의식적 사유 대부분은 본능의 활동으로 간주되어야 하고, 중요한 의미에서 본능적인 것에 대립하는 것이 아님에도 불구하고, 본능에서 이탈한 이성은 우리의 실제 본능을 억압하고, 본능적인 것과 대립하는 것이 되고, 결국 하나의 우상이, 절대적인 것이 된다.23) 니체는 이러한 이성의 절대화, 반자연화 과정을 추적함으로써 이성을 원래의 자리, 실용적이고 도구적이고 자연적인 자리, 곧 우리 경험의 일부로 되돌려 놓기를 원한다. 원래의 자리로 돌아온 이성, 곧 생리학에서 출발하는 이성은 병든 이성, 타락한 이성과 대립하는 '위대한 이성'이다.24) 그런 이성은 더 이상 '이성'이라는 이름으로 불릴 이

---

19) 같은 곳.
20) 니체, 『우상의 황혼』, p. 113.
21) 니체, 『선악의 저편』, pp. 98-99 참조.
22) 니체, 『우상의 황혼』, p. 114. (고딕은 원문의 강조.)
23) 니체, 『선악의 저편』, p. 18 참조.
24) 니체가 사용하는 '위대함'이라는 용어는 현대적 상황과의 대비를 통해 오해 없이 그 의미를 파악할 수 있다. 니체는 모든 인간을 한쪽 구석이나 '전문성'에 가두고 싶어 하는 '현대적 이념'의 세계에 직면해서 위대함의 개념을 '광범위함'과 '다양성'에, 곧 '다면적 전체성'에

유도 없다.25) 그리고 이성의 자연으로의 돌아감은 친자연이나 자연으로의 회귀가 아니라 자연에 대한 지성적 투쟁이며, "드높고 자유로우며 심지어는 섬뜩하기까지 한 자연과 자연성으로의 올라감, 큰 과제를 갖고 유희하며 유희가 허락되어 있는 자연과 자연성으로의 올라감"26)이다. 이로써 우리의 자연은 더욱 정신화되고, 더욱 자유로워지고, 약속할 수 있는 자연이 되는 것이다. 이성의 제자리 찾기를 통해 니체는 자연적 충동의 포기, 거부, 멸절, 거세가 아니라 '승화'(sublimation)의 측면에서 충동의 자기 극복을 그리고 있는 것이다.27)

문제는 니체의 이성 비판을 이성의 제자리 찾기를 위한 과정이 아니라 이성의 해체를 위한 과정으로 이해하고, 그것을 규범성의 해체와 결부시키는 데서 생겨난다. 그러한 생각은 사실상 규범성은 이성의 특성이고, 이성은 규범성의 원천이라는 전통적인 편견에서 오는 것일 뿐이다. 따라서 니체의 이성 비판이 규범성의 폐기를 위한 과정이 아니라 규범성의 원천에 대한 새로운 물음으로의 전환을 위한 연결고리라는 점을 파악하는 것이 중요하다.

서 찾는다. "다양하면서도 전체적이고 폭이 넓으면서도 충만할 수 있다는 이것이야말로 위대함이라 부를 수 있을 것이다." 같은 책, p. 191. (고딕은 원문의 강조.)
25) 듀이는 '이성'을 아예 '지성'이라는 용어로 대체한다. 그가 사용하는 지성은 "궁극적인 진리를 파악하는 최고의 기관 혹은 '능력'으로 간주되는 것과는 전혀 다른 어떤 것을 지칭"하며, "삶의 물리적 조건과 생리학적 조건을 변혁시킨 관찰과 실험과 반성적 추론이라는 위대하고 끊임없이 성장하는 방법을 간단히 일컫는 명칭이다." 듀이, 『철학의 재구성』, pp. 18-19.
26) 니체, 『우상의 황혼』, p. 190.
27) Walter Kaufmann, *Nietzsche: Philosopher, Psychologist, Antichrist* (Princeton N.J.: Princeton University Press, 1974), pp. 211-27 참조.

4. 전통 윤리학의 편견 극복

병들고 타락한 이성에 의존한 절대적이고 반자연적인 전통 윤리학이 보편적 도덕원리에 입각한 도덕규범들로 인간의 자연적 삶을 재단해 왔다면, 니체의 도덕적 자연주의의 목적은 초자연화된 도덕 가치를 자연본성으로 되돌리는 데 있다. 니체는 병든 이성이 아니라 우리의 자연적 삶을 가치평가의 척도로 삼자고 주장한다. 니체는 『도덕의 계보』 첫 논문에서 '좋음'이라는 가치판단의 유래에 관한 오래된 가설, 곧 '좋음'이 '비이기적' 행위와 결부된 것이라는 가설이 역사적으로 근거가 없을 뿐만 아니라 심리학적으로도 모순된다는 점을 밝히는 것을 시작으로, 자연적 '좋음'과 '나쁨'의 가치를 도덕적 '선악'의 가치에 날카롭게 대립시킨다.28) 이를 바탕으로 니체는 모든 도덕을 자연적 '좋음'과 '나쁨'을 가치 척도로 삼는 '주인도덕'과 도덕적 '선악'을 가치 척도로 삼는 '노예도덕'이라는 두 가지 기본 유형으로 구분한다.29) '좋음'과 '나쁨'에 대한 니체의 정식은 명쾌하다.

> 좋은 것은 무엇인가?―힘의 느낌, 힘에의 의지, 인간 안에서 힘 그 자체를 증대시키는 모든 것.
> 나쁜 것은 무엇인가?―약함에서 유래하는 모든 것.
> 행복이란 무엇인가?―힘이 증가된다는 느낌, 저항이 극복되었다는 느낌.30)

문제는 니체가 어떻게 자연적 '좋음'과 '나쁨'에서 규범성을 끌어낼

---

28) 니체, 『도덕의 계보』, pp. 351-89 참조.
29) 니체, 『선악의 저편』, p. 275 참조. 니체가 '선악'이 아니라 '좋음'과 '나쁨'을 가치평가의 척도로 삼는 주인도덕을 자신의 대안적인 윤리적 입장으로 받아들인다는 주장이 니체를 비도덕주의 윤리학을 지지하는 것으로 보는 전형적인 태도로 이어진다고 할 수 있다.
30) 니체, 『안티크리스트』, 백승영 역 (서울: 책세상, 2002), p. 216. (고딕은 원문의 강조.)

수 있느냐 하는 것이다.31) 이 문제에 대해 전통적 이론들은 '이성주의'와 '경험주의'라는 두 갈래의 극단적 태도로 양분된다. 곧 경험주의는 규범적 명제들이 사실적 명제들로부터 추론될 수 없기 때문에 인지적 근거를 갖지 못한다는 일종의 규범적 회의주의로 흐르는 반면, 이성주의는 규범성이 경험적으로 얻어질 수 없다는 바로 그 점을 근거로 보편적 규범성의 이성적 원천을 옹호하는 규범적 초월주의를 주장한다.32) 그러나 이러한 대립적 논의는 규범성의 자연주의적 탐구에 전혀 도움이 되지 않는다. 왜냐하면 전통적 이론들의 대립은 보편적 도덕원리의 수립 가능성에 초점이 맞춰져 있기 때문이다.33) 즉 그 대립은 가상적으로 만들어진 극단적 형태의 이분법적 구도일 뿐이라는 것이다.

니체의 도덕적 자연주의에 대한 기존의 논의가 새로운 규범성의 문제와 연결되지 못한 채 비도덕주의로 향하게 되는 것도 여전히 이러한 대립적 구도에 묶여 있기 때문으로 보인다. 도덕적 자연주의를 비도덕주의 윤리학과 동일한 것으로 파악하는 백승영의 논의는 대표적이다. 백승영은 니체의 새로운 도덕적 기획을 '비도덕주의(Immoralismus) 윤리학'이라는 이름으로 규정하고, 비도덕주의 윤리학이 전통 도덕 비판과 도덕적 자연주의의 건설로 구성된다고 파악한다. 백승영은 도덕을 다루는 니체의 새로운 방식을 도덕의 가치를 묻고 도덕을 해석으로 이해하는 방식이라고 말하면서, 이런 방식의 문제 제기를 통해 전통 도덕 비판과 도덕적 자연주의의 건설이라는 이중적 과제가 이루어졌다고 주장한다.34) 도덕의 가치를 묻는 것은 기본적으로 도덕을 해석으로 파

---

31) 이런 점에서 여전히 이성주의적 믿음을 버리지 못하고 있는 한계에도 불구하고 규범성의 새로운 원천에 대해 의미 있는 물음을 묻고 있는 코스가드(C. Korsgaard)의 시도는 주목할 만하다. 크리스틴 M. 코스가드, 『규범성의 원천』, 강현정·김양현 역 (서울: 철학과 현실사, 2011) 참조.
32) 노양진, 「규범성의 자연주의적 탐구」, 『범한철학』 제32집 (2004 봄), p. 170 참조.
33) 같은 글, p. 172.

악하는 입장이 전제된 것이므로, 이 두 가지 방식은 사실상 '도덕=해석'이라는 하나의 공식으로 정리할 수 있고, 백승영 역시도 도덕을 '해석'으로 이해하는 것이 비도덕주의의 기본 입장이라는 점을 명확히 하고 있기도 하다.35) 따라서 이런 구도 안에서 니체의 도덕적 자연주의가 비도덕주의의 그늘을 벗어날 수 있는 가능성은 애초에 주어지지 않는다.

이런 구도에 어떤 균열도 일어나지 않는다면 백승영의 논의가 어디를 향해 나아가게 될지, 또 그 논의가 결국 다다르게 될 종착역이 어디일지는 사실상 정해져 있다.

> 힘 관계에 의거한 주인도덕은 철저한 개인윤리다.36)

> 니체의 주인도덕은 타자를 자유로운 존재로 인정하고 인정해야 한다는, 승인의 도덕을 요청하는 실천적 함축을 갖게 된다.37)

> 이런 가능성은 모든 구성원이 주인의식과 주인도덕을 갖추고 있는 이상적인 공동체에서만 실현된다.38)

> 니체의 도덕철학은 …… 주인도덕을 구상하고, 주인도덕이 구현되는 이상적 도덕 공동체를 꿈꾼다는 점에서 유토피아적 사회윤리다.39)

이렇게 해서 니체의 도덕적 자연주의는 비도덕주의 윤리학의 구도 속에서 하나의 유토피아 이론이 된다. '이상주의'와의 끝없는 싸움을

---

34) 백승영, 『니체, 디오니소스적 긍정의 철학』(서울: 책세상, 2005), pp. 543-44.
35) 같은 책, p. 544.
36) 같은 책, p. 593.
37) 같은 책, p. 595.
38) 같은 곳.
39) 같은 책, p. 597.

자신의 운명으로 삼았던 우상 파괴자 니체, 그가 야심차게 꺼내든 도덕적 자연주의라는 히든카드가 결국 또 하나의 유토피아 이론으로 전락하는 운명을 맞게 된 것은 참으로 아이러니가 아닐 수 없다.

백승영의 논의는 기본적으로 일종의 '범주 오류'(category mistake)에서 출발하고 있는 것으로 보인다.40) 비도덕주의 윤리학을 상위범주로 삼고 전통 도덕 비판과 도덕적 자연주의를 하위범주로 설정하는 것은 상하위 범주가 뒤바뀐 것으로 볼 수 있다. 비도덕주의 윤리학이 상위범주가 아니라 오히려 도덕적 자연주의가 상위범주에 해당하고, 비도덕주의는 전통 도덕 비판과 함께 하위범주로 설정되는 것이 더 적절해 보인다. 왜 그런가?

니체의 핵심적인 도덕적 과제는 가치평가의 척도를 전도시키는 일이다. 이성에 토대를 둔 반자연적 도덕에서 삶, 즉 '힘에의 의지'에 토대를 둔 자연적 도덕으로의 전환, 이것이 도덕적 자연주의의 내막이다. 이 전환의 근저에는 실제적인 규범성의 크기 문제가 함축되어 있다.41) 반자연적 도덕이 '보편적 규범성'을 가정한다면, 자연적 도덕은 '자연적 규범성'을 전제한다는 것이다. 보편적 규범성이 이성에 의해 정언적으로 주어지는 것이라면, 자연적 규범성은 도덕 속에 있는 자연이 삶의 조건과 성장의 조건으로 가르치는 하나의 어리석음이다.42) 니체가 자연의 도덕적 명법이라고도 부르는 이 자연적 규범성은 정언적인 것도 아니고, 개인을 향한 것도 아니다. 그것은 무엇보다도 인간이라는 동물

---

40) 길버트 라일, 『마음의 개념』, 이한우 역 (서울: 문예출판사, 1994), p. 19.
41) 규범적인 것은 결코 자연적 사실에서 도출될 수 없다는 주장은 근거 없는 철학적 편견에 불과하다. 듀이는 도덕학과 다른 분과학문이 서로 분리된 영역이 아니라는 점에 착안해서 규범적인 것의 자연주의적 탐구 가능성을 폭넓게 탐색하고 있다. John Dewey, *Human Nature and Conduct: The Middle Works 1899-1924*, Vol. 14, ed. Jo Ann Boydston (Carbondale, Ill.: Southern Illinois University Press, 1988) 참조.
42) 니체, 『선악의 저편』, pp. 142-43.

전체를 향한 것이다. 이처럼 자연적 규범성을 전제하는 것이 도덕적 자연주의의 핵심이며, 따라서 이런 이유만으로도 도덕적 자연주의는 비도덕주의의 하위범주에 놓일 수 없다.

그렇다면 이런 범주적 오류가 생겨난 이유는 무엇일까? 그것은 도덕적인 것을 규정하는 보편적인 단일한 원리가 있다는 전통 윤리학의 기본 가정이 여전히 포기되지 않고 있다는 데서 그 한 가지 이유를 찾아볼 수 있다.

> 서양의 전통적 도덕에 반자연적이면서 반도덕적인 특징을 부여하는 니체는, 자신의 새로운 도덕 유형에 자연적이면서 비도덕적인 특징을 부여한다. 이것은 도덕의 힘에의 의지라는 비도덕적 근원, 도덕 외적 기원을 밝혀내는 일에 전적으로 의존하고 있다.43)

'힘에의 의지'의 비도덕적 근원, 도덕 외적 기원을 밝혀냄으로써 도덕적 자연주의가 비도덕적 특징을 부여받게 된다는 백승영의 주장은 여전히 단일한 원리의 추구라는 전통 윤리학의 기본 가정을 벗어나지 못한 점을 잘 보여준다. 전통 윤리학이 '이성'에서 보편적인 단일한 규범성의 원천을 찾은 것처럼, 백승영은 '힘에의 의지'에서 (보편적인 단일한) 비도덕성의 원천을 찾은 것에 다름 아니기 때문이다. 하지만 '힘에의 의지'는 보편적인 단일한 비도덕성의 원천이 될 수도 없고 되어서도 안 된다. 그것은 유기체적 존재의 삶의 조건으로서, 자연적 규범성이 시작되는 출발점으로 세워진, 단지 하나의 방법의 도덕에 의해 세워진 기초적 가설일 뿐이기 때문이다.44) 따라서 도덕에서의 니체의 자연주의적 기획을 제대로 이해하기 위한 첫걸음은 무엇보다도 보편적인

---

43) 백승영, 『니체, 디오니소스적 긍정의 철학』, p. 584.
44) 니체, 『선악의 저편』, p. 67.

단일한 원리의 추구라는 전통 윤리학의 기본 가정에서 벗어나는 일이 될 것이다.

단일한 원리의 추구라는 전통 윤리학의 기본 가정에서 자유로워진 우리에게 남은 과제는 실질적 도덕, 즉 해로운 것을 규정하는 규범성의 영역에 대한 탐구다. 우리의 일상적 삶은 온전히 도덕에 의해 규정되지도 않지만 그렇다고 규범적인 것 없이 이루어지는 것도 아니기 때문이다. 도덕적 자연주의는 이러한 우리의 자연적 삶으로부터 출발하고 있기 때문에 비도덕적이면서도 규범적인 삶의 국면들을 포괄하는 형태를 띨 수밖에 없다. 따라서 니체의 도덕적 자연주의를 규명하기 위해 먼저 자연적 규범성의 영역을 규명해야 한다. 그렇게 자연적 규범성의 영역이 규명된다면 나머지 영역은 자동적으로 비도덕적인 사적 영역으로 자리매김하게 될 것이다. 보편적인 단일한 원리의 추구라는 전통 윤리학의 기본 가정에서 해방됨으로써 이제 니체의 도덕적 자연주의는 개인윤리적 유토피아 이론이라는 오명을 벗어던지고, 진정한 자연주의 윤리학으로서의 명예를 되찾게 될 것이다. 이러한 도덕적 자연주의의 명예회복은 '나쁜 것의 윤리학'으로의 전환과 함께 시작될 수 있다.

5. 나쁜 것의 윤리학으로의 전환

노양진은 오늘날 전통 윤리학의 도덕적 절대주의를 넘어서려는 다양한 형태의 윤리학적 논의들이 직면한 혼란 상황에 주목하면서, 그러한 혼란이 본성상 매우 다른 두 가지 층위의 도덕 영역이 존재한다는 사실을 간과함으로써 발생한다고 본다.[45] 그는 두 영역의 구분이 간과된

---

45) 노양진, 「도덕의 영역들」, p. 330.

결정적 이유를 두 영역을 포괄하는 보편적인 단일한 원리가 존재할 것이라는 전통 윤리학의 기본 가정에서 찾는다. 그리고 이러한 가정이 우리의 실제적인 도덕적 경험의 해명을 가로막아 왔을 뿐만 아니라 그것이 여전히 폐기되지 않음으로써 오늘날 다양한 윤리학적 논의의 혼란이 가중되고 있다고 진단한다.46)

노양진은 '규범적 강제성'을 핵심 축으로 삼아 도덕을 다양한 이상들을 제시하는 '권고의 도덕'과 규범적 강제성을 수반하는 '금지의 도덕'으로 구분한다. 그에 따르면 이 두 영역은 도덕적인 것을 규정하는 단일한 원리가 있다는 전통 윤리학의 기본 가정 아래 오랫동안 동일한 '도덕'이라는 이름으로 묶여 하나의 구도 안에서 다루어졌지만, 사실상 매우 다른 역할과 본성을 갖는다.47) 규범적 강제성의 근거를 잃은 '좋은 것'의 영역인 '권고의 도덕'은 더 이상 도덕이라는 이름으로 불리지 않는 사적 가치의 영역으로 다루어진다. 반면 '나쁜 것'의 영역인 '금지의 도덕'을 규정하는 문제는 윤리학의 핵심과제로 떠오른다. 그는 초월이나 선험을 통한 절대적 보편성에 의존하지 않고 우리가 실제적으로 확인할 수 있는 자연적 규범성의 뿌리를 종(種)으로서의 인간이 공유하는 '경험의 공공성'에서 찾고 있으며,48) 이를 토대로 '타인에 대한 해악'을 규범적 강제성의 실질적인 하나의 기준으로 제안한다.49) 물론 그것의 실제적인 적용의 문제는 사회적 합의를 통해 이루어지게 된다.

윤리학의 새로운 과제로 떠오른 자연적 규범성에 대한 탐구는 인지과학의 경험적 증거들을 바탕으로 우리 경험의 본성과 구조에 대해 새로운 해명을 시도하는 '체험주의'(experientialism)의 논의를 통해 보

---

46) 같은 글, p. 331 참조.
47) 같은 글, p. 330 참조.
48) 노양진, 「규범성의 자연주의적 탐구」, p. 184.
49) 노양진, 「도덕의 영역들」, p. 333.

완되고 더욱 확장된다.50) 체험주의의 기본 주장은 우리의 경험이 몸의 활동에서 출발해서 정교한 은유적 과정을 통해 추상적 층위로 확장되며, 이 과정에서 모든 층위의 경험은 신체적 요소들에 강하게 제약된다는 것이다. 우리의 경험구조에 대한 이러한 체험주의적 해명은 규범적인 것의 본성에 대한 새로운 탐색의 계기를 마련해준다. 도덕원리의 수립에 근거가 되는 규범적 경험이 결코 일반적 인지과정과 독립된, 곧 우리와는 동떨어진 어떤 곳에서 주어지는 것이 아니라 우리의 신체적 활동이나 자연적 조건에서 비롯된다는 것이다.51)

이런 주장이 옳다면, 그동안 보편적 규범성의 근거가 되었던 이성은 더 이상 규범성의 원천이 아니며, 더 원천적인 경험 영역으로부터 정교하게 확장된 은유화의 산물이 된다. 또한 이런 주장은 이성의 본래적 타락이 결과와 원인을 혼동한 데 있다는 니체의 지적과 맥을 같이 하고 있는 것으로 보인다.

자연적 규범성의 체험주의적 해명을 통해 이제 우리는 더 이상 보편적 규범성에 의존하지 않으면서도 도덕적 회의주의라는 늪에 빠지지 않을 수 있는 길을 발견하게 된다. 전통 윤리학이 '좋은 것'을 보편적 규범성의 직접적 기준으로 삼았다면, 적어도 새로운 윤리학은 '나쁜 것'과 연관된, '나쁜 것'으로부터 도출된 '해로운 것'을 자연적 규범성의 기준으로 삼게 될 것이다. 이것은 한마디로 '좋은 것의 윤리학'에서 '나쁜 것의 윤리학'으로 시각을 전환하는 것을 의미한다. 물론 이러한 시각 교정이 그 자체로 새로운 윤리학의 산출을 가져오는 것은 아니지만, 그것은 '윤리적 전환'(ethical turn)이라는 하나의 세기적 전환을 예비하는 '광야의 외침'이 될 것이다. 우리는 이러한 관점의 전환을 니

---

50) 우리의 경험구조에 대한 체험주의의 포괄적 해명에 관해서는 M. 존슨, 『마음 속의 몸: 의미, 상상력, 이성의 신체적 근거』, 노양진 역 (서울: 철학과현실사, 2000) 참조.
51) 노양진, 「규범성의 자연주의적 탐구」, p. 182 참조.

체에게로 소급할 이유를 니체의 도덕적 자연주의의 재구성을 통해 발견할 수 있다.

6. 도덕적 자연주의의 재구성

니체의 도덕적 자연주의는 기존의 도덕적 선악의 가치 판단을 자연적 좋음과 나쁨의 가치 판단으로 대체한 것이다. 이 가치 전환의 핵심은 보편적 도덕에서 자연적 도덕으로의 전환에 있다. 그것은 보편적 규범성에서 자연적 규범성으로의 전환을 의미한다. 하지만 보편적 도덕에서 자연적 도덕으로의 전환은 대체로 보편성에서 개별성으로, 도덕에서 비도덕으로의 전환을 의미하는 것으로 이해되어 왔다. 선악이 도덕 또는 보편성이라는 하나의 묶음으로 처리되었다면, 좋음과 나쁨은 비도덕 또는 개별성이라는 하나의 묶음으로 취급되었기 때문이다. 앞에서 지적한 것처럼 이런 식의 이해는 보편적 도덕원리가 있을 것이라는 전통 윤리학의 가정에 근거한 것이다. 이를 통해 '힘에의 의지'는 비도덕적 근원으로 간주되고, 도덕적 자연주의는 자연스럽게 비도덕주의 윤리학으로 대체되었던 것이다.

물론 이러한 오해는 니체 스스로가 자초한 측면도 없지 않다. 니체는 좋음과 나쁨이라는 미적 가치평가 영역과 그 가치평가 영역으로부터 비롯되는 도덕적이고 규범적인 가치평가 영역이 서로 다른 층위의 문제라는 점을 선명하게 제시하는 데 더 많은 노력을 쏟기보다 끊임없이 자신이 비도덕주의자라는 점을 부각시키는 데 더 큰 관심을 가졌기 때문이다. 그럼에도 불구하고 우리는 니체가 단일한 원리에의 가정을 포기하고 도덕을 정동의 기호언어이면서 동시에 규범적 강제성을 지니는 것으로 그 성격의 층위를 구분하고 있다는 점을 확인할 수 있다. 이는 니체가 미적 가치평가 영역을 비도덕적 영역으로 이해했음에도 여전히 자연적 규범성의 영역을 결코 포기하지 않았다는 것을 시사한다.

> 내가 홀로 해결하지 못하는 것. 나를 질식시키고 초췌하게 만드는 것은 무엇일까? 그것은 나쁜 공기다! …… 그 밖의 것이라면 어떤 고난, 궁핍, 나쁜 날씨, 중병, 신고(辛苦), 고독이든 견뎌내지 못할 것이 무엇이 있겠는가?52)

니체는 나쁜 공기의 문제를 개인의 자기 극복만으로는 해결할 수 없다는 점을 분명히 자각하고 있었다. 또한 그는 괴테에 대한 헌사 속에서 "악덕이라고 불리든 미덕이라고 불리든 이런 **허약성만을** 제외하고는 더 이상은 아무것도 금지되지 않는 인간"53)을 구상하면서 그런 자유로운 정신에 디오니소스라는 이름으로 세례를 준다. 그의 이러한 구상 속에서 우리는 비도덕적인 미적 가치 창조를 지향하면서도 다른 한편 자연적 규범성의 영역을 포기하지 않는 도덕적 자연주의의 구도를 확인하게 된다.

니체의 도덕적 자연주의가 도덕의 두 층위를 구분할 뿐만 아니라 좋은 것을 정초하는 도덕에서 나쁜 것을 지속시키는 해로운 것을 금지하는 도덕으로의 전환에 주목하고 있음은 그의 도덕적 논의가 반자연적 도덕, 특히 기독교 도덕 비판에 집중되고 있다는 점을 통해 잘 알 수 있다. 니체의 기독교 도덕 비판은 철저하게 도덕적 자연주의의 구도 속에서 자연적 규범성의 문제로서 다루어진다. 니체는 기독교 도덕을 삶의 성장이 아니라 삶의 퇴화와 힘의 저하를 가져오는 반자연적 도덕으로 규정한다. 니체는 기독교 도덕이 삶을 부정하고 매도하고 자연적 힘

---

52) 니체, 『도덕의 계보』, pp. 375-76.
53) 니체, 『우상의 황혼』, p. 192. (고딕은 원문의 강조.)

을 약화시키는 나쁜 도덕이므로 기독교 도덕을 단죄하고 있는 것이다.
 그것은 '힘에의 의지'라는 비도덕적 근원의 원초적 성격에 의해 그렇게 규정되는 것이 아니라 우리의 자연적 삶과 성장의 조건으로 우리 스스로 금지의 도덕으로 규정하는 것이다. 하지만 비도덕주의 윤리학은 니체의 이러한 반자연적 도덕 비판을 단지 도덕적 자연주의로 넘어가는 과정의 일부로만 이해하고 도덕적 자연주의에 담긴 규범적 성격을 간과함으로써 도덕적 자연주의 자체의 성격을 왜곡시키는 방향으로 나아간다. 니체의 도덕에 대한 심리적이고 계보학적인 탐구가 전적으로 나쁜 것을 지속시키는 것, 즉 반자연적 도덕을 지탱시키고 있는 원한 감정이나 가책, 금욕주의적 이상과 같은 허구적 토대를 고발하는 데 초점이 맞춰져 있는 것도 우연이 아니다. 그의 기독교에 대한 반대는 최종적으로 법의 형태로 제시된다. 이는 그가 반자연적 도덕 비판을 자연적 규범성의 문제로 파악하고 있다는 점을 극명하게 보여주는 것이라 할 수 있다.
 "모든 종류의 반자연은 악덕이다."[54] 이것은 니체의 기독교 비판의 대미를 장식하는 「기독교 반대법」 제1조의 내용이다. 이 한 문장 안에 니체의 기독교 비판의 이유가 집약되어 있다. 기독교는 반자연이다. 그것도 가장 거대한 반자연이다. 니체에게 반자연은 악덕일 뿐만 아니라 범죄이기 때문에 기독교는 법적으로 금지되어 마땅하다. 그래서 니체는 자신의 도덕 비판의 마지막을 「기독교 반대법」을 선포하는 것으로 끝맺고 있는 것이다.
 조금은 당황스러운 결말이기에 이러한 니체의 행로는 종종 과대망상증 환자의 넋두리쯤으로 치부되기도 했다. 그의 병력과 말년의 삶이 그런 이해를 더욱 부추겨 온 것도 사실이다. 하지만 그러한 결말은 니체

---

54) 니체, 『안티크리스트』, p. 319.

의 입장에서는 너무도 당연하고 또 정당하다. 왜냐하면 니체는 그의 새로운 도덕적 기획인 도덕적 자연주의를 통해 가치평가의 척도를 '이성/반이성'에서 '자연/반자연'으로 전환시켰고, 반자연을 자연적 규범성, 즉 해로운 것을 금지하는 도덕 영역으로 파악했기 때문이다. 단지 그의 불운은 그의 가치 전환의 내용이 사회적 합의를 통해 그 정당성을 부여받지 못했을 뿐만 아니라 앞으로도 여전히 그런 합의를 기대하기가 쉽지 않다는 데 있을 것이다. 하지만 그 책임을 전적으로 니체에게 돌리는 것은 너무 가혹한 처사가 아닐 수 없다.

7. 나가는 말

특정한 도덕의 성격을 비도덕적으로 파악하는 것과 도덕 자체를 비도덕적으로 규정하는 것은 전혀 다른 문제임에도 불구하고, 그러한 차이점에 대한 선명한 구분 없이 니체의 도덕적 자연주의는 흔히 비도덕주의 윤리학으로 이해되어 왔다. 비도덕주의 윤리학의 기본 입장은 도덕을 해석으로 이해하는 것이기 때문에 이렇게 이해된 도덕적 자연주의는 철저하게 개인윤리의 영역으로 국한되고 결국은 본래의 자연주의적 성격을 상실한 채 유토피아 이론의 하나로 전락하게 된다.

도덕적 자연주의를 이렇게 비도덕주의 윤리학으로 이해하는 이면에는 여전히 단일한 원리가 존재한다는 전통 윤리학의 기본 가정에 대한 믿음이 도사리고 있다. 그리고 그러한 가정에 대한 믿음은 사실상 '이성'이라는 보편적 규범성을 '힘에의 의지'라는 비도덕적 근원으로 교체하는 원동력이 된다. 물론 여기에는 자연적인 것에서 규범적인 것을 도출할 수 없다는 오래된 철학적 편견도 자리하고 있다. 하지만 이 모든 허구적 편견과 가정들을 제거하고 도덕적 자연주의를 파악할 때 우리는 아주 다른 양상의 도덕적 자연주의를 만나게 된다.

단일한 원리 추구라는 전통 윤리학의 가정에서 자유로워질 때 남는 과제는 실질적 도덕의 영역, 즉 나쁜 것을 지속시키는 해로운 것을 규정하는 자연적 규범성의 영역에 대한 새로운 탐구다. 이러한 과제는 우리의 자연적 삶의 내용과도 부합하는 것이다. 우리의 일상적 삶은 온전히 도덕적이지도 않지만 그렇다고 아무런 규범적인 것 없이 이루어지는 것도 아니기 때문이다. 도덕적 자연주의는 이러한 우리의 자연적 삶으로부터 출발하고 있기 때문에 비도덕적이면서도 규범적인 삶의 국면들을 포괄하는 형태를 띠게 되는 것이다. 전통 윤리학의 허구적 가정을 내던져버림으로써 니체의 도덕적 자연주의는 유토피아 이론이라는 오명을 벗고 참된 자연주의 윤리학의 성격을 되찾게 된다. 이런 명예회복은 '나쁜 것의 윤리학'으로의 전환과 함께 시작된다.

'좋은 것의 윤리학'에서 '나쁜 것의 윤리학'으로의 전환은 모든 자연주의 윤리학이 나아가야 할 방향이다. 자연주의를 지향하면서도 단일한 도덕원리를 상정하게 되면 '좋은 것의 윤리학'으로 향하게 될 수밖에 없다. '힘에의 의지'를 비도덕적 근원으로 상정한 비도덕주의 윤리학이 마찬가지 운명에 처하게 된 것도 그 때문이다. 왜냐하면 도덕적 보편주의에서 비도덕주의로의 전환은 동일한 구도 속에서의 자리 이동에 불과하기 때문이다. 따라서 진정한 자연주의적 전환은 단일한 원리의 폐기와 함께 이루어진다. 도덕은 단일한 원리에 의해 포괄되는 것이 아니라 '좋음'과 '나쁨'이라는 미적이고 사적인 영역과 나쁨을 지속시키는 해로운 것의 영역으로 구분되며, 규범적 강제성을 축으로 좋음과 나쁨은 사적 가치의 영역, 곧 비도덕의 영역으로, 나쁨을 지속시키는 해로운 것은 금지의 도덕 영역으로 나눔으로써 윤리학의 핵심과제는 이제 금지의 영역을 규정하는 문제로 전환한다.
　니체의 도덕적 자연주의는 나쁜 것의 윤리학의 구도를 결코 벗어나지 않는다. 니체는 힘의 상승, 하강과 관련한 미적 가치의 영역을 자기 극복과 자기 형성이라는 비도덕적 영역으로 전환하고, 힘의 약함 자체를 유지하거나 지속시키는 것과 관련한 해로운 것의 영역을 금지의 도덕 영역으로 규정한다. 여기서 기독교 도덕은 자연적 삶에 해로운 반자연적 도덕으로 규정되고, 금지와 제거의 대상이 된다. 이러한 구도 속에서 니체는 반자연적 도덕의 허구적 토대를 폭로하는 것을 자신의 실질적인 도덕적 탐구의 과제로 삼았다. 그리고 니체는 최종적으로 반자연적 도덕의 상징과도 같던 기독교를 법의 이름으로 단죄함으로써 나쁜 것의 윤리학이 나아가야 할 방향까지도 제시한다. 이것은 나쁜 것의 윤리학으로의 전환이라는 자연주의적 방향 전환이 이미 니체에게서 선취되고 있음을 보여 주는 것이라 할 수 있다.

제 3 부

도덕과 기독교

제8장
도덕은 어떻게 원한의 도구가 되었는가?

1. 들어가는 말

현재 우리 사회뿐만 아니라 전 세계적으로 '혐오'(disgust) 문화가 만연해 있다. 혐오 문화의 만연은 개인의 삶을 파괴하고 사회의 분열을 조장함으로써 결국 인간에 대한 신뢰 자체를 허물어트리는 기제로 작동하게 된다는 점에서 이에 대한 해결책과 대안을 찾는 것은 시급하고 중요한 과제가 아닐 수 없다. 혐오 문화를 극복할 해결책과 대안을 찾기 위해서는 혐오 문화의 근본 원인을 진단하고, 그 원인에 맞는 처방을 내리는 것이 필요하다. 이 논문에서는 혐오 문화의 근본 원인의 하나로 니체(F. Nietzsche)의 '노예도덕'(slave morality)에 주목한다. 혐오 문화가 상대적으로 사회적 강자의 위치에 있으면서도 여전히 '타인에 대한 배타적 감정'을 자신의 삶의 조건으로 삼는 데서 비롯되고 확산된다는 점에서,[1] 혐오 문화의 근본 원인을 니체가 『도덕의 계보』(*Genealogie der Moral*)에서 비판의 대상으로 삼은 '노예도덕'에서 찾을 수 있다. 니체는 원한에서 비롯된 노예도덕이 처음부터 '밖에 있는 것' '다른 것' '자기가 아닌 것'을 부정하며, 그러한 부정이 노예도

---

1) 김종갑, 『혐오, 감정의 정치학』 (서울: 은행나무, 2017), p. 167 참조.

덕의 창조적 행위라고 보았기 때문이다.2)

이 글에서 필자는 노예도덕을 니체가 '원한의 인간'(man of ressentiment)으로 지목한 '금욕주의적 성직자'(ascetic priest)의 지배의 도구라는 관점에서 분석한다. 니체가 자신의 계보학적 분석을 한마디로 '성직자의 심리학'이라고 부른 것은 그가 노예도덕의 실제 주체를 노예라기보다 금욕주의적 성직자로 파악한다는 것을 의미한다. 니체는 계보학적 분석을 통해 노예도덕의 창조자인 금욕주의적 성직자들의 생리학적 유형을 폭로하고 있는데, 그것은 노예도덕이 노예들의 삶의 조건에서 비롯된 도덕이 아니라 금욕주의적 성직자의 삶의 조건에서 비롯된 도덕, 곧 금욕주의적 성직자들에 의한, 그들을 위한, 그들의 도덕이라는 점을 보여준다.

또한 노예도덕의 실제 주체를 금욕주의적 성직자로 파악하는 것은 니체가 가치를 창조하는 행위를 "고귀함과 거리의 파토스"3)를 지닌 귀족의 특권이라고 보았기 때문이기도 하다. 고귀함의 감정이나 거리의 파토스는 더 높은 지배 종족이 더 낮은 하층민에게 지속적으로 가지는 감정을 의미하며, 그런 감정은 비천하고 억압받는 노예들의 삶의 조건으로부터 발생하는 것이 아니기 때문이다. 따라서 노예도덕의 발생 조건은 단순히 약자의 무력함과 그 무력함에서 생겨난 증오라는 물리적이고 신체적인 조건에만 귀속되는 것이 아니라 고귀함과 거리의 파토스에서 비롯된 가치평가의 주체로서 귀족이라는 성직자의 신분적 조건까지도 포함하는 것이 된다. 이런 점을 토대로 이 논문에서는 니체에 의해 유형화된 '주인도덕'(master morality)과 '노예도덕'의 대립을 주인계급과 노예계급, 또는 귀족과 천민의 계급적 대립으로 보기보다 기사귀족과 성직자귀족의 가치적이고 계층내적인 대립으로 파악한다.

---

2) 프리드리히 니체, 『도덕의 계보』, 김정현 역 (서울: 책세상, 2002), p. 367.
3) 같은 책, p. 354.

그리고 이러한 목적을 달성하기 위해 필자는 먼저 니체가 『도덕의 계보』에서 계보학적 탐구를 통해 노예도덕의 심리적 기원으로 제시한 '원한'(ressentiment) 개념에 주목한다.4) 『도덕의 계보』에서 니체는 도덕적 가치들을 문제 삼기 위해 그 가치들이 성장하고 발전하고 변화해 온 조건과 상황들을 검토하는데, 그 과정에서 니체가 주목하는 것이 바로 원한이라는 심리적 조건이다. 니체는 자신이 원한의 인간으로 파악한 금욕주의적 성직자의 생리학적 유형을 중심으로 원한의 근본적 특징들을 분석한다. 니체에게 금욕주의적 성직자는 '가장 무력한 자'이자 '가장 정신이 풍부한 증오자'이며,5) 자신들의 무력감에서 생겨난 증오에서 도덕에서의 가치 전도를 야기한 인물들이다. 이런 점에서 볼 때, 원한은 기본적으로 그 핵심에 고통이나 불만족, 또는 좌절된 욕망의 경험을 가진 심리적 조건으로 나타난다.6)

---

4) 『도덕의 계보』에 대해서는 국내외적으로 상당히 많은 연구가 이루어지고 있지만, 대체로 각 논문별 핵심주제를 해설하는 차원에서 이루어지고 있으며, 원한이나 원한의 도덕에 초점을 맞춘 국내의 연구는 별로 찾아보기 어렵다. 국내 연구로는, 백승영, 「니체『도덕의 계보』」, 『철학사상』, 별책 제5권, 제9호 (서울대철학사상연구소, 2005); 「양심과 양심의 가책, 그 계보의 차이」, 『철학』, 제90집 (한국철학회, 2007), pp. 107-33; 김주휘, 「인간학적 문제로서의 삶의 부정: 『도덕의 계보학』 2부 다시 읽기」, 『니체연구』 제18집 (한국니체학회, 2010), pp. 7-31; 김바다, 「니체의『도덕의 계보』에 관한 재검토: 1논문과 2논문을 중심으로」, 『니체연구』 제24집 (한국니체학회, 2013), pp. 266-303 참조. 원한 개념을 다루고 있는 연구로는 권정기, 「르상티망」, 『현상학과 현대철학』 제61집 (한국현상학회, 2014), pp. 65-90; 최정화, 「르상티망과 기독교적 윤리에 대한 재고」, 『원불교사상과 종교문화』 제59집 (2014), pp. 281-329; 서광열, 「니체의『도덕의 계보』에 나타난 도덕감정: 원한과 명랑성을 중심으로」, 『대동철학』 제85집 (대동철학회, 2018), pp. 97-125 등을 들 수 있다. 원한이나 원한의 도덕에 초점을 맞춘 국외의 연구로는 B. Reginster, "Nietzsche on Ressentiment and Valuation," in *Philosophy and Phenomenological Research* 57 (1997), pp. 281-305; M. Risse, "Origins of Ressentiment and Sources of Normativity," *Nietzsche Studien* Vol. 32 (2008), pp. 142-70; P. Poellner, "Ressentiment and Morality," in S. May ed., *Nietzsche's "On the Genealogy of Morality": A Critical Guide* (Cambridge: Cambridge University Press, 2011), pp. 120-41; G. Elgat, *Nietzsche's Psychology of Ressentiment* (New York, 2017); Sjoerd van Tuinen, ed., *The Polemics of Ressentiment* (London, 2018) 등이 있다.
5) 니체, 『도덕의 계보』, pp. 362-63.

다음으로 필자는 원한에 의해 전도된 가치평가들이 어떻게 금욕주의적 성직자의 지배를 위한 도구로 사용되는지를 『도덕의 계보』의 내용을 중심으로 크게 세 가지 측면에서 다룬다. 첫째, 가치 전도를 통한 도덕에서의 노예 반란은 노예들이 아니라 금욕주의적 성직자들에 의해 주도되었으며, 이는 기사귀족에게 빼앗긴 자신들의 권력을 되찾기 위한 금욕주의적 성직자들의 기만적 복수 전략이라는 것이다. 노예들은 금욕주의적 성직자들의 이러한 기만적 복수 전략에 동원되거나 포섭된 자들이지 그들이 노예도덕의 진정한 주체는 아니라는 것이다. 둘째, 발산되지 않은 잔인함의 본능을 스스로에게 방향을 돌리게 만들어 '양심의 가책'을 고안한 것은 금욕주의적 성직자들의 천재적인 권력 유지 전략이라는 것이다. 특히 스스로에게 고통을 주기 위해 고안한 양심의 가책을 신에 대한 부채 개념과 연루시킴으로써 그들은 인간의 동물적 본능 자체를 신에 대한 죄로 고쳐 해석하는 천재적인 능력을 발휘하게 되었다는 것이다.7) 셋째, 양심의 가책 또는 자기학대나 자기부정에의 의지에서 비롯된 비이기적인 가치를 하나의 이상으로, 곧 금욕주의적 이상으로 수립하여 퇴화된 삶을 보존하고 그 삶의 생존을 유지하기 위해 투쟁하는 것은 금욕주의적 성직자들이 자신의 지배를 영속화하기 위한 전략이라는 것이다. 다른 곳에 존재하고, 다른 삶을 살고 싶은 금욕주의적 성직자의 체화된 소망은 그를 실패자와 고통 받는 자의 무리를 생존에 묶어 두게 하는 힘으로 작용하게 된다는 것이다.

이런 분석을 바탕으로 필자가 도달한 결론은 두 가지다. 첫째, 노예도덕이 그 이름과는 달리 노예들의 삶의 조건에서 비롯된 '노예들을 위한 도덕'이 아니라 금욕주의적 성직자의 지배를 위한 도구라는 점이다. 둘째, 삶에 반대하는 삶을 추구한다는 점에서 노예도덕은 자연적 삶에

---

6) Poellner, "Ressentiment and Morality," p. 123.
7) 니체, 『도덕의 계보』, pp. 440-42 참조.

해로운 반자연적 도덕이며, 따라서 자연적 삶의 보존과 유지를 위해 제거되어야 할 도덕이라는 점이다. 결국 니체의 도덕 비판의 주된 표적은 노예도덕이며, 그의 도덕 비판은 원한의 인간인 금욕주의적 성직자에 의해 타락하고 왜곡된 도덕을 제자리로 되돌려 놓으려는 시도일 뿐이다.

2. 원한: 도덕 발생의 심리적 조건

니체는 노예도덕의 심리적 기원으로 원한 개념에 주목한다. 니체에 따르면 원한은 한마디로 격정적인 감정, 곧 "노여움, 병적인 예민함, 복수할 수 없는 무기력, 쾌락, 복수에 대한 갈망"[8]이다. 심리학적 견지에서 볼 때 원한은 단지 흔히 볼 수 있는 본능적인 정신상태의 하나일 뿐이며, 불쾌감의 원인으로 인지된 행위자에게 보복하려는 욕망을 포함한다.[9] 이처럼 그것은 특별히 복수심과 관련된 감정으로 인간에게, 특히 소진된 약한 자들에게는 가장 불리한 반응양식이면서도 동시에 자연스러운 성향이라는 점이다.[10] 니체는 자신이 오랜 병을 통해 원한의 진상을 규명했다고 말하면서 원한이 해로운 감정이기에 금지해야 하고, 극복해야 한다는 점을 강조한다.[11] 문제는 심리학적으로 자연스러운 감정이지만 해로운 감정이기에 금지해야 하고 극복해야 하는 원한이 도덕 발생의 조건으로 작용하게 되는 데 있다.

『도덕의 계보』에서 이루어지는 니체의 원한 분석은 바로 이 지점에 초점이 맞춰져 있다. 곧 원한이 어떻게 도덕 발생의 조건이 되었는지를

---

8) 니체, 『이 사람을 보라』, 백승영 역 (서울: 책세상, 2002), p. 342.
9) Elgat, *Nietzsche's Psychology of Ressentiment*, p. 24 참조.
10) 니체, 『이 사람을 보라』, p. 342 참조.
11) 같은 책, pp. 342-43 참조.

추적하는 것이 니체의 주된 관심사다. 그리고 이 관심에서 비롯된 니체의 원한 분석은 귀족과 노예, 곧 고귀한 유형과 노예 유형 사이의 구분을 더욱 정교하게 구분함으로써 수행된다. 레진스터(B. Reginster)가 잘 지적하고 있는 것처럼 니체는 귀족과 노예 사이의 근본적 구분을 위해 『도덕의 계보』에서 새로운 중요한 개선사항을 덧붙인다. 그것은 바로 귀족계급 내의 두 계층, 곧 정치적 권력을 놓고 경쟁하는 기사계층과 성직자계층을 구분하는 것이다.12) 이 구분에서 중요한 것은 기사계층의 강력한 신체성과 넘쳐흐르는 건강에 대비되는 성직자계층의 무력함과 그 무력함에서 잉태된 증오다. "[성직자들의] 무력함에서 태어난 증오는 기이하고 섬뜩한 것, 가장 정신적이고 독이 있는 것으로 성장한다."13)

폴너(P. Poellner)는 해석상의 여러 차이에도 불구하고 논쟁의 여지가 없는 원한의 특징을 다음과 같이 네 가지로 정리한다.14) 첫째, 원한은 고통, 불만족, 좌절된 욕망의 경험을 가진 심리적 조건으로 타자에 의해 야기되며 원한의 주체에 의해 경험된다. 둘째, 자신이 아닌 것을 고통의 원인으로 봄으로써 타자를 향한 증오를 유발한다. 셋째, 그 증오는 원한의 주체 안에서 지배나 우월성에 대한 욕구를 유발한다. 넷째, 원한의 주체는 자신의 고통이나 불만족을 제거할 새로운 가치평가의 틀을 생각해낸다. 폴너는 이러한 특징들 중에 보이는 몇몇 모호함을 찾아내어 구체적 유형으로 구분함으로써 노예도덕의 기원에 대한 니체의 계보학적 탐구가 도덕 비판, 곧 도덕적 가치에 대한 그의 부정적 판단과 밀접한 관련이 있다는 점을 보여준다.15) 그리고 원한과 정의 개

---

12) Reginster, "Nietzsche on Ressentiment and Valuation", pp. 285-86 참조.
13) 니체, 『도덕의 계보』, p. 362.
14) Poellner, "Ressentiment and Morality", pp. 123-24.
15) 폴너는 그가 정리한 원한의 특징 중 셋째, 넷째 특징의 모호함에 대해 좀 더 명확하게 유형화함으로써 니체가 비판의 대상으로 삼은 원한의 성격을 분명히 한다. 셋째 특징의 경우 원

념의 관계에 주목한 엘갓(G. Elgat)이 언급한 것처럼 도덕적 가치의 수치스러운 기원에 대한 니체의 분석이 옳다면, 그것은 우리가 그 가치들을 거부하고 또 그 가치들에 따른 우리의 삶을 멈출 충분한 이유가 될 것이다.16)

하지만 니체가 제안한 계보학적 탐구로부터 그의 도덕 비판을 구성하려는 시도는 종종 '발생적 오류'(genetic fallacy)의 문제를 야기한다. 발생적 오류는 계보학에 대한 흔한 비판의 하나로 볼 수 있는데, 대표적으로 네하마스(A. Nehamas)의 비판을 들 수 있다. 네하마스는 발생적 오류가 어떤 것의 기원과 그것의 본질이나 가치를 혼동하는 것에 해당한다고 본다. 그에 따르면 현재의 도덕적 가치에 대한 니체의 견해가 옳다고 해도 그것이 현재의 가치(이타주의나 유용성)를 선으로 식별해서는 안 된다는 것을 보여주는 것은 아니며, 니체가 그런 주장을 했다면 그가 발생적 오류에 빠진 것이라고 보았다.17)

발생적 오류의 문제와 관련해서 니체의 계보학적 방법의 정당성을 확보할 수 있는 유연한 길은 계보학적 방법의 중요성을 제한적으로 주장하는 것이다. 곧 도덕의 기원에 대한 계보학적 탐구가 도덕의 가치에 대한 비판이 아니라 그 비판을 위한 수단일 뿐이라는 것이다. "나는 그러한 가설을 단지 어떤 목적을 위한 것으로 생각했는데, 그것은 그 목적에 이르는 많은 수단 가운데 하나일 뿐이었다."18) 그리고 니체는 우

한의 주체의 우월성에 대한 욕구가 자신의 고통이나 불만족에 대한 것인지 고통의 원인으로 받아들여진 타자에 대한 것인지에 따라 자기긍정적 읽기와 대상지배적 읽기로 구분하고, 넷째 특징의 경우 새로운 가치평가의 틀이 의도적인 발명의 결과인지 의도하지 않은 욕구들의 결과인지에 따라 의도적 읽기와 비의도적 읽기로 구분한다. 이러한 구분을 통해 그는 대상지배의 의도적 기획(an intentional project of object mastery)으로서 원한을 니체의 공격 대상이 되는 도덕체계의 전형적인 특징으로 파악한다. Poellner, "Ressentiment and Morality", pp. 123-38 참조.

16) Elgat, *Nietzsche's Psychology of Ressentiment*, p. 1 참조.
17) 알렉산더 네하마스, 『니체: 문학으로서의 삶』, 김종갑 역 (서울: 책세상, 1994), p. 166 참조.

리의 가치평가와 선의 목록의 유래에 대한 탐구가 흔히 믿어지는 것처럼, 그것들에 대한 비판과 절대적으로 동일하지 않다는 점을 명확히 한다. 그는 『즐거운 학문』에서 영국의 도덕사가들이 저지르는 오류들을 지적하면서 다음과 같이 언급한다.

> 이들 중 보다 예민한 자들이 저지르는 오류는, …… [도덕의] 기원, 종교적 승인, 자유의지의 미신 등에 대한 대체로 어리석은 견해들을 발견하고 이것을 비판하는 것으로 도덕 자체를 비판했다고 잘못 생각한다는 데 있다. …… 도덕이 오류에서 생겨난다는 것은 가능한 일이다. 하지만 이에 대한 통찰이 도덕의 가치의 문제와 연관되는 것은 결코 아니다.19)

이처럼 니체는 그의 계보학적 탐구로부터 어떠한 직접적인 비판적 추론도 금하고 있기 때문에 발생적 오류의 책임을 지지 않는다는 점이다.20) 물론 그렇다고 해서 계보학적 탐구의 중요성이 축소되는 것은 아니다. 계보학적 탐구는 그 자체로 도덕적 가치에 대한 비판은 아니지만, 그 비판에 꼭 필요한 "이러한 가치들이 성장하고 발전하고 변화해 온 조건과 상황에 대한 지식"21)이기 때문이다.

그리고 도덕의 기원에 대한 니체의 계보학적 탐구가 그의 도덕 비판에서 가장 기여하는 부분이 있다면, 그것은 레진스터가 언급한 것처럼 기원에 대한 지식이 그 도덕의 창조자들, 곧 금욕주의적 성직자들의 '생리학적 유형'을 폭로해준다는 데 있을 것이다.22) 그들은 생리학적

---

18) 니체, 『도덕의 계보』, p. 343.
19) 니체, 『즐거운 학문』, 안성찬 · 홍세현 역 (서울: 책세상, 2005), p. 326 참조. (고딕은 원문의 강조.)
20) B. Reginster, *The Affirmation of Life: Nietzsche on Overcoming Nihilism* (Cambridge, 2006), p. 198 참조.
21) 니체, 『도덕의 계보』, pp. 344-45.
22) Reginster, *The Affirmation of Life: Nietzsche on Overcoming Nihilism*, p. 199 참조.

타락과 무력감에서 비롯된 증오에서 성장한 '가장 정신이 풍부한 증오자'23), 곧 원한의 인간이다. 니체가 『도덕의 계보』를 관통하는 핵심 개념으로 원한을 제시하면서 그 원한의 과정을 스스로 '성직자 심리학'24)의 전개로 주장하는 이유도 바로 여기에 있다. 그것은 가치 전도된 도덕적 가치들이 원한의 인간인 그들에게서 비롯되었을 뿐만 아니라 노예도덕이라는 하나의 도덕체계가 발생하기 위해서도 금욕주의적 성직자라는 매개체가 필요했기 때문이다. 곧 노예도덕의 발생 조건은 단순히 약자의 무력함과 그 무력함에서 생겨난 증오라는 물리적이고 신체적인 조건에만 귀속되는 것이 아니라 고귀함과 '거리의 파토스'에서 비롯된 가치평가의 주체로서 귀족이라는 성직자의 신분적 조건까지도 포함되어야 하기 때문이다.25)

3. 노예도덕에서 금욕주의적 성직자의 역할

『도덕의 계보』에서 니체의 핵심 주장은 도덕적 가치들이 그가 원한이라고 부르는 특정한 심리적 조건에서 생겨난다는 것이다. 첫 번째 논문에서 니체는 가치 전도와 도덕에서의 노예 반란을 설명하고, 두 번째 논문에서는 양심의 가책과 그것의 도덕화에 대해, 그리고 세 번째 논문에서는 금욕주의적 성직자의 형식에서의 금욕주의적 이상을 분석한다. 이 과정에서 원한은 그 모든 것의 출발점이 되며, 이 과정을 주도적으

---

23) 니체, 『도덕의 계보』, pp. 362-63.
24) 니체, 『이 사람을 보라』, p. 442.
25) 성직자들의 고귀함에 대한 문헌적 연구는 R. L. Anderson, "On the Nobility of Nietzsche's Priests", in Simon May, ed., *Nietzsche's "On the Genealogy of Morality": A Critical Guide* (Cambridge, 2011), pp. 24-55; A. Snelson, "The History, Origin, and Meaning of Nietzsche's Slave Revolt in Morality", in *Inquiry: An Interdisciplinary Journal of Philosophy* 60 (2017), pp. 1-30 참조.

로 끌어가는 것이 원한의 인간인 금욕주의적 성직자다.26) 금욕주의적 성직자는 노예들을 동원하고 포섭하여 도덕에서의 노예 반란을 주도하고, 양심의 가책을 발명하여 노예들이 벗어날 수 없도록 죄책감을 심어주고, 금욕주의적 이상을 수립함으로써 결국 노예들을 원한의 삶으로 이끌기에 이른다. 그렇다면 금욕주의적 성직자들이 이 모든 과정을 주도적으로 이끌어가도록 추동한 주된 심리적 동력은 무엇인가?

레진스터는 니체가 성직자 심리학이라고 명명한 원한의 인간의 심리적 조건에 대한 니체의 설명을 크게 세 가지 특징으로 정리한다. 첫째, 원한의 인간은 그가 가장 가치 있다고 생각하는 어떤 종류의 삶을 살기를 원한다. 곧 금욕주의적 성직자는 귀족계급의 일원으로서 정치적 권력을 원한다. 둘째, 원한의 인간은 이 열망을 성취할 수 없는 자신의 완전한 무력함을 인식하게 되며, 그는 자신의 약함에 의해 억제된다. 셋째, 그럼에도 불구하고 그는 지배에 대한 욕구나 그에게 온전히 남아 있는 '힘에의 의지'(will to power)를 유지한다. 그는 여전히 귀족적 고귀함의 소유자로서 정치적 권력에 전념하며, 그것을 성취하지 못한 자신의 무능함에 대해 스스로 체념할 수 없다.27)

레진스터의 주장처럼 우리는 그것의 역사적 타당성 여부와는 별개로, 성직자 계층이 귀족계급의 일원으로서 정치적 권력을 원한다는 것으로부터 어떤 심리적 교훈을 얻을 수 있다.28) 그것은 성직자 계층이 그들의 무력함에도 불구하고 이 정치적 권력 경쟁에서 그의 승리한 라이벌인 전사들을 향한 증오를 키울 뿐만 아니라 여전히 정치적 권력에

---

26) 레진스터도 언급하듯이 니체가 『도덕의 계보』에서 도덕의 기원을 설명하면서 주인과 노예, 또는 귀족과 노예라는 구분에 더해 귀족계급 내에서 정치적 권력을 놓고 경쟁하는 전사계층과 성직자계층을 구분한 것은 그런 점에서 의미심장하다고 볼 수 있다. Reginster, *The Affirmation of Life: Nietzsche on Overcoming Nihilism*, p. 253 참조.
27) Reginster, *The Affirmation of Life: Nietzsche on Overcoming Nihilism*, p. 254.
28) 같은 책, p. 253 참조.

대한 욕구를 버리지 않는다는 점이다.29) 곧 무력함에서 비롯된 증오와 여전히 정치적 권력에 대한 욕구를 버리지 않은 그들의 지배욕이 결합하여 바로 상상의 복수를 감행하게 되었다는 것이다. 그 상상의 복수는 자신의 적들과 압제자들에 대해 오직 그들의 가치를 전도시키는 가장 정신적인 복수 행위로 드러나게 된다.30) 이 과정에서 노예로 대변되는 약자들은 종종 노예 반란의 주체거나 아니면 적어도 성직자 계층과 결탁한 공동정범으로 취급받아 왔다.31) 이 논문에서는 노예도덕의 주체로서 원한의 인간인 금욕주의적 성직자의 주도적 역할에 주로 초점을 맞추고 있지만, 그 이면에는 그 이름 때문에 도덕 반란의 주체로 억울한 누명을 뒤집어쓴 약자 집단으로서 노예들의 명예회복을 꾀하는 측면도 있다. 곧 노예들은 금욕주의적 성직자가 연출한 이 기만적인 복수극에 포섭되어 동원된 배우이자 결국은 그들의 타락한 지지자들이 될 수밖에 없었던 비운의 주인공들이라는 것이다. 정치적 지배의 관점에서 금욕주의적 성직자들의 주도적 역할에 주목하여 『도덕의 계보』의 각 논문의 내용들을 다음과 같이 간략히 요약할 수 있다.

첫째, 가치 전도된 선악의 가치평가는 기사 귀족의 가치평가 방식에

---

29) 이런 점에서 이 글에서는 도덕적 대립의 성격을 주인계급과 노예계급, 또는 귀족과 천민의 존재적인 또는 계급적인 대립으로 보기보다 기사 귀족과 성직자 귀족의 가치적이고 계층내적인 대립으로 이해한다.
30) 니체, 『도덕의 계보』, p. 363.
31) 도덕에서의 노예 반란은 전통적으로 정치적, 심리적으로 비천한 억압받는 사람들의 복수행위로 해석되었다. 이 해석에 따르면 성직자는 정치적 권력의 상실과 함께 귀족의 심리적 고귀함을 상실하고 심리적 노예로 전락한 존재로 치부된다. 대표적으로 로엡(P. S. Loeb)은 귀족으로서 성직자를 노예도덕의 주동자로 보는 견해에 대해 체계적으로 비판한다. 노예 반란의 주체를 둘러싼 논쟁에 대해서는 P. S. Loeb, "The Priestly Slave Revolt in Morality", *Nietzsche Studien* 47 (2018), pp. 100-139; R. L. Anderson, "On the Nobility of Nietzsche's Priests", in Simon May, ed., *Nietzsche's "On the Genealogy of Morality": A Critical Guide* (Cambridge, 2011), pp. 24-55; S. Jenkins, "Ressentiment, Imaginary Revenge, and the Slave Revolt", in *Philosophy and Phenomenological Research* 95 (2017), pp. 1-22 참조.

대립한 성직자 귀족의 가치평가 방식이며, 그들의 무력감에서 비롯된 증오에서 성장한 것이다.32) 따라서 도덕에서의 노예 반란은 노예들이 아니라 기사 귀족에게 빼앗긴 권력을 되찾아오기 위해 성직자 귀족이 일으킨 그들의 기만적인 복수 전략이다. 가치 전도를 통한 복수는 실제적인 반응이나 행위에 의한 반응을 포기한 상상의 복수이며,33) 노예들은 금욕주의적 성직자들의 이러한 기만적인 복수 전략에 동원되거나 포섭된 자들이지 그들이 노예도덕의 진정한 주체는 아니다.

둘째, 발산되지 않은 잔인함의 본능을 스스로에게 방향을 돌리게 만들어 양심의 가책을 고안한 것은 금욕주의적 성직자들의 천재적인 권력 유지 전략이다. 죄와 의무라는 개념을 도덕화함으로써, 곧 스스로에게 고통을 주기 위해 고안한 '양심의 가책'을 신에 대한 부채 개념과 연루시킴으로써, 금욕주의적 성직자들은 신에 대한 죄책감을 고문의 도구로 삼고, 인간의 동물적 본능 자체를 신에 대한 죄로 고쳐 해석하는 천재적인 능력을 발휘하게 되었다는 것이다.34)

셋째, 비이기적인 가치를 하나의 이상으로 수립하여 퇴화된 삶을 보존하고 그 삶의 생존을 유지하기 위해 투쟁하는 것은 금욕주의적 성직자들이 자신의 권력을 영속화하기 위한 전략이다. 금욕주의적 이상이 표현하는 것은 인간에 대한, 그리고 동물적인 것과 물질적인 것에 대한 증오, 관능과 이성 자체에 대한 혐오, 행복과 아름다움, 그리고 모든 욕망 자체로부터 도망치려는 욕망, 곧 허무를 향한 의지, 삶의 근본적 전제들에 대한 반발이다.35) 하지만 다른 곳에 존재하고 싶은, 다른 삶을 살고 싶은 금욕주의적 성직자의 이 체화된 소망은 그를 실패자와

---

32) 니체, 『도덕의 계보』, p. 362.
33) 같은 책, p. 367.
34) 같은 책, pp. 440-42 참조.
35) 같은 책, p. 541.

고통 받는 자의 무리를 생존에 묶어 두게 하는 힘으로 작용하게 된다.36)

이처럼 금욕주의적 성직자의 원한의 가치평가에서 비롯된 노예도덕, 원한의 도덕화 과정은 양심의 가책을 발명하여 그것을 신에 대한 부채와 결부시켜 노예들에게 죄 감정을 내면화함으로써 결국 노예들이 '삶을 부정하는 삶'이라는 '원한의 삶'을 긍정하도록 하는 것으로 마무리된다.

4. 누구를 위한 도덕인가?

이런 분석을 토대로 이 글이 도달한 결론은 두 가지다. 첫째, 노예도덕이 그 이름과는 달리 노예들의 삶의 조건에서 비롯된 노예들을 위한 노예들의 도덕이 아니라 금욕주의적 성직자의 지배의 도구라는 점이다. 그 이유는 노예도덕이 '원한의 인간'의 창조물이기 때문이다. 니체에 따르면 그것은 원한 자체가 강자든 약자든 사로잡혀서는 안 되고 해소시켜야 하는 해로운 감정이며, 특히 소진된 자, 무력한 자에게는 가장 자연스러운 성향이기는 하지만 그 자체로 금해야 하는 악이기 때문에37) 원한에서 비롯된 도덕, 곧 노예도덕은 노예 자신들을 위한 도덕일 수 없으며, 오직 노예를 동원하고 포섭하기 위한 금욕주의적 성직자들의 지배의 도구가 될 뿐이라는 것이다.

그런 점에서 노예도덕은 강자들에게만 해로운 도덕이 아니라 오히려 약자들의 집합인 노예들에게도 해로운 도덕이 된다. 『도덕의 계보』「서문」에서 니체가 도덕적 가치의 가치에 대한 평가 기준을 분명하게 제

---

36) 같은 책, pp. 484-85.
37) 니체, 『이 사람을 보라』, pp. 341-43 참조.

시하고 있는 것처럼, 니체가 도덕의 가치를 문제 삼은 것은 그것이 인간의 성장을 촉진하는 데 기여하기보다 인간의 성장을 실현하는 데 해롭기 때문이라는 점은 명백하다.

> [도덕적] 가치 판단들 자체는 어떤 가치를 가지고 있는 것일까? 그것은 이제까지 인간의 성장을 저지했던 것일까 아니면 촉진했던 것일까? 그것은 삶의 위기와 빈곤, 퇴화의 징조인가? 아니면 반대로 거기에는 삶의 충만함, 힘, 의지가, 그 용기와 확신이, 그 미래가 나타나 있는가?38)

문제는 도덕의 해로운 영향이 누구에게 미치는가에 대해 여전히 이견이 존재한다는 것이다.39) 특히 문제가 되는 것은 라이터(B. Leiter)의 경우처럼 도덕의 영향이 노예로 대변되는 약자를 제외한 채 더 높은 유형의 인간으로 대변되는 강자에게만 해롭다는 점에 초점을 맞추는 데 있다.40) 이런 주장은 도덕에서의 가치 대립을 주인과 노예, 또는 강자와 약자의 계급적 대립으로 파악하기 때문으로 보이며, 이는 그 과정에서 금욕주의적 성직자의 주도적 역할을 과소평가한 것이라고 볼 수 있다.41) 니체에 따르면, 원한의 방향 변경은 병든 영혼의 역사에서

---

38) 니체, 『도덕의 계보』, pp. 340-41 참조. (고딕은 원문의 강조.)
39) 로버트슨(S. Robertson)은 니체의 도덕 비판과 관련한 주제를 비판의 범위 문제와 내용 문제로 구분한다. 로버트슨은 니체의 우선적인 이의제기가 도덕이 가진 영향에 있다고 보며, 이에 대한 다른 해석의 흐름을 소개한다. 로버트슨에 따르면 대표적으로 라이터(B. Leiter)의 경우 도덕이 더 높은 인간 유형, 곧 강자에게 해를 끼친다고 주장하는 반면, 오웬(D. Owen)이나 라이들리(A. Ridley)의 경우는 도덕이 특정한 유형보다는 모든 인간에게 영향을 끼친다고 본다. S. Robertson, "Nietzsche's Ethical Revaluation", *Journal of Nietzsche Studies*, Issue 37 (2009), p. 66.
40) B. Leiter, *Nietzsche: On Morality* (New York, 2002), p. 23.
41) 금욕주의적 성직자와 노예로 대변되는 약자를 유형적으로 구분할 필요가 있다. 니체가 원한의 인간으로 규정하는 것은 금욕주의적 성직자이지 노예로 대변되는 약자들은 아니다. 금욕주의적 성직자에게 노예는 자신들의 권력을 되찾아올 노예 반란에 동원된 자들일 뿐이며, 권력 쟁취 후에는 자신들의 안정적 권력 유지를 위한 지배의 대상일 뿐이다. 노예는 그들의 지배하에서 결국 병자로, 죄인으로 전락할 뿐이기 때문이다.

가장 커다란 사건이며,42) 이를 해낸 것이 바로 금욕주의적 성직자다. "성직자란 **원한의 방향을 변경시킨 자이다**."43) 이 원한의 방향 변경으로 인해 노예들은 고통에 신음하는 병자로, 더 나아가 자신의 고통 자체를 벌로 이해하는 죄인으로 전락하게 되는 것이다. 그리고 이 모든 것이 성직자의 최상의 권력의 도구인 금욕주의적 이상이 승리하는 데 이용되었던 것이다.44)

둘째, 금욕주의적 성직자의 지배의 도구로서 노예도덕은 가치가 전도된 반자연적 도덕이라는 점에서 자연적 삶에 해로운 도덕이며, 따라서 제거되어야 할 도덕이라는 것이다. 이를 제거하기 위해 니체가 필요하다고 본 것이 바로 도덕의 자연성을 회복하는 것이다.

> 도덕에서의 모든 자연주의, 말하자면 모든 **건강한** 도덕은 특정한 삶의 본능이 지배한다. 삶의 계명들은 '해야 한다'와 '해서는 안 된다'라는 특정한 규범으로 가득 차 있고, 이러면서 삶의 노정에서 나타나는 방해나 적대 행위가 제거된다. **반자연적인** 도덕, 즉 지금까지 가르쳐지고 경외되고 설교되어온 거의 모든 도덕은 이와는 반대로, 다름 아닌 삶의 본능들에 **적대적이다**.45)

이러한 요구는 니체의 도덕 비판의 기획이 단순히 도덕 자체를 폐기하거나 모든 도덕을 부정하는 데 있는 것이 아니라는 점을 말해준다. 니체의 도덕 비판의 궁극적 목표는 '도덕의 자연성 회복'을 통한 '도덕의 자기 극복'(self-overcoming of morality)에 있기 때문이다.

니체가 원한을 문제 삼는 이유는 단순하다. 그것은 삶의 도구여야 할 도덕이 원한의 인간인 금욕주의적 성직자의 농간에 따라 원한의 도구

---

42) 니체, 『도덕의 계보』, p. 512.
43) 같은 책, p. 493. (고딕은 원문의 강조.)
44) 같은 책, pp. 512-14 참조.
45) 니체, 『우상의 황혼』, p. 109. (고딕은 원문의 강조.)

가 되었기 때문이다. 따라서 니체의 도덕 비판은 도덕이 원한의 도구가 아닌 삶의 도구로 원래의 모습을 회복하는 것을 의미하며, 도덕의 자연성 회복은 원한의 도덕에서 삶의 도덕으로의 전환을 의미한다. 니체의 『도덕의 계보』는 원한의 인간에게서 비롯된 노예도덕이 도덕 개념을 어떻게 타락시키고, 또 인간을 어떻게 약화시키는지를 보여주는 하나의 고발 프로그램과 같은 것이다.46) 물론 니체의 도덕에 대한 계보학적 고발이 그 자체로 도덕 비판의 내용을 구성하는 것은 아니지만, 이러한 고발을 통해 니체가 궁극적으로 보여주고자 하는 것은 결국 도덕을 원래 삶의 자리로 되돌려놓으려는 것뿐이다.

5. 나가는 말

이 글은 오늘날 우리 사회뿐만 아니라 전지구적으로 만연한 혐오 문화가 개인의 삶을 파괴할 뿐만 아니라 사회의 분열을 조장함으로써 결국 인간에 대한 신뢰 자체를 허물어뜨려 우리 모두의 삶을 위험에 빠트릴 수 있다는 점에서 이에 대한 해결책과 대안을 찾는 것이 시급하고 중요하다는 문제의식에서 출발했다. 필자는 혐오 문화의 근본 원인으로 니체가 『도덕의 계보』에서 비판한 노예도덕을 지목했는데, 그것은 혐오 문화가 타인에 대한 배타적 감정을 자신의 삶의 조건으로 삼는 것처럼, 노예도덕도 '밖에 있는 것' '다른 것' '자기가 아닌 것'을 부정하고, 그런 부정을 도덕적 창조 행위로 보았다는 점 때문이다. 니체

---

46) 니체는 『도덕의 계보』 이후 노예도덕이라는 용어를 더 이상 사용하지 않는다. 그는 주인도덕과 대립하는 도덕 유형을 이제 기독교 도덕이라는 이름으로 대체한다. 이런 점에서 원한의 도덕과 노예도덕, 그리고 기독교 도덕은 금욕주의적 성직자에서 비롯된 같은 도덕의 다른 이름들이라고 할 수 있다. 니체, 『바그너의 경우』, 백승영 역 (서울: 책세상, 2002), p. 67 참조.

는 계보학적 탐구를 통해 '원한'을 노예도덕의 심리적 기원으로 파악하는데, 이를 위해 그는 자신이 원한의 인간으로 지목한 금욕주의적 성직자들의 생리학적 유형을 분석한다. 필자는 원한과 노예도덕의 연관성에 주목한 니체의 계보학적 분석이 우리 사회에 만연한 혐오 문화의 극복을 위한 단초를 제공할 수 있을 것으로 보았다.

필자는 원한으로부터의 도덕의 기원에 대한 니체의 계보학적 탐구가 그 자체로 도덕에 대한 비판을 수행한 것이 아니라 본격적인 그의 도덕 비판을 위한 준비과정으로서 의의가 있다고 보았다. 니체는 도덕에 대한 계보학적 탐구를 통해 원한의 인간인 금욕주의적 성직자의 생리학적 유형을 폭로함으로써 그의 도덕 비판의 초석을 놓는데, 필자는 니체가 금욕주의적 성직자의 왜곡된 원한 표출방식을 문제 삼은 데 주목했다. 원한이라는 감정이 약자에게는 가장 자연스러운 성향이면서도 그 자체로 금해야 하는 해로운 것이라는 점에서, 원한의 왜곡된 표출방식을 약자 전체가 공유하는 성향이라기보다 특정한 약자, 곧 권력투쟁에서 밀려난 자의 복수심이나 증오심 같은 심리상태를 반영한 것으로 이해했다. 이런 점에서 보면 원한은 아예 권력 근처에는 가본 적 없는 진짜 힘없는 자들의 체념이나 슬픔과 같은 더 근원적인 심리상태와는 다른 것으로 이해될 수 있다. 물론 체념이나 슬픔은 힘없는 민중의 근원적 심리상태로서 '한'(恨)이라는 우리 고유의 표현을 통해 더 잘 이해될 수 있을 것이다. 이처럼 원한의 왜곡된 표출방식을 이해함으로써 우리는 향후 '원한'과 '한'의 대비를 통해 원한을 다루는 더 건강한 방식에 대한 단초를 얻을 수 있을 것이다.

또한 이 글에서 필자는 노예도덕을 금욕주의적 성직자의 정치적 지배의 도구라는 관점에서 접근했다. 이것은 원한의 인간인 금욕주의적 성직자를 노예도덕의 진정한 주체로 파악하는 것을 전제한 것이다. 그동안 노예도덕의 주체로 이해되어 왔던 노예들은 노예도덕의 주체라기보다 성직자의 정치적 지배의 대상으로 전락한 자들에 불과하다고 보았다. 물론 원한의 가치평가에 포섭되어 노예 반란의 공동 주체로 동원된 노예들의 경우 성직자들의 타락한 지지자로서 원한의 인간의 대열에 합류한 것으로 볼 수 있겠지만, 그렇다고 해서 모든 노예가 다 원한의 인간으로 취급되는 것은 아니기 때문이다. 이 글에서는 이러한 접근을 통해 지금까지 당연하게 노예도덕의 주체로 취급되었던, 그래서 도덕에서의 노예 반란의 주동자로 매도되어 왔던 노예로 대변되는 약자들을 도덕적 차원에서 긍정적으로 새롭게 규정할 수 있는 가능성을 타진했다. 이러한 논의는 앞으로 노예로 대변되는 약자가 지닌 도덕적 잠재력을 긍정적으로 평가할 수 있는 길을 여는 데 기여할 수 있을 것이며, 이를 통해 우리 사회 약자들의 건강한 도덕적 삶의 가능성에 대한 비전도 발견할 수 있을 것이다.

제9장
니체는 왜 기독교를 탄핵했나?

1. 들어가는 말

이 글에서 필자는 니체(F. Nietzsche)의 기독교 비판에 주목하고, 니체의 기독교 비판에 대한 더 나은 하나의 해석을 제안한다.[1] 그것은 한마디로 니체의 기독교 비판이 그의 도덕 비판의 연장선에서 이해되어야 할 뿐만 아니라 그의 '도덕적 자연주의'(moral naturalism)의 최

---

[1] 니체의 기독교 비판에 대한 연구는 국내외를 막론하고 대체로 니체의 기독교 비판의 입장을 충실히 반영하거나 아니면 기독교를 옹호하는 차원에서 니체의 주장을 비판하는 논의가 주를 이루며, 몇몇 독특한 방식으로 접근하는 경우가 있기는 하지만, 니체의 도덕 비판과의 연관성 아래 그것을 도덕적 실천의 차원에서 다룬 경우는 찾기 어렵다. 국외 연구의 경우, 니체와 기독교 사이의 연관성에 주목한 연구로 K. 야스퍼스, 『니체와 기독교』, 이진오 역 (서울: 철학과현실사, 2006)이 있고, 기독교를 옹호하는 입장에서 니체의 기독교 비판의 문제점을 비판적으로 다루는 대표적 연구로 Max Scheler, *Ressentiment*, Tran. Lewis A. Coser (Milwaukee: Marquette University Press, 1994)가 있다. 또 『안티크리스트』에서 니체의 유대교 비판 문제를 해결하기 위해 고대와 현대의 유대인과 19세기 기독교적 유대인을 구분하여 다룬 연구로 Weaver Santaniello, "Nietzsche's *Antichrist*: 19th-Century Christian Jews and Real 'Big Lie'," *Modern Judaism* 17, No. 2 (May 1997), pp. 163-77이 있다. 국내 연구로는 김정현, 「니이체의 원시기독교 비판」, 『니이체연구』 제2집 (한국니이체학회, 1996), pp. 157-89; 문성학, 「니체의 기독교 비판: 그 정당성에 대한 검토」, 『철학논총』 제16권 (새한철학회, 1999), pp. 25-53; 최순영, 「니체의 기독교 이해에 대한 비판적 고찰」, 『니체연구』 제14집 (한국니체학회, 2008), pp. 9-49; 정낙림, 「니체는 안티크리스트인가? 야스퍼스의 해석을 중심으로」, 『철학연구』 제126집 (2013. 5), pp. 345-76; 권정기, 「니체의 기독교 비판과 세속적 신정론」, 『종교와 문화』 제26호 (서울대학교 종교문제연구소, 2014), pp. 23-53 등이 있다.

종 결과물로서 이해되어야 한다는 것이다. 니체의 기독교 비판을 그의 도덕적 실천의 결과물로 이해하기 위해서는 그의 도덕 비판의 중층적 성격에 주목하고, 그의 도덕철학에 담긴 규범적 함의를 파악하는 것이 필요하다. 그 스스로 언급하는 것처럼 그의 도덕 비판은 단순히 도덕을 거부하고 부정하기 위한 것만이 아니며, 오히려 도덕에 충실하기 위한 것이다.2) 여기에는 도덕에서의 자연주의적 전환이 동반된다. 이 전환을 통해 도덕은 자연성을 회복하고 자연성을 회복한 도덕은 기존의 반자연적 (절대적이고 정언적인) 규범성과는 성격을 달리하면서도 여전히 자연적 (삶의 보존과 성장의 조건으로서 복종해야 하는) 규범성을 견지하며, 이러한 전환을 토대로 니체는 '도덕의 자기 극복'(self-overcoming of morality)이라는 비밀스러운 작업을 진행한다.3) 이런 점에서 기독교 도덕과 그것의 온상인 기독교에 대한 니체의 비판은 기독교에 대한 니체의 개인적 원한감정의 표출이거나 아니면 모든 도덕을 부정하는 그의 반도덕적 특징을 보여주는 실례로서 이해되기보다 도덕의 자연성 회복을 통한 그의 도덕적 실천의 일환이라고 보는 것이 더 적절할 것이다.

이를 위해 필자는 크게 세 가지 점을 중점적으로 다룬다. 첫째, 니체의 기독교 비판에 대한 기존의 논의를 비판적으로 검토한다. 이 글에서는 대표적으로 칼 야스퍼스(K. Jaspers)와 막스 셸러(M. Scheler)의 해석을 다룬다. 야스퍼스와 셸러의 해석은 예수와 바울의 기독교를 구분하느냐 하지 않느냐에서 중요한 차이를 보이기는 하지만, 기본적으로 니체의 비판으로부터 기독교를 옹호하려는 의도에서 이루어진 것이며, 대체로 초월을 거부하는 니체의 심리학 중심의 자연주의적 접근방식을 문제 삼는 식으로 이루어진다. 니체의 기독교 비판에 대한 기독교

---

2) 프리드리히 니체, 『아침놀』, 박찬국 역 (서울: 책세상, 2004), p. 15.
3) 니체, 『선악의 저편』, 김정현 역 (서울: 책세상, 2002), p. 62.

옹호적인 이러한 전통적 논의의 흐름은 최근까지도 지속적으로 이어지고 있다. 하지만 그 논의들 역시 예수와 바울의 기독교를 구분하는 것과 상관없이 공통적으로 니체의 비판으로부터 기독교를 옹호하려는 의도 아래 초월을 거부하는 니체의 자연주의적 접근방식을 핵심적으로 문제 삼는다는 점에서 야스퍼스와 셸러의 논의의 틀을 벗어나지 않는다.

둘째, 니체가 기독교를 비판하는 이유를 『안티크리스트』(*Der Antichrist*)를 중심으로 살펴본다. 니체가 기독교를 비판한 이유는 단지 기독교가 원한에서 비롯되었기 때문이 아니다. 그것은 실제 기독교가 삶에 끼치는 해악의 측면, 곧 원한의 반자연적 징후나 그것의 삶-부정적 결과 때문이다. 이 글에서는 『안티크리스트』를 중심으로 니체가 삶에 대한 기독교의 해악으로 지목한 세 가지 점에 주목한다. ① 기독교는 '동정'의 종교다. 동정은 생명력의 총체적 손실을 초래하여 삶을 위협하는 허무주의적 실천임에도 기독교 도덕은 동정에 의거해서 몰락하고 도태되어야 할 것을 보존할 뿐만 아니라 심지어 동정을 모든 덕의 토대이자 근원으로 만든다는 것이다. ② 기독교는 '오만'과 '허위'라는 신학자-본능의 산실이다. 신학자-본능은 자신의 광학을 신성한 것으로 만듦으로써 다른 종류의 광학의 가치를 부정하고, 실재성에 대한 증오에서 가치판단을 뒤집는 가장 지하적인 형식의 허위라는 것이다. 그래서 니체는 이 신학자-본능에 길을 열어준 칸트를 철학적 데카당스라고 비판한다. ③ 가장 중요한 점으로, 기독교는 '반자연'이다. 기독교가 반자연인 이유는 기독교가 만들어낸 허구세계가 전적으로 실재성을 결여하고 있을 뿐만 아니라 오히려 실재성을 왜곡하고 탈가치화하고 부정하기 때문이다. 니체는 이 실재성에 대한 증오를 바탕으로 실재성을 변질, 왜곡시킨 주범으로 금욕주의적 성직자를 지목한다.

셋째, 이러한 논의를 토대로 이 논문에서는 니체의 기독교 비판을 삶에 대한 해악을 제거하는 도덕적 자연주의의 차원에서, 곧 그 자신의 도덕적 실천의 결과물이라는 데 초점을 맞춰 검토한다. 니체의 기독교 비판은 도덕의 자기 극복을 추구하는 그의 도덕 비판과 관련이 있으며, 철저하게 규범적 실천의 차원에서 그 자신의 자연주의적 도덕철학의 입장을 반영한 결과물이라는 것이다. 물론 니체의 도덕 비판은 중층적 성격을 띠며, 이를 파악하기 위해서는 그것을 도덕이론 비판과 실제 도덕 비판으로 구분해서 다룰 필요가 있다. 도덕이론 비판이 도덕의 정초를 추구하는 '도덕주의' 또는 '도덕적 이상주의'에 대한 이론적 비판이라면, 실제 도덕 비판은 니체가 원한의 도덕으로 규정하는 노예도덕, 구체적으로는 도덕에서의 노예 반란을 통해 지배적인 도덕의 지위를 획득한 '기독교 도덕'에 대한 비판이다. 니체가 기독교 도덕의 원천인 기독교를 비판하고 심지어 탄핵하는 이유가 바로 여기에 있다. 니체가 보기에 기독교는 인류의 삶의 지반을 훼손하는 가장 크고 가장 위험한 반자연에 해당하며, 따라서 니체는 자연적 도덕의 이름으로 삶에 대한 해악을 제거하는 차원에서 기독교를 탄핵하는 것이다.

2. 니체의 기독교 비판에 대한 기존 논의들

니체가 기독교에 대해 양가적 태도를 취하고 있고 또한 최근 니체와 기독교에 대한 심층적이고 다차원적 이해가 이루어지고 있다는 점에서 단순히 니체가 자신의 주장대로 안티크리스트냐 아니면 야스퍼스의 주장처럼 은밀한 기독교의 옹호자냐 하는 논쟁이나, 니체의 기독교 비판이 유신론적이냐 무신론적이냐 하는 기존의 전통적인 이분법적 논쟁은 편협하고 배타적인 자기정당화의 논리에 사로잡혀 있거나, 소모적이고 비생산적인 측면이 있다.4) 니체의 기독교 비판에 담긴 함의와 관련해서도, 『안티크리스트』에서 니체의 기독교 비판을 단순히 예수의 참된 기독교를 교회나 교리에 의해 전도된 기독교로부터 해방시키는 투쟁으로, 곧 "근원적 기독교의 재발견"5)이라는 점에서 찾는다든지, 아니면 "기독교에 대한 유익한 도발"6)로서 읽을 가치가 있다는 식으로 보는 기독교 중심적인 평가 역시도 『안티크리스트』를 최종적으로 '모든 가치 전도'의 완성으로 생각한 니체 자신의 철학적 과제의 차원에서 볼 때,7) 적절한 평가라고 보기 어렵다. 니체가 일생을 두고 대결을 벌인 대상이 기독교라는 점에서, 기독교를 재평가하는 것은 가치 전도라는 그의 철학적 기획에서 당연히 중요한 부분을 차지하겠지만, 『안티크리스트』에서 기독교 비판을 법적 탄핵의 수준으로 마무리할 정도로 과도해 보이는 니체의 격렬한 대응은 단순히 기독교를 재평가하는 것으로만 이해하기에는 힘든 점이 있다.

이런 점에 주목하면서, 이 글에서는 니체의 기독교 비판을 바라보는 대표적인 시각을 크게 두 가지로 구분하여 살펴본다. 하나가 야스퍼스

---

4) 김정현, 「니이체의 원시기독교 비판」, p. 3; 정낙림, 「니체는 안티크리스트인가」, p. 348 참조.
5) 김정현, 「니이체의 원시기독교 비판」, p. 29.
6) 오이겐 비저, 『신의 추구자이냐 반 그리스도이냐: 니체의 기독교 비판』, 정영도 역 (서울: 이문출판사, 1990), p. 10.
7) 물론 『안티크리스트』를 니체의 최종적인 철학적 과제로서 '모든 가치 전도'의 완성으로 볼 것이냐 아니면 그것의 첫 번째 작업으로 볼 것이냐 하는 문제에 대한, 곧 '모든 가치 전도'에서 『안티크리스트』의 역할과 지위에 대한 논란이 없는 것은 아니지만, 본 연구는 『안티크리스트』를 '모든 가치 전도'의 완성으로 보는 것이 더 타당하다는 입장에 동의한다. '모든 가치 전도'에서 『안티크리스트』의 역할과 지위에 대한 논의로는, Reto Winteler, "Nietzsche's Anti-Christ Als (Ganze) Umwerthung Aller Werthe. Bemerkungen zum 'Scheitern' eines 'Hauptwerks'", *Nietzsche-Studien* 38 (2009), pp. 229-45; Thomas H. Brobjer, "The Place and Role of *Der Antichrist* in Nietzsche's Four Volume Project Umwerthung Aller Werthe," *Nietzsche-Studien* 40 (2011), pp. 244-55 참조.

의 해석이라면, 다른 하나는 셸러의 해석이다. 야스퍼스의 해석이 예수와 바울의 기독교를 구분함으로써 기독교에 대한 표면적 반대를 넘어 은밀한 지지자로서 니체의 감춰진 의도를 드러내는 데 초점을 맞추고 있다면, 셸러의 해석은 예수와 바울의 기독교를 구분하지 않고 '원한'(ressentiment)과 '기독교적 사랑' 개념에 대한 니체의 오독을 문제 삼는 방식을 취한다.

야스퍼스와 셸러의 해석을 구분하여 다루기는 하겠지만, 이 글에서 중요하게 다루게 될 것은 두 시각이 예수와 바울의 기독교를 구분하는지와 상관없이 공통적으로 니체의 비판으로부터 기독교를 옹호하려는 의도를 담고 있다는 점이다. 곧 야스퍼스의 해석이 예수와 바울의 기독교를 구별함으로써 니체와 기독교의 화해 가능성에 초점을 둔 것이라면, 셸러의 해석은 원한과 기독교적 사랑에 대한 다른 접근을 통해 니체와 기독교의 양립가능성에 초점을 둔 것으로 이해할 수 있다. 이처럼 두 해석의 상이함보다 공통점에 더 초점을 맞추는 이유는 결국 두 해석을 포함하여, 큰 틀에서 이후 두 해석의 흐름을 공유하는 다른 해석들이 대체로 초월을 거부하는 니체의 심리학적 세계 이해 방식, 곧 기독교에 대한 니체의 자연주의적 접근방식을 비판하는 것으로 귀결되기 때문이다.

야스퍼스는 기본적으로 니체가 제도화된 기독교를 비판했지 예수를 거부한 것은 아니라고 주장한다. 기독교에 대한 니체의 상반된 해석들과 평가들을 예로 들면서, 야스퍼스는 기독교에 대한 니체의 적대적 태도가 그의 기독교에 대한 바람과 불가분적으로 연관되어 있다고 본다.[8] 그리고 야스퍼스는 니체의 삶을 철저하게 기독교적 동인들에 의거한 것으로 이해하면서 니체가 지닌 근원적 기독교성이 어떻게 변화

---

8) 야스퍼스, 『니체와 기독교』, pp. 13-18 참조.

되었는지, 니체가 어떻게 기독교적 동인들로부터 기독교에 대한 투쟁을 수행했는지에 주목한다.9)

이 과정에서 야스퍼스는 자신의 '포괄자'(das Umgreifende)10) 개념을 통해 기독교에 대한 니체의 심리학적 이해방식을 비판한다. 야스퍼스는 니체의 특징을 "역사문제에 있어서 니체는 시종일관 단순히 주장이나 가치판단 그리고 진술만을 대담하게 제시하는 데만 매달려 있거나, 대개의 경우 대상들을 부정하는 식의 심리학적 이해방식들에 함몰되고 있다."11)고 파악하면서, 이런 이해방식 때문에 니체가 결국 초월을 전제하는 포괄자 개념을 놓치고 만다고 본다. 니체가 기독교 비판의 도구로 사용하는 노예도덕, 원한, 복수심, 심판 등의 개념은 그가 존재의 근본법칙으로 제시한 '힘에의 의지'(will to power)에서 비롯되는데,12) 힘에의 의지로서 세계를 이해하는 것은 전형적인 심리학적 이해방식의 하나라는 것이다.

반면 셸러는 예수와 기독교를 구별하는 것에 대해 별 다른 고려를 하지 않고, '원한'과 '기독교적 사랑' 개념에 대한 니체의 오독을 문제 삼는다. 셸러는 니체와 마찬가지로 원한을 왜곡된 도덕 가치의 근원으로 파악하지만, 원한을 기독교 도덕의 기원으로 파악하는 니체의 주장에 대해서는 전혀 다른 입장을 갖는다. 곧 셸러는 기독교 도덕은 원한이라는 토양에서 생겨난 것이 아니며, 오히려 13세기 이후 기독교 도덕을 점차 대체하면서 프랑스 혁명을 정점으로 만개한 부르주아 도덕

---

9) 같은 책, pp. 20-23 참조.
10) 포괄자는 야스퍼스 철학의 핵심 개념으로 모든 것을 포괄하는 전체 또는 개별자를 넘어선 보편자로서 포괄적 존재 상태를 의미한다. 그것은 경험적으로 파악 가능한 대상이 아닐 뿐만 아니라 초월을 전제하며 모든 개별적 존재자는 바로 이 포괄자를 지평으로 드러난다. 같은 책, p. 71, [역자주] 참조.
11) 같은 책, p. 72.
12) 정낙림, 「니체는 안티크리스트인가」, p. 370 참조.

이 원한에 그 뿌리를 두고 있다고 주장한다.13) 셸러가 보기에 기독교적 가치는 원한과 무관할 뿐만 아니라 오히려 원한 없는 이상사회의 대안이 됨에도 불구하고, 성직자적인 유대-기독교 전통을 원한의 기원으로 규정한 니체에 의해 원한적 가치로 왜곡된 것이다.14) 물론 셸러도 유대-기독교 전통의 성직자들을 원한에 사로잡히기 쉬운 인물로 지목하지만, 그는 성직자를 세속적 직업인과 종교적 인간으로 구분하여 오직 세속적 직업인으로서 성직자가 원한에 빠지기 쉬운 유형일 뿐이라고 니체의 비판에 대응하면서 기독교를 옹호한다.15)

셸러는 기독교적 사랑을 원한과 연결시키는 니체의 시도와는 달리 기독교적 사랑이 원한과 무관하다고 본다. 이를 위해 셸러는 사랑에 대한 고대적 개념과 기독교적 개념의 차이를 검토함으로써 니체의 주장을 비판한다. 셸러에 따르면, 그리스적 사랑이 감각적이고 결핍된 상태를 풍요로운 상태로 매개하는 것을 의미한다면, 기독교적 사랑은 영적이고 완전한 존재가 불완전한 존재에 대해 갖는 무한한 자비로 나타난다.16) 이러한 논의를 통해 셸러가 주장하는 것은 박찬국의 지적처럼 기독교적 사랑을 원한에서 비롯된 것으로 보는 니체의 오독이 결국 니체가 기독교 도덕의 본질인 기독교의 사랑 개념을 오해한 점과 기독교 도덕의 기형적 형태들을 기독교적인 참된 사랑의 도덕과 혼동한 점에서 기인한다는 것이다.17) 결과적으로 셸러의 니체 비판도 니체가 기독교 도덕을 종교적 개념에서 분리해서 비종교적으로, 곧 심리학적으로

---

13) Scheler, *Ressentiment*, pp. 28-29 참조.
14) 르상티망 개념을 중심으로 니체와 셸러의 기독교 도덕에 대한 논쟁을 다룬 논의로는 최정아, 「르상티망과 기독교적 윤리에 대한 재고」, 『원불교사상과종교문화』 제59집 (원광대학교 원불교사상연구원, 2014) 참조.
15) Scheler, *Ressentiment*, p. 18 참조.
16) 같은 책, pp. 29-49 참조.
17) 박찬국, 『니체를 읽는다: 막스 셸러에서 들뢰즈까지』 (파주: 아카넷, 2015), p. 163.

접근하고 있다는 점으로 수렴된다. 하지만 니체에 대한 셸러의 이러한 비판은 기본적으로 도덕적, 종교적 영역에서 절대적 가치를 전제하는 그의 윤리적 절대주의에 기반을 둔 것이기 때문에,18) 최정아의 지적처럼 현대에 와서 셸러의 종교적 가치에 근거한 절대적 윤리관이 현대 윤리학자들에게 현재적 의의를 갖는 것으로 수용되기는 쉽지 않아 보인다.19)

니체의 기독교 비판의 정당성 문제를 다루는 국내의 연구들도 대체로 야스퍼스와 셸러가 주목한 것처럼, 니체의 기독교 비판이 초월을 배제한 그의 심리학주의, 곧 자연주의적 관점에 의거한다는 점을 문제 삼는다. 다만 최근 연구들의 특징을 꼽는다면, 그 연구들이 야스퍼스와 셸러에 비해 니체의 자연주의적 접근방법에 대해 더 직접적으로 문제 제기를 하고 있다는 점을 들 수 있다. 대표적으로 문성학의 연구가 니체의 심리학주의의 독단성 또는 자폐성에 주목한다면, 최순영의 연구는 니체의 자연주의적 관점의 편향성에 초점을 맞춘다. 문성학은 모든 종교나 형이상학이 심리학적으로 분석될 수 있다고 가정하는 니체의 심리학적 전제를 문제 삼으면서, 니체가 그러한 심리학적 가설을 절대화함으로써 자신이 비판했던 독단적 형이상학에 스스로 빠지게 되었다는 점을 비판한다.20) 반면 최순영은 서구사회의 니힐리즘의 도래를 예견했다는 점에서 니체의 철학적 위대함을 인정하면서도 니체가 오직 인간 예수, 곧 역사의 예수만을 고찰의 대상으로 삼았다는 점에서 급진적 자유주의 신학 전통에 서 있고, '힘에의 의지'에 입각하여 초월성의 영역을 배제한다는 점에 비판의 초점을 맞춘다.21)

---

18) Scheler, *Ressentiment*, p. 28 참조.
19) 최정아, 「르상티망과 기독교적 윤리에 대한 재고」, pp. 321-22 참조.
20) 문성학, 「니체의 기독교 비판: 그 정당성에 대한 검토」, p. 27 참조.
21) 최순영, 「니체의 기독교 이해에 대한 비판적 고찰」, p. 45 참조.

문성학이 문제 삼는 니체의 심리학적 환원주의의 독단성 문제는 기본적으로 신 개념이 심리학적으로 설명될 수 없기 때문에 니체의 주장 역시 그것의 진리성을 담보할 수 없다는 주장에 근거하고 있다. 하지만 니체가 주력하는 것은 이미 진리의 문제가 아닌 가치의 문제라는 점에서 문성학의 문제제기는 실효성을 담보하기 어려운 측면이 있다. 니체에게 기독교는 단지 그것이 허구적 주장에 토대를 두고 있기 때문에 비판의 대상이 되는 것이 아니라 그것이 "실재성을 왜곡시키고 탈가치화시키며 부정"[22]함으로써 자연적 삶에 적대적이기에, 곧 자연적인 것에 대한 증오에 그 뿌리를 두고 있어 삶에 해로운 것이기에 비판의 대상이 된다는 점이다.

최순영은 니체의 자연주의적 관점의 편향성을 문제 삼는데, 그 주장의 핵심은 초월성을 배제한 자연주의적 관점에 의존한 기독교 해석이 편향될 수밖에 없다는 데 있다. 기독교에 대한 연구는 현실성과 초월성 어느 한 면에서만 다루어져서는 안 되며, 총체성의 관점에서 다루어져야 한다는 것이다.[23] 하지만 현실과 초월의 건강한 긴장관계가 어떻게 유지될 수 있는지에 대한 구체적인 대안이 마련되지 않은 상태에서 둘 사이의 총체성을 언급하는 것은 둘 사이의 비대칭적 관계를 고려할 때 결국 현실을 초월에 종속시키는 결과를 야기할 수밖에 없다. 이에 대해서는 오히려 니체의 자연주의적 관점이 현실과 초월의 총체성에 대한 대안적 논의의 가능성을 제시해 줄 수 있을 것으로 보인다. 니체에게 초월은 개별적 현실의 확장의 결과로서, 곧 사적 가치의 발현이라는 점에서 그 유효성을 인정할 수 있지만, 그것이 출발점에서 이미 확장의 토대나 원리로서 작용할 때, 곧 그것이 이상주의의 형식을 띨 때, 그것

---

[22] 니체, 『안티크리스트』, 백승영 역 (서울: 책세상, 2002), p. 230. 이하 이 책은 본문에 쪽수와 함께 표기.
[23] 최순영, 「니체의 기독교 이해에 대한 비판적 고찰」, pp. 43-44 참조.

은 독단적이 될 수밖에 없기 때문에 니체의 비판의 대상이 되는 것이다. 니체가 초월을 배제한 것은 이러한 독단론을 경계하는 차원에서일 뿐이며, 니체를 자연주의적으로 해석한다고 해서 그것이 결코 인간의 초월 가능성 자체를 부정하는 것을 의미하지는 않는다.

니체의 기독교 비판에 대한 비판적 대응은 이처럼 대체로 니체의 심리학주의를 중심으로 한 자연주의적 접근방식의 문제점을 지적하는 데 집중된다고 하겠다. 사실상 니체의 자연주의적 접근방식 때문에 그의 기독교 비판이 초월을 전제한 포괄자 개념을 놓치거나, 기독교적 사랑 개념을 잘못 이해하거나, 아니면 그 스스로 독단적 형이상학에 빠지거나, 총체성을 결여한 편향성에 매몰될 수밖에 없게 되었다는 것이다. 하지만 이러한 반응들은 앞서 언급한 것처럼 공통적으로 니체의 비판으로부터 기독교를 옹호하기 위한 동기에서 비롯되었을 뿐만 아니라 니체의 자연주의가 초월을 전적으로 배제한다는 오해나 편견에서 비롯된 측면이 크다.

물론 이러한 주장들을 구체적으로 반박하기 위해서는 그 주장들의 배후에 있는 기본 가정들, 곧 니체의 기독교 비판이 그의 힘에의 의지 개념을 근간으로 한 것인지, 그의 힘에의 의지 철학이 형이상학적 자연주의의 한 형태인지, 그리고 그것이 초월을 배제한 극단적 환원주의의 형태를 띠는지 등과 관련한 이론적 문제들을 검토할 필요가 있다. 하지만 이 모든 문제들에 답변하는 것은 이 글의 범위를 넘어서는 것이며, 이 글에서는 니체의 자연주의가 과연 극단적 환원주의의 형태를 띠는지에 국한해서 다루게 될 것이다. 그 전에 먼저 『안티크리스트』를 중심으로 니체가 심리학적 차원에서 기독교 비판에 나선 이유를 살펴볼 필요가 있다.

3. 니체의 기독교 비판의 이유

니체의 기독교에 대한 본격적인 비판은 『도덕의 계보』(*Zur Genealogie der Moral*)에서 그의 도덕 비판의 심리학적 전제가 되는 '원한'의 심리 분석을 통해 이미 시작되었다고 할 수 있다. 니체는 『도덕의 계보』를 모든 가치의 전도를 위한 결정적 준비라고 스스로 규정하고, 또 그 안에 최초의 성직자 심리학이 포함되어 있다고 언급한다.[24] 그가 모든 가치 전도의 전제조건으로 성직자 심리학을 전개한 이유는 원한의 인간인 금욕주의적 성직자를 그의 도덕 비판의 핵심 타겟으로 삼기 위한 것이며, 이는 결국 금욕주의적 성직자의 승리방정식이 된 기독교를 탄핵하기 위한 사전정지작업으로 볼 수 있다. 『안티크리스트』에서 비판의 초점이 되는 기독교는 원한에서 자유로운 '예수의 삶'에 기반을 둔 기독교라기보다 '예수의 죽음'에서 비롯된 원한에 의거한 기독교다. 제자들, 특히 바울은 니체에 의해 '원한의 천재'로 규정되면서 비판의 중심에 선 인물이다. 하지만 니체가 바울 개인을 공격의 초점으로 삼았다고 보기는 어렵다. 잘 알려져 있다시피 니체의 적에 대한 전투 전략은 개인을 공격하는 데 있지 않기 때문이다.[25] 소크라테스, 쇼펜하우어, 바그너, 바울 등 니체의 주된 대결 상대들은 데카당의 시조이거나 현대 데카당의 상징, 또는 전형적인 철학자의 상징으로서 제시된다. 따라서 비판의 대상으로서 바울의 경우도 원한에 휩싸인 금욕주의적 성직자의 전형으로 보아야 한다.

니체가 기독교를 비판한 이유로 우리가 가장 쉽게 생각할 수 있는 것은 기독교가 '원한'에서 비롯되었다는 점이다. 기독교의 기원이 원한에서 비롯되었다는 니체의 주장은 그가 『안티크리스트』에서 기독교의

---

24) 니체, 『이 사람을 보라』, 백승영 역 (서울: 책세상, 2002), p. 442.
25) 같은 책, p. 344.

기원을 유대 본능과의 수미일관함을 넘어 유대 본능의 업그레이드 버전으로 규정하는 데서도 잘 드러난다.(『안티크리스트』, p. 242) 하지만 니체가 기독교를 비판한 이유는 기독교가 원한에서 비롯되었기 때문만은 아니다. 단지 그 이유뿐이라면 그의 도덕 비판은 『도덕의 계보』에서 이미 완성되었어야 하고, 더불어 흔히 지적되어 온 것처럼 그가 '발생적 오류'(genetic fallacy)를 범하고 있다는 비판에서도 자유로울 수 없게 된다.26) 하지만 니체에게 계보학은 가치 전도를 위한 도구일 뿐이며, 그의 진정한 가치 전도는 『안티크리스트』를 통해 이루어진다. 니체가 기독교를 비판한 이유는 기독교가 원한에서 비롯되었기 때문이 아니라 실제 기독교가 삶에 끼치는 해악의 측면, 곧 원한의 반자연적 징후나 그것의 삶-부정적 결과 때문이다. 여기서는 『안티크리스트』에서 니체가 제시하고 있는 삶에 대한 기독교의 해악을 크게 세 가지 점에서 다룬다. 그것은 첫째, 동정의 종교로서 기독교가 허무적이라는 점, 둘째, 오만과 허위라는 신학자-본능의 산실로서 기독교가 독단적이라는 점, 셋째, 가장 중요한 점으로 기독교가 그 어떤 실재성도 결여하고 있다는 점에서 반자연적이라는 점이다.

1) 허무주의적 실천: 동정의 종교

동정 또는 동정의 도덕에 대한 니체의 비판은 그의 도덕 비판, 특히 기독교 도덕 비판의 출발점이라고 할 수 있다. 니체의 도덕 비판이 본격화되는 것은 그의 중기 저서인 『아침놀』에서부터라고 할 수 있는데, 여기서 니체는 동정과 관련한 주제를 상당히 많은 구절을 할애하여 다

---

26) 발생적 오류는 계보학에 대한 흔한 비판의 하나로 어떤 것의 기원과 그것의 본질이나 가치를 혼동하는 것을 의미한다. 대표적으로 네하마스의 논의를 들 수 있다. 알렉산더 네하마스, 『니체: 문학으로서의 삶』, 김종갑 역 (서울: 책세상, 1994), p. 166 참조.

룬다. 니체에 따르면, 동정의 도덕은 원래 기독교의 의도나 교리는 아니었다. 역사적으로 그것은 개인의 구원에 대한 기독교적 근본 믿음이 쇠퇴한 결과로서 등장했으며, 근본교리에 대한 이탈의 변명으로 내세워졌고, 근대 들어 콩트(A. Comte), 쇼펜하우어(A. Schopenhauer), 밀(J. S. Mill) 등을 통해 도덕적 행위의 원리라는 최고의 명예를 얻게 되었다.27) 심리적으로 동정 자체를 특별한 도덕적 성질을 갖는 것으로 보는 것은 아니지만, 동정이 세상의 고통을 증대시킨다는 점에서, 그리고 동정에서 쾌락의 원천을 발견할 때 그런 도덕적 성질이 생겨난다는 점에서 니체는 본질적으로 동정을 유해한 것으로 평가한다.28) 『도덕의 계보』에 와서 니체는 비이기적 가치의 하나로 동정 본능을 미화하고 신성시한 쇼펜하우어와의 대결을 본격화하고,29) 나아가 『안티크리스트』에서는 더 구체적으로 동정의 유해함을 폭로한다.

　『안티크리스트』에서 우리는 니체가 동정을 삶에 가장 해로운 것 중 하나로 규정하는 이유를 찾아볼 수 있다. 그 이유는 첫째, 동정이 "삶과 생명력의 총체적 손실"(『안티크리스트』, p. 220)을 초래함으로써 삶을 위협하는 허무주의적 실천이기 때문이다. 니체에게 삶은 "성장을 위한 본능, 지속을 위한 본능, 힘의 축적을 위한 본능, **힘을 위한 본능**"이다.(『안티크리스트』, p. 219, 고딕은 원문의 강조) 하지만 니체가 보기에 동정을 포함한 기존의 도덕적 가치들은 이러한 삶의 본능을 상실하거나 자기에게 불리한 것을 선호하는 타락한 가치, 곧 데카당스 가치다.(『안티크리스트』, p. 219) 문제는 힘에의 의지를 결여한 이런 허무적 가치들이 도덕의 이름으로 우리 삶을 지속적으로 지배하고 있다는 점인데, 니체는 그러한 허무적 가치들의 지배를 동정의 영향으로 본다.

---

27) 니체, 『아침놀』, pp. 150-52 참조.
28) 같은 책, pp. 156-57 참조.
29) 니체, 『도덕의 계보』, 김정현 역 (서울: 책세상, 2002), p. 343.

동정을 느낄 때 사람들은 힘을 상실하게 되며, 그렇게 상실된 힘의 손실은 동정으로 인해 더욱 커지는 악순환이 반복되기 때문이다.(『안티크리스트』, p. 219-20 참조)

둘째, 더 구체적으로 니체는 약자들에 대한 동정 행위를 든다. 그것은 동정이 동정받는 사람이 보이는 반응의 가치에 의해 평가된다는 점 때문인데, 니체는 삶을 위협하는 동정의 성격이 거기서 훨씬 더 명백하게 드러나는 측면이 있다고 본다. 『안티크리스트』 도입부에서 니체는 '힘에의 의지'에 따른 자신의 가치평가 기준을 제시하면서 약자에 대한 동정 행위가 그 어떤 악덕보다 더 해로운 것임을 분명히 한다.

> 이러저러한 악덕보다 더 해로운 것은 무엇인가? - 모든 실패자와 약자에 대한 동정 행위 - 기독교…… (『안티크리스트』, p. 216)

자연스럽게 몰락하고 도태되어야 할 것을 보존할 뿐만 아니라 그것들을 위해 싸우도록 이끄는 동정을 덕이라고 부르고, 심지어 그것을 덕 자체로, 모든 덕의 토대이자 근원으로 만들었다는 점에서 기독교적 동정은 허무주의의 실천, 데카당스의 증대를 위한 핵심 도구가 된다.(『안티크리스트』, p. 220 참조) 이런 점에서 니체는 병든 현대성의 한가운데서 기독교적 동정보다 더 병든 것은 없다고 단언한다.(『안티크리스트』, p. 221)

2) 오만과 허위: 신학자-본능의 산실

니체가 두 번째로 삶에 유해한 것으로 지목하는 것은 '오만'과 '허위'라는 신학자-본능이다. 신학자-본능이라는 용어로 니체가 의미하는 바는 "신학자와 신학자의 피를 몸 안에 갖고 있는 모든 것 - 우리의 철학 전체"(『안티크리스트』, p. 221)다. 니체가 우리의 철학 전체에서 신학자-본능을 발견하는 이유는 철학자들이 이상주의자를 자처하기 때문이다. 니체에 따르면, '오만'이라는 신학자-본능은 사람들이 이상주의자라고 자처하는 곳에서 발견된다. 이상주의자는 "위대한 개념들을 전부 자신의 손아귀에 넣어두고" 있으면서 그것들을 "오성, 감각, 명예, 유복한 생활, 학문"에 반목시킨다.(『안티크리스트』, p. 222) 니체가 말하는 신학자-본능은 한마디로 자신의 광학을 신성불가침한 것으로 만듦으로써 다른 종류의 광학의 가치를 부정하는 것을 말한다.(『안티크리스트』, p. 221-23 참조) 광학의 결여 또는 관점적인 것의 제거는 "모든 생명의 근본 조건"[30]을 부인하는 것을 의미하며, 니체는 이를 순수 정신과 선 자체를 고안해낸 독단론자가 저지르는 오류와 관련짓는다. 이런 점에서 신학자-본능은 전형적인 독단론의 형식에 다름 아니다.

니체가 언급하는 신학자-본능의 또 다른 특징은 그것이 본래 지하적 형식의 '허위'라는 것이다. 실재성에 대한 신학자-본능의 증오는 그 자신의 가장 심층적인 자기 보존 본능으로, 신학자의 영향이 미치는 한 가치판단뿐 아니라 참과 거짓 개념도 뒤집힌다. 그래서 삶에 가장 해로운 것이 참이라고 불리고, 삶을 고양하고 증대시키고 긍정하고 정당화하며 승리하게 만드는 것이 거짓이라고 불린다. 이런 지하적 형식의 허위에서 니체는 신학자-본능의 권력을 향한 허무적 의지를 발견하게 되는데,[31] 니체는 그 상징적 사건을 칸트(I. Kant)의 출현에서 찾는다. 니체에 따르면, 칸트와 더불어 옛 이상으로 향하는 샛길이 열리고, 오류들 중 가장 사악한 두 가지 오류인 '참된 세계' 개념과 세계의 요체로서 '도덕' 개념이 증명은 불가능하더라도 더 이상 다시 논박할 수 없는 것이 되어버렸는데, 신학자-본능이 바로 이것을 알아차렸다는 것이

---

30) 니체, 『선악의 저편』, p. 10.
31) 같은 책, p. 223.

다.32) 그리고 이 점이 바로 니체가 칸트를 신학자의 성공에 불과하다고 폄하하는 이유다.

니체는 칸트의 철학을 반지성주의적으로 묘사하기도 한다.33) 이는 칸트가 그의 철학적 성향으로는 이성을 사용하도록 이끌지만, 그의 성직자적 성향으로는 이성을 자신에게 등지게 하는 성직자적 철학자(priestly philosopher)라는 것을 의미한다.34) 즉 칸트는 이상주의적인 비판적 관념론을 발명함으로써 종교와 도덕의 '참된' 초자연적 세계에 대한 성직자적 조작을 보호하기 위해 자신의 첫 번째 이성 비판의 기획을 제공하고 있다는 것이다.35) 이러한 성직자적 거짓말을 통해 신학자-본능은 결국 실재를 가상으로, 그리고 완전히 날조된 존재자의 세계를 실재로 만들어버린다. 니체는 그런 그릇된 관점에서 도덕과 신성함이 만들어져 왔으며, 그 신성함이 삶에 그 어떤 공포나 악덕보다 말할 수 없이 많은 해악을 끼쳐 왔음을 고발한다.(『안티크리스트』, p. 222-23 참조) 도덕주의자 칸트에 대한 니체의 비판도 바로 이 점과 관련된다. 니체는 칸트가 비개인성과 보편타당성이라는 성격을 갖는 선 개념을 고안함으로써 우리의 가장 개인적인 정당방위이자 필수품이 되어야 할 덕을 한갓 위험으로 내몰았다고 비판하는데, 이러한 비판은 '우리의 삶의 조건이 아닌 것은 삶을 해친다'는 니체의 자연주의적인 기본 전제로부터 비롯된 것이라고 할 수 있다.(『안티크리스트』, p. 225 참조)

---

32) 같은 책, p. 224.
33) 니체, 『도덕의 계보』, p. 482 참조.
34) Paul S. Loeb, "Nietzsche's Critique of Kant's Priestly Philosophy," in ed., Daniel Conway, *Nietzsche and The Antichrist: Religion, Politics, and Culture in Late Modernity* (New York: Bloomsbury Publishing Plc, 2019), p. 46.
35) 같은 곳.

3) 반자연으로서 기독교

니체가 기독교를 비판하는 세 번째 이유는 바로 기독교의 반자연성 때문이다. 기독교가 니체로부터 반자연성의 혐의를 받는 이유는 그것이 그 어떤 실재성과도 접촉하지 못하는 허구세계를 '위조'했다는 점에서 그렇다. 니체가 허구세계와 대비시키는 꿈의 세계가 실재성을 반영하는 것과는 달리, 기독교적 허구세계는 실재성을 결여하고 있는 것을 넘어 아예 실재성을 왜곡시키고 탈가치화시키고 부정한다는 것이 문제다. 니체에 따르면, 그 허구세계 전체는 자연적인 것, 곧 실재성에 대한 증오에 뿌리를 두고 있으며 실재성에 대한 깊은 불만족의 표현이다. 그리고 여기서 니체는 허구적 도덕과 허구적 종교의 원인이 쾌에 대한 불쾌의 우세 때문이라는 점에 주목한다.(『안티크리스트』, p. 230-31 참조)

쾌에 대한 불쾌의 우세를 데카당스에 대한 공식으로 언급하면서, 니체는 그 공식을 기독교의 신 개념과 기독교의 기원 문제에도 적용한다. 니체에 따르면, 이스라엘의 신, 민족 신 개념이 기독교적 신, 선한 신 개념으로 전개된 것은 생리적 퇴행의 결과, 곧 데카당스의 소산이다. 신 개념은 삶에 대한 미화, 삶에 대한 영원한 긍정 대신 삶에 대한 반박으로 변질되었는데, 니체는 이런 기독교적 신 개념을 가장 부패한 신 개념이라고 비판한다.(『안티크리스트』, p. 231-35 참조) 이러한 신 개념의 적용은 이스라엘의 역사에까지 소급되며, 이 과정을 통해 이스라엘의 역사는 자연적 가치가 완전히 박탈되어 탈자연화된 역사의 전형으로 제시된다. 신 개념의 변질은 이후 도덕 개념의 변질로, 역사의 변질로, 구원자 유형의 변질로, 그리고 결국 복음의 변질로 이어진다. 니체는 자연적 가치의 이러한 변질과 탈자연화의 과정에서 자연을 부정하고 그 때문에 어떤 다른 가치를 창조해내고 그것에 가치를 부여하는 하나의 권력으로서 '성직자'에 주목한다. 니체에 따르면, 성직자는 신의 뜻이 무엇인지 단번에 정식화시키고, 삶의 만사가 성직자 없이 불가능하도록 정리하며, 삶의 모든 자연적 일들을 탈자연화시키기 위해 등장한다.(『안티크리스트』, p. 248 참조)

니체는 이 모든 것에 대해 기독교와 기독교 도덕의 정체를 알아차렸다는 점을 자신만의 예외로 삼는다. 그는 기독교를 가장 악의에 찬 형식의 거짓 의지로서, 인류를 망쳐버린 것으로서 오류 중의 오류로 규정한다. 하지만 니체는 기독교의 오류가 수천 년간의 선의지와 사육과 분별과 용기의 결여 때문이 아니라 "자연성의 결여"36)가 그것의 진정한 오류라고 말한다. 기독교를 통해 신 개념이 삶의 반대 개념으로 고안되고, 죄 개념이 본능을 혼란시키고 본능에 대한 불신을 일으키기 위해 고안되었다는 점에서,37) 니체는 기독교를 반자연 자체로 규정하며, 기독교에 대한 맹목을 범죄 중의 범죄, 삶에 대한 범죄라고 목소리를 높인 것이다.

앞에서 다룬 것처럼, 니체는 기독교적 '동정'과 신학자-본능으로서 '오만'과 '허위', 그리고 실재성의 결여를 넘어 왜곡과 변형으로 이어지는 기독교 내부에서의 반자연적 '위조'를 원한의 징후이자 결과라고 본다. 그리고 이 모든 결과들이 결국 성직자의 지배를 위한 도구로 사용됨으로써 우리의 자연적 삶에 커다란 해악을 끼치는 결과를 초래했다는 것이 니체가 기독교를 탄핵하는 가장 큰 이유다. 다만 그의 비판이 기독교에 대한 그의 개인적 원한의 표출이거나 아니면 또 다른 독단적 주장에 머무르지 않기 위해서는 그의 기독교 비판의 정당성을, 특히 자연주의적 방식으로 정당화할 필요가 있다. 이에 대해서는 니체의 도덕

---

36) 니체, 『이 사람을 보라』, p. 464.
37) 같은 책, pp. 466-67 참조.

비판과의 연관성에 주목함으로써 한 가지 길을 확보할 수 있다. 그것은 니체의 자연주의가 독단적 환원주의의 혐의로부터 자유로워야 한다는 점에서 개방적인 형태를 띤다는 점을 보여주는 것이고, 그의 도덕적 입장이 모든 도덕을 부정하는 비도덕주의의 혐의로부터 자유로워야 한다는 점에서 『안티크리스트』가 그의 도덕적 실천의 일환이라는 것을 보여주는 것이다. 이런 점들은 니체의 도덕철학적 입장을 자연주의적으로 재구성함으로써 드러낼 수 있다.

4. 도덕적 실천으로서 니체의 기독교 비판

니체의 기독교 비판은 그의 도덕 비판과의 연관성 아래, 철저하게 규범적 실천의 차원에서, 곧 그의 도덕적 자연주의의 결과물로서 이해될 필요가 있다. 이를 위해 여기서는 『아침놀』에서부터 본격적으로 파고들기 시작한 그의 도덕 비판의 중층적 성격에 주목하고, 니체가 자신의 도덕철학적 입장으로 정식화한 '도덕적 자연주의'(moral naturalism)에 담긴 규범적 함의를 검토한다.

니체의 도덕 비판의 중층적 성격을 파악하기 위해서는 먼저 그의 도덕철학적 입장을 '도덕이론 비판'과 '도덕 비판'이라는 두 측면으로 구분해서 다룰 필요가 있다. 도덕이론 비판이 도덕의 정초를 추구하는 '도덕주의' 또는 '도덕적 이상주의'에 대한 비판이라면, 도덕 비판은 니체가 원한의 도덕으로 규정하는 노예도덕, 구체적으로 '기독교 도덕'에 대한 비판이다. 이처럼 도덕에 대한 니체의 입장은 전통윤리학의 도덕주의(도덕적 이상주의)를 반대할 뿐만 아니라 실제 현실을 지배하는 도덕인 기독교 도덕을 부정하는 두 가지 의미를 동시에 담고 있다. 한편으로 니체가 도덕의 절대성 주장, 곧 도덕적 이상주의를 거부하고 도덕의 유형론을 주장하는 것은 도덕적 다원주의를 지지하고 결국 도덕적 허무주의를 허용하는 것처럼 보일 수 있지만, 다른 한편 니체에게 이 도덕적 허무주의의 문제는 계보학적 탐구에 토대를 둔 그의 도덕 비판과 연결되면서 해소될 수 있는 길이 열린다. 계보학적 탐구는 삶의 강화와 쇠퇴라는 삶의 광학에 따른 기준을 통해 도리어 선악의 가치판단의 가치를 묻는 것으로 이어지기 때문이다.

물론 여기서 삶의 광학에 따른 판단 기준을 하나의 보편적인 도덕적(또는 비도덕적) 원리로서, 또 다른 정초의 형식으로서 이해하지 않는 것이 중요하다. 그렇게 오해하게 되면 삶의 광학이라는 기준은 특정한 도덕을 정당화하기 위해 제시되는 또 다른 원리적 기준에 다름 아니게 되기 때문이다. 우리가 삶의 광학에 따른 판단 기준으로 전환한다는 것은 도덕을 삶의 보편적이고 원리적인 기준(절대적 규범성)으로 세우는 것에서 삶의 보존과 성장을 위한 조건(자연적 규범성)으로 이해하는, 도덕에서의 자연주의적 전환을 동반한다는 것을 의미한다.

이는 도덕이 인간이면 무조건 따라야 하는 절대적 명령으로서 삶을 지배하고 규제하는 지침이 아니며, 삶이 가능하기 위한 조건으로서 삶의 지반을 보호하기 위한 최소한의 보호장치의 의미를 갖는다는 것을 의미한다. 곧 니체가 제안하는 도덕적 자연주의는 특정한 도덕(설령 그것이 니체적 의미에서 고귀한 자나 강한 자를 위한 도덕이라고 할지라도)을 정당화하는 '자기관철의 원리나 도구'로서 이상적 규범성의 체계가 아니라 강자와 약자가 공동으로 꾸려가는 전체로서의 삶(개개인의 개별적 삶을 넘어서는 인류로서의 종적 삶)의 지반이 훼손되는 것을 방지하기 위해 작동하는 자연적 규범성의 체계다. 따라서 도덕이론 비판과 도덕 비판이라는 두 측면에 대한 포괄적이고 중층적인 이해가 동반되지 않으면 니체의 도덕철학의 규범적 의미는 쉽게 오해될 수 있다. 니체의 도덕 비판은 이 두 가지 측면의 비판이 구분되지 않고 뒤섞여서 이해되었기 때문에 그것의 규범적 함의가 간과되어 왔다고 볼 수 있다.

이런 점을 염두에 두면서 니체의 기독교 비판을 니체의 도덕적 자연주의의 실천이라는 차원에서 검토해볼 수 있다. 도덕에서 니체의 자연주의적 실천은 한마디로 "삶의 노정에서 나타나는 방해나 적대 행위를 제거"38)하는 것을 의미한다. 이때 사용되는 도덕 개념은 이미 자연주의적 전환을 끝마친 자연적 도덕을 의미한다. 그것은 정초의 대상이 되는 삶의 이상적 원리로서의 도덕이 아니라 삶의 보존과 유지, 성장을 위한, 곧 "삶의 조건과 성장의 조건"39)이 되는 삶의 도구의 의미에서 도덕이다. 니체에 따르면 그것은 칸트가 요구한 것처럼 정언적인 것도 아니고, 개인을 향한 것도 아니다. 그것은 "민족, 인종, 시대, 신분, 그러나 무엇보다도 '인간'이라는 동물 전체, 인류를 향한 것이다."40) 니체는 철학자들이 도덕을 정초하려는 스스로의 요구를 윤리학의 과제로 삼은 것을 비판하는데, 그것은 정초의 형식이 도덕주의의 전형적인 형태에 해당하기 때문이다.41) 니체에 따르면 도덕의 정초란,

> 현재 유행하는 도덕에 대한 훌륭한 **믿음**의 현학적인 한 형식일 뿐이며, 그것

---

38) 니체, 『우상의 황혼』, 백승영 역 (서울: 책세상, 2002) p. 109.
39) 니체, 『선악의 저편』, p. 143.
40) 같은 곳.
41) 노양진에 따르면, 정초의 형식으로서 도덕주의는 도덕이 다른 모든 가치를 수렴하는 최고의 가치이며, 동시에 그것이 우리 삶의 궁극적 목적이자 완성이라고 믿는 태도를 말하는데, 이는 도덕의 중요성에 대한 과도한 믿음이 낳은 이론적 가정일 뿐이다. 곧 도덕이 인간의 생존과 번영을 위한 필수조건임에는 분명하지만, 그렇기 때문에 도덕적 가치가 다른 모든 가치에 우선한다는 생각이 정당화되는 것은 아니라는 것이다. 노양진, 『나쁜 것의 윤리학』 (파주: 서광사, 2015), p. 187 참조.

을 **표현**하는 새로운 수단이다. 다시 말해 특정한 도덕성 안에 있는 사실 그 자체이며, 심지어는 궁극적으로 이러한 도덕이 문제시될 수도 있다는 사실에 대한 일종의 부정이다.42)

니체는 도덕을 정초의 대상이 아닌 검토와 분석과 의심과 해부의 대상으로 삼는다. 도덕을 정초의 대상으로 삼는 한, 도덕의 본래 문제들은 결코 드러나지 않는다. 니체가 보기에 도덕의 본래 문제들은 많은 도덕들을 비교함으로써 비로소 나타나기 때문이다.43) 하지만 불행하게도 그동안의 모든 도덕이론은 도덕을 정초하는 것에 전념함으로써 도덕의 본래 문제 자체를 결여하고 있다는 것이 기존의 도덕이론에 대한 니체의 기본적 진단이다. 이러한 도덕주의, 달리 말해 도덕적 절대주의 또는 도덕적 이상주의에 반대하는 것이 바로 비도덕주의자를 자처하는 니체의 도덕 비판의 일부를 구성한다.44) 그리고 니체는 도덕의 자연주의적 전환을 통해서 비로소 자신의 은밀한 작업인 '도덕의 자기 극복'을 실행할 발판을 마련하게 된다.

도덕을 극복한다는 것은 어떻게 보면 도덕의 자기 극복이기도 하다. 이것은 오늘날 가장 섬세하며 정직하고 또한 악의적이기도 한 양심에게, 살아 있는 영혼

---

42) 니체, 『선악의 저편』, p. 138. (고딕은 원문의 강조.)
43) 같은 곳.
44) 니체가 스스로 비도덕주의자라는 호칭을 사용한다고 해서 그의 도덕철학적 입장이 당연히 비도덕주의로 규정되는 것은 아니다. 니체의 도덕철학적 입장을 비도덕주의로 규정하는 것은 니체의 기독교 비판이라는 가치 전도를 위한 실천적 과제의 규범적, 도덕적 성격을 크게 제약하기도 한다. 기본적으로 니체에 대한 비도덕주의적 해석은 '힘에의 의지'를 비도덕적 원리로 삼는다고 볼 수 있다. 문제는 그 입장이 여전히 철학을 전통적 의미의 원리론으로 바라보고 있다는 점이며, 따라서 힘에의 의지를 비도덕적 원리로 수립하는 즉시 니체의 도덕적, 규범적 실천 가능성 자체의 정당성을 확보하기 어렵게 된다는 점이다. 힘에의 의지를 일원론적 원리로 삼든 다원론적 원리로 삼든 그것을 비도덕적 원리로 간주하는 한, 마찬가지 결과를 초래할 수밖에 없게 된다. 니체에 대한 비도덕주의적 해석과 관련해서는 앞의 제3장 참조.

의 시금석으로 보존된 저 오랫동안의 비밀스러운 작업을 나타내는 이름이 될 수도 있을 것이다.45)

도덕의 자기 극복은 한마디로 도덕을 통해 도덕을 극복한다는 것을 의미하는데, 이는 당연히 자기모순적 표현으로 들릴 수밖에 없다. 하지만 니체가 도덕을 극복하기 위해 사용하는 도덕 개념과 그가 극복의 대상으로 삼는 도덕 개념이 다르다는 점은 이미 그의 도덕의 자연주의적 전환을 통해 확인된 바 있다. 그가 사용하는 도덕 개념이 삶의 도구로서 자연적 도덕이라면, 그가 극복의 대상으로 삼는 도덕 개념은 삶의 이상적 원리로서 정초된 이상적(곧 반자연적) 도덕이다. 그렇기 때문에 니체는 자신의 기독교 비판 역시도 인간에 대한 도덕적 고발의 일종으로 오해될 수 있는 가능성 앞에서 자신이 "**허위도덕으로부터 자유롭다**"(『안티크리스트』, p. 218. 고딕은 원문의 강조)고 당당하게 주장할 수 있었던 것이다. 도덕 개념에 대한 자연주의적 전환을 토대로 기존의 절대적이고 이상적인 도덕이론을 비판한 니체는 이제 새롭게 회복된 자연적 도덕을 통해 누구 못지않게 강한 그 자신의 도덕적 파토스를 실천하는 길에 나선다.

니체의 도덕적 실천은 더 이상 도덕이론 비판에만 머물지 않고 곧장 자신이 반자연으로 규정한 기독교, 특히 기독교를 통해 자신들의 지배를 실현한 기독교 도덕의 창시자인 금욕주의적 성직자들을 향한다. 니체에 따르면, 기독교 성직자들은 유대 본능의 계승자이면서 동시에 유대-기독교적 도덕의 고안자이기도 하다. 그들은 자연적 가치를 변질시켜 모든 자연, 모든 현실성, 세계 전부에 대해 극단적으로 왜곡하는 데 앞장선 인물들이다. 그들은 자연적 조건에 대한 반대 개념을 자신들에

---

45) 니체, 『선악의 저편』, p. 62.

게서 만들어냄으로써 자연적 가치들을 뒤집어 놓는다. 이스라엘의 역사에서 이루어진 자연적 가치의 변질과 탈자연화의 주범이 바로 성직자들인 것이다. 신 개념을 변조하고 도덕 개념을 변조하고 역사 개념을 변조한 것도 성직자들이며, 신의 나라, 신의 뜻은 성직자 권력을 유지해주는 조건이 된다.(『안티크리스트』, p. 246-47 참조)

신에 대한 불복종, 곧 성직자에 대한 불복종은 죄가 되며, 죄로부터의 구원은 성직자가 독점한다. 오직 성직자만이 구원하며, 성직자는 죄에 의존해 생존한다. 이로써 오로지 성직자적 가치가 독점적으로 실현되는 나라가 건설되는데, 그것이 바로 기독교다. 따라서 니체의 기독교 비판은 필연적으로 반자연적 가치의 창시자인 성직자들을 향할 수밖에 없으며, 바울에 대한 니체의 집중적인 비판 역시도 결국 원한의 인간이자 반자연 자체인 금욕주의적 성직자라는 상징에 대한 비판의 의미를 갖는다.

5. 나가는 말

이 글에서 필자는 니체의 기독교 비판이 그의 도덕 비판의 연장선에서, 그의 도덕적 자연주의의 최종 결과물로서 이해될 필요가 있다고 주장했다. 그리고 니체의 기독교 비판을 그의 도덕적 실천의 결과물로 이해하기 위해서 그의 도덕 비판의 중층적 성격에 주목하고 그의 도덕철학에 담긴 규범적 함의를 밝혀야 한다고 보았다. 이러한 주장을 위해 필자는 니체의 기독교 비판과 관련한 기존의 논의들을 상이점보다 공통점을 중심으로 정리했다.

그것은 기존의 논의가 첫째, 기본적으로 기독교 중심적이라는 점이며, 둘째, 니체의 심리학 중심의 자연주의적 접근방식에 대한 비판에 초점을 맞추고 있다는 점이다. 기독교에 대한 니체의 비판은 전적으로 심리학적, 계보학적 방식으로 이루어졌는데, 문제는 그의 이러한 자연주의적 접근방식이 기독교적 초월을 배제함으로써 기독교 비판의 총체성을 상실하거나 또 다른 독단론의 형식으로 빠졌다는 것이다. 이에 대해 필자는 니체의 자연주의가 극단적 환원주의의 형태가 아니며, 니체가 초월을 배제한 이유가 단지 독단론을 경계하는 차원일 뿐이며 인간의 초월가능성 자체를 부정하는 것은 아니라는 점을 밝혔다.

또한 필자는 『안티크리스트』를 중심으로 니체가 심리학적, 자연주의적 차원에서 기독교 비판에 나선 이유를 삶에 대한 기독교의 해악이라는 점에 주목하여 살펴보았다. 기독교가 초래한 삶-부정적 결과들을 크게 세 가지 점에서 다뤘는데, 그것은 첫째 기독교가 동정의 종교로서 허무적이라는 점, 둘째, 기독교가 오만과 허위라는 신학자-본능의 산실로서 독단적이라는 점, 셋째, 기독교가 그 어떤 실재성도 결여하고 있다는 점에서 반자연적이라는 점이다. 그리고 이 모든 결과들이 결국 금욕주의적 성직자의 지배를 위한 도구로 사용되어 우리의 자연적 삶에 커다란 해악을 끼친다는 점이 니체가 기독교를 탄핵하는 가장 큰 이유가 된다고 주장했다.

결론적으로 필자는 니체의 기독교 비판을 그의 도덕 비판과의 연관성 아래 검토함으로써 기독교에 대한 니체의 자연주의적 비판을 정당화하는 한 가지 길을 제시했다. 그것은 『안티크리스트』에서 니체의 기독교에 대한 저주에 가까운 독설이 결국 원한의 인간이자 반자연적 가치의 창시자인 기독교적 성직자의 반자연적 변조와 왜곡에 초점이 맞춰져 있으며, 반자연 자체로서 기독교를 비판하고 탄핵하는 것은 니체의 도덕적 실천의 일환이라는 것이다. 이러한 논의는 그의 기독교 비판이 단지 심리학적 환원주의로 치부되거나 당대 기독교의 현실에 대한 그의 불만 표출 정도로 제한적으로 이해되는 것에 머물지 않고, 현재에도 여전히 유효할 수 있는 대안적인 도덕적 실천의 하나로 자리매김하는 데 기여할 수 있을 것이다.

참고문헌

코스가드, 크리스틴. 『규범성의 원천』. 강현정·김양현 역. 서울: 철학과 현실사. 2011.
권정기. 「르상티망」. 『현상학과 현대철학』. 제61집. 한국현상학회. 2014.
_____. 「니체의 기독교 비판과 세속적 신정론」. 『종교와 문화』 제26호. 서울대학교 종교문제연구소. 2014.
김바다. 「니체의 『도덕의 계보』에 관한 재검토: 1논문과 2논문을 중심으로」. 『니체연구』. 제24집. 한국니체학회. 2013.
_____. 「인간의 자기 이해의 관점에서 본 니체의 도덕 비판: 『아침놀』을 중심으로」. 니체연구 제26집. 한국니체학회. 2014.
김선희. 「하버마스의 니체 비판에 대한 니체의 가상적 답변: 니체 철학의 규범성에 대한 고찰」. 『니체연구』 제11집. 한국니체학회. 2007.
김정현. 「니체에 있어서의 주체·자아와 자기의 문제: 도덕적·미학적 자아관」. 『철학』 제44권. 한국철학회. 1995.
_____. 「니이체의 원시 기독교 비판: 예수와 바울을 중심으로」. 『니이체연구』 제2집. 한국니이체학회. 1996.
_____. 『니체의 몸 철학』. 서울: 문학과현실사. 2000.
_____. 『니체, 생명과 치유의 철학』. 서울: 책세상. 2006.
_____. 「니체와 철학 실천의 길: 철학 실천과 삶의 예술, 철학 치유/치료와 연관해서」. 『니체연구』 제19집. 한국니체학회. 2011.
_____. 「니체의 양심론」. 『양심』. 진교훈 외. 서울: 서울대학교출판문화원. 2012.
김종갑. 『혐오, 감정의 정치학』. 은행나무. 2017.
김주휘. 「인간학적 문제로서의 삶의 부정: 『도덕의 계보학』 2부 다시 읽기」. 『니체연구』. 제18집. 한국니체학회. 2010.
네하마스, 알렉산더. 『니체: 문학으로서의 삶』. 김종갑 역. 서울: 책세상, 1994.

노양진. 『상대주의의 두 얼굴』. 파주: 서광사. 2007.
_____. 『몸·언어·철학』. 파주: 서광사. 2009.
_____. 『몸이 철학을 말하다: 인지적 전환과 체험주의의 물음』. 파주: 서광사. 2013.
_____. 『나쁜 것의 윤리학: 몸의 철학과 도덕의 갈래』. 파주: 서광사. 2015.
니체, 프리드리히. 『유고(1887년 가을-1888년 3월)』. 백승영 역. 서울: 책세상. 2000.
_____. 『인간적인 너무나 인간적인 I』. 김미기 역. 서울: 책세상. 2001.
_____. 『유고(1882년 7월-1883/4년 겨울)』. 박찬국 역. 2001.
_____. 『유고(1870년-1873년)』. 이진우 역. 서울: 책세상. 2001.
_____. 『선악의 저편·도덕의 계보』. 김정현 역. 서울: 책세상. 2002.
_____. 『바그너의 경우·우상의 황혼·안티크리스트·이 사람을 보라·디오니소스 송가·니체 대 바그너』. 백승영 역. 서울: 책세상. 2002.
_____. 『아침놀』. 박찬국 역. 서울: 책세상. 2004.
_____. 『유고(1888년 초-1889년 1월 초)』. 백승영 역. 서울: 책세상. 2004.
_____. 『비극의 탄생·반시대적 고찰』. 이진우 역. 서울: 책세상. 2005.
_____. 『즐거운 학문·메시나에서의 전원시·유고(1881년 봄-1882년 여름)』. 홍사현·안성찬 역. 서울: 책세상. 2005.
_____. 『유고(1885년 가을-1887년 가을)』. 이진우 역. 서울: 책세상. 2005.
_____. 『차라투스트라는 이렇게 말했다』(개정2판). 정동호 역. 서울: 책세상. 2007.
듀이, 존. 『철학의 재구성』. 이유선 역. 서울: 아카넷. 2010.
들뢰즈, 질. 『니체와 철학』(신장판). 이경신 역. 서울: 민음사. 2001.
라일, 길버트. 『마음의 개념』. 이한우 역. 서울: 문예출판사. 1994.
레이코프, G·M. 존슨. 『몸의 철학: 신체화된 마음의 서구 사상에 대한 도전』. 임지룡 외 역. 서울: 박이정. 2002
로티, 리처드. 『우연성 아이러니 연대성』. 김동식·이유선 역. 서울: 민음사. 1996.
_____. 『실용주의의 결과』. 김동식 역. 서울: 민음사. 1996.

_____. 「상대주의: 발견하기와 만들기」. (이유선 역). 김동식 편. 『로티와 철학과 과학』. 서울: 철학과현실사. 1997.

_____. 『철학 그리고 자연의 거울』. 박지수 역. 서울: 까치. 1998.

문성학. 「니체의 기독교 비판: 그 정당성에 대한 검토」. 『철학논총』 제16권. 새한철학회. 1999.

박찬국. 『니체와 불교』. 서울: 씨·아이·알. 2013.

_____. 『니체를 읽는다: 막스 셸러에서 들뢰즈까지』. 파주: 아카넷, 2015.

_____. 『니체와 하이데거』. 파주: 그린비. 2016.

백승영. 「해설: 해체와 건설의 파토스」. 『유고(1888년 초-1889년 1월 초)』. 백승영 역. 서울: 책세상. 2004.

_____. 『니체〈도덕의 계보〉』. 『철학사상』 별책 제5권. 제9호. 서울대철학사상연구소. 2005.

_____. 『니체, 디오니소스적 긍정의 철학』. 서울: 책세상. 2005.

_____. 「양심과 양심의 가책, 그 계보의 차이」. 『철학』 제90집. 한국철학회. 2007.

_____. 「실존의 미학으로서의 삶의 윤리: 니체와 푸코」. 『니체연구』 제23집. 한국니체학회. 2013.

비저, 오이겐. 『신의 추구자냐 반그리스도이냐: 니체의 기독교 비판』. 정영도 역. 서울: 이문사. 1990.

서광열. 「니체의 『도덕의 계보』에 나타난 도덕감정: 원한과 명랑성을 중심으로」. 『대동철학』 제85집. 대동철학회. 2018.

성진기 외. 『니체 이해의 새로운 지평』. 서울: 철학과현실사. 2000.

손경민. 「니체의 예수 해석: 창조의 철학의 관점에서」. 『철학연구』 제107집. 한국니체학회. 2008.

슈리프트, 알랭. 『니체와 해석의 문제』. 박규현 역. 서울: 푸른숲. 1997.

야스퍼스, K. 『니체와 기독교』. 이진오 역. 서울: 철학과현실사. 2006.

유천식. 「니이체의 도덕론 연구: 비도덕주의를 중심으로」. 충남대학교 대학원 박사학위논문. 1996.

이상엽. 「니체, 도덕적 이상에의 의지로부터 형이상학적 세계 해석의 탄생」. 『철학』제66집. 한국철학회. 2001.
_____.「니체의 도덕 비판」.『한국철학논집』제19집. 한국철학사연구회. 2006.
_____.「니체의 삶의 예술철학: 탈근대 시대의 새로운 윤리학의 시도」.『니체연구』제17집. 한국니체학회. 2010.
이주향.「기독교 '죄' 개념에 대한 니체의 비판과 '죄' 사유의 긍정적 실천」.『니체연구』제14집. 한국니체학회. 2008.
이진우.「아이러니와 비극적 사유: 로티의 '포스트니체주의'는 과연 니체를 극복하였는가?」. 김동식 편.『로티와 사회와 문화』. 서울: 철학과현실사. 1997.
_____.「21세기와 허무주의의 도전: 니체 사유의 전복성에 대한 포스트모더니즘의 대응」. 성진기 외.『니체 이해의 새로운 지평』. 2000.
이창재.「도덕계보학: 니체의 생리심리학과 프로이트의 정신분석학」.『철학』제64권. 한국철학회. 2000.
임건태.「니체의 도덕적 세계해석 비판」.『니체연구』제9집. 한국니체학회. 2006.
_____.「니체의 도덕 심리학적 도덕 비판」.『니체연구』제21집. 한국니체학회. 2012.
전경진.「니체의 관점주의에 대한 로티의 해석」.『니체연구』제17집. 한국니체학회. 2010.
_____.「도덕적 자연주의와 나쁜 것의 윤리학」.『철학연구』제121집. 대한철학회. 2012.
_____.「니체 도덕철학의 자연주의적 해석」. 전남대학교대학원 박사학위논문. 2015.
_____.「니체 도덕철학의 자연주의적 함의」.『철학논총』제86집. 새한철학회. 2016.
_____.「비도덕주의적 니체 해석 비판」.『대동철학』제77집. 대동철학회. 2016.
_____.「니체의 도덕 비판과 도덕의 자연성 회복」.『철학논총』. 제95집. 새한철학회. 2019.
정낙림.「니체는 안티크리스트인가? 야스퍼스의 해석을 중심으로」.『철학연구』제126집. 대한철학회. 2013.
존슨, M.『마음 속의 몸: 의미, 상상력, 이성의 신체적 근거』. 노양진 역. 서울:

　　　　　철학과현실사, 2000.
_____. 『도덕적 상상력: 체험주의 윤리학의 새로운 도전』. 노양진 역. 서울: 서광사, 2008.
최소인·김세욱. 「니체의 반도덕주의와 자기 긍정의 윤리」. 『철학논총』 제80집. 새한철학회. 2015.
최순영. 「니체의 기독교 이해에 대한 비판적 고찰」. 『니체연구』 제14집. 한국니체학회. 2008.
최정아. 「르상티망과 기독교적 윤리에 대한 재고」. 『원불교사상과종교문화』 제59집. 원광대학교 원불교사상연구원. 2014.
최종천. 「니체 철학에서 양심의 가책: 『도덕의 계보』 「제2논문」을 중심으로」. 『범한철학』 제66집. 범한철학회. 2012.
칸트, 임마누엘. 『윤리형이상학 정초』. 백종현 역. 서울: 아카넷. 2005.
_____. 『실천이성비판』(개정판). 백종현 역. 서울: 아카넷. 2009.
코스가드, 크리스틴 M. 『규범성의 원천』. 강현정·김양현 역. 서울: 철학과현실사. 2011.
콘웨이, 데니얼. 「탈신체적 관점: 니체 대 로티」. (노양진 역). 성진기 외. 『니체 이해의 새로운 지평』. 서울: 철학과현실사. 2000.
하버마스, 위르겐. 『현대성의 철학적 담론』. 이진우 역. 서울: 문예출판사. 1994.
하이데거, 마르틴. 『이정표1』. 신상희 역. 파주: 한길사. 2005.
_____, 『이정표2』. 이선일 역. 파주: 한길사. 2005.
_____, 『숲길』. 신상희 역. 파주: 나남. 2008.
_____, 『강연과 논문』. 이기상·신상희·박찬국 역. 서울: 이학사. 2008.
_____, 『니체Ⅰ』. 박찬국 역. 서울: 도서출판 길. 2010.
_____, 『니체Ⅱ』. 박찬국 역. 서울: 도서출판 길. 2012.
Allison, David B. ed. *The New Nietzsche*. Massachusetts: The MIT Press. 1977.
Anderson, R. L. "On the Nobility of Nietzsche's Priests." in Simon May ed. *Nietzsche's "On the Genealogy of Morality": A Critical Guide*. Cambridge: Cambridge University Press. 2011.

Ansell-Pearson, K. ed. *Nietzsche: On the Genealogy of Morality*. Cambridge: Cambridge University Press. 1994.

Bernstein, R. *Beyond Objectivism and Relativism: Science, Hermeneutics, and Praxis*. Philadelphia: University of Pennsylvania Press. 1983.

Blond, Louis P. *Heidegger and Nietzsche: Overcoming Metaphysics*. New York: Continuum. 2012.

Brobjer, Thomas H. "The Place and Role of Der Antichrist in Nietzsche's Four Volume Project Umwerthung Aller Werthe." *Nietzsche-Studien* 40. 2011.

Clark, Maudemarie. *Nietzsche: on Truth and Philosophy*. Cambridge: Cambridge University Press. 1990.

_____. "Nietzsche's Immoralism and the Concept of Morality." R. Schacht, ed. *Nietzsche, Genealogy, Morality*. California: University of California Press. 1994.

_____. "On the Rejection of Morality: Bernard Williams's Debt to Nietzsche." R. Schacht, ed. *Nietzsche's Postmoralism*. Cambridge: Cambridge University Press. 2001.

_____, *Nietzsche on Ethics and Politics*, Oxford: Oxford University Press. 2015.

Clark, M. and Leiter, B. eds. Nietzsche: Daybreak. Cambridge: Cambridge University Press. 1997,

Clark, M. and D. Dudrick. "Nietzsche and Moral Objectivity: The Development of Nietzsche's Metaethics." B. Leiter and N. Sinhababu, eds. *Nietzsche and Morality*. New York: Oxford University Press. 2007.

Danto, Arthur C. *Nietzsche as Philosopher*. New York: Columbia University Press. 2005.

Davidson, Donald. *Inquiries into Truth and Interpretation*. Oxford:

Clarendon Press, 1984.
de Caro, Mario·David Macarthur. eds. *Naturalism and Normativity.* New York: Columbia University Press. 2010.
de Caro·A. Voltolini. "Is Liberal Naturalism Possible?" de Caro·Macarthur. eds. *naturalism and normativity.* New York: Columbia University Press. 2010.
Deleuze, Gilles. *Nietzsche and Philosophy.* Trans. Hugh Tomlinson. New York: Columbia University Press. 1983.
Dewey, John. *Human Nature and Conduct: The Later Works 1899-1924.* Volume 14. Ed. Jo Ann Boydston. Carbondale: Southern Illinois University Press. 1983.
_____. *Experience and Nature: The Later Works 1925-1953.* Vol. 1, ed. Jo Ann Boydston. Carbondale: Southern Illinois University Press. 1988.
_____. *Logic: The Theory of Inquiry: The Later Works 1925-1953.* Vol. 12. ed. Jo Ann Boydston. Carbondale: Southern Illinois University Press. 1991.
Elgat, G. *Nietzsche's Psychology of Ressentiment.* New York. 2017.
Emden, Christian J. *Nietzsche's Naturalism.* Cambridge: Cambridge University Press. 2014.
Foot, Philippa. "Nietzsche: The Revaluation of Values." *Virtues and Vices.* Berkeley: University of California Press. 1978.
_____. "Nietzsche's Immoralism." R. Schacht, ed. *Nietzsche, Genealogy, Morality.* Berkeley: University of California Press. 1994.
Janaway, Christopher. "Naturalism and Genealogy." In Keith Ansell Pearson, ed. *A Companion to Nietzsche.* Oxford: Blackwell. 2006.
Janaway, C. and S. Robertson, eds. *Nietzsche, Naturalism, and Normativity.* Oxford: Oxford University Press. 2012.

Jenkins, S. "Ressentiment, Imaginary Revenge, and the Slave Revolt". in *Philosophy and Phenomenological Research* 95. 2017.

Johnson, Mark. *Morality for Humans*. Chicago: The University of Chicago Press. 2014.

Kaufmann, Walter. *Nietzsche: Philosopher, Psychologist, Antichrist*. 4th ed. Princeton N.J.: Princeton University Press. 1974.

_____. *Nietzsche, Heidegger, and Buber*. New York: McGraw-Hill. 1980.

Haar, Michel. "Critical remarks on the Heideggerian reading of Nietzsche." *Martin Heidegger: Critical Assessments*. ed. Christopher Macann. London: Routledge. 1992.

Heidegger, Martin. *Nietzsche I*. Verlag Gunther Neske Pfullingen. 1961.

_____. *Nietzsche II*. Verlag Gunther Neske Pfullingen. 1961.

_____. *What is called Thinking?* trans. Fred D. Wieck and J. Glenn Gray. New York: Harper & Row. 1968.

Leiter, Brian. "Nietzsche and Aestheticism." *Journal of the History of Philosophy*. 1992.

_____. "Nietzsche and the Morality Critics." *Ethics 107*, January 1997.

_____. "Morality in the Pejorative Sense: Oh the Logic of Nietzsche's Critique of Morality." *British Journal for the History of Philosophy* 3. 1995.

_____. "Nietzsche's Metaethics." European Journal of Philosophy. 2000.

_____. Nietzsche on Morality. New York: Routledge. 2002.

_____, "Normativity for Naturalists." *Normativity, Philosophical Issues* 25. 2015.

Leiter, Brian · Neil Sinhababu. eds. *Nietzsche and Morality*. New York: Oxford University Press, 2007.

Loeb, Paul S. "Nietzsche's Critique of Kant's Priestly Philosophy." in ed.

Daniel Conway. *Nietzsche and The Antichrist: Religion, Politics, and Culture in Late Modernity*. New York: Bloomsbury Publishing Plc. 2019.

Nietzsche, Friedrich. *Sämtliche Werke, Kritische Studienausgabe, hrsg. v. Giorgio Colli u. Mazzino Montinari*, de Gruyter, Berlin/New York, 1967ff.

_____. *Beyond Good and Evil*. Trans. Walter Kaufmann. New York: Vintage Books. 1966.

_____. *The Birth of Tragedy · The Case of Wagner*. Trans. Walter Kaufmann. New York: Vintage Books. 1967.

_____. *On the Genealogy of Morals · Ecce Homo*. Trans. Walter Kaufmann. New York: Vintage Books. 1967.

_____. *The Gay Science*. Trans. Walter Kaufmann. New York: Vintage Books. 1974.

_____. *Twilight of the Idols · The Anti-Christ*. Trans. R.J. Hollingdale. London: Penguin Books. 1990.

_____. *Selected Letters of Friedrich Nietzsche*. ed. and tran. Christopher Middleton. Indianapolis: Hackett. 1996.

_____. *Daybreak*. Tran. R.J. Hollingdale. eds. Maudemarie Clark · Brian Leiter. Cambridge: Cambridge University Press. 1997.

Palante, G. "Two Types of Immoralism," *The Philosophical Forum*, 2009.

Poellner, P. "Ressentiment and Morality." in Simon May. ed. *Nietzsche's "On the Genealogy of Morality": A Critical Guide*. Cambridge. 2011.

Putnam, Hilary. *Realism and Reason; Philosophical Papers* 3. Cambridge: Cambridge University Press. 1983.

Reginster, B. "Nietzsche on Ressentiment and Valuation." in *Philosophy and Phenomenological Research* 57. 1997.

_____. *The Affirmnation of Life: Nietzsche on Overcoming Nihilism*.

Cambridge. 2006.

Robertson, S. "Nietzsche's Ethical Revaluation." *Journal of Nietzsche Studies*. Issue 37. 2009.

_____, "The Scope Problem: Nietzsche, the Moral, Ethical, and Quasi-Aesthetic." C. Janaway and S. Robertson, eds. *Nietzsche, Naturalism, and Normativity*. Oxford: Oxford University Press, 2015.

Rorty, Richard. *Objectivity, Relativism, and Truth: Philosophical Papers 1*. Cambridge: Cambridge University Press. 1991.

Ryan, Sean. "Heidegger's Nietzsche." *Interpreting Nietzsche: Reception and Influence*. ed. Ashley Woodward. New York: Continuum. 2011.

Santaniello, Weaver. "Nietzsche's Antichrist: 19th-Century Christian Jews and the Real 'Big Lie.'" *Modern Judaism* Vol. 17, no. 2. 1997.

Schacht, Richard. ed. *Nietzsche's Postmoralism*. Cambridge: Cambridge University Press. 2001.

_____. "Nietzsche's Naturalism and Normativity." Christopher Janaway · Simon Robertson. eds. *Nietzsche, Naturalism, and Normativity*. Oxford: Oxford University Press. 2012.

Scheler, Max. *Ressentiment*. Tran. Lewis A. Coser. Milwaukee: Marquette University Press. 1994.

Schopenhauer, Arthur. *The Two Fundamental Problems of Ethics*. Trans. and ed. Christopher Janaway. New York: Cambridge University Press. 2009.

Schrift, Alan D. *Nietzsche's French Legacy: A Genealogy of Poststructuralism*. New York: Routledge, 1995.

Snelson, A. "The History, Origin, and Meaning of Nietzsche's Slave Revolt in Morality." *Inquiry: An Interdisciplinary Journal of*

Philosophy Vol. 60. 2017.

Tuinen, Sjoerd van. ed. *The Polemics of Ressentiment*. London. 2018.

Williams, Bernard. "Moral Luck: A Postscript." *Making Sense of Humanity*. Cambridge: Cambridge University Press. 1995

_____. Ethics and the Limits of Philosophy. Abingdon: Routledge. 2006.

Winteler, Reto. "Nietzsche's Anti-Christ Als (Ganze) Umwerthung Aller Werthe:Bemerkungen zum Scheitern eines Hauptwerks." *Nietzsche-Studien* 38, 2009.

찾아보기

(ㄱ)

가상 48, 84, 170, 235
가치 물음 21, 31, 39, 43, 130, 144, 149, 154
가치 전도 37, 203, 209, 223, 230
가치 정립의 원리 41
가치의 전환 26
개념체계 61
개념체계의 중층적 구조 62
개방적 자연주의 153, 154, 164, 173
거리의 파토스 202, 209
경멸인인 의미에서의 도덕 76
경험의 공공성 191
계보학 22, 39, 207, 231
계보학적 탐구 37, 40, 119, 130, 203, 206, 217, 239
공리주의 윤리학 110
공적 영역 55
과학적 자연주의 153, 154, 158, 163, 173
관점 56
관점주의 6, 46, 56, 60, 63, 72
관점주의적인 것 48

구조적 삶의 형식 166
권고의 도덕 170, 191
규범 연관성 9, 12, 152, 158, 164, 168, 174
규범성 7, 87, 96, 108, 129, 145, 149, 151, 154, 160, 163, 165, 169, 173, 176, 179, 182, 185, 191, 193, 196, 220, 239
규범적 강제성 138, 170, 180, 191, 193, 197
규범적 객관성 68, 83
규범적 보편주의 93
금욕주의적 성직자 202, 208, 209, 213, 217, 221, 230, 242, 244
금지의 도덕 170, 191, 195, 197
기독교 도덕 70, 85, 102, 118, 121, 124, 133, 194, 198, 220, 225, 231, 237, 238
기독교 비판 178, 195, 219, 222, 237, 238, 243
기독교적 동정 116, 233
기독교적 사랑 224

(ㄴ)

나쁜 것 70, 154, 174, 181, 185, 191, 194, 197
나쁜 것의 윤리학 9, 68, 94, 96, 153, 168, 169, 173, 176, 190, 192, 197
내면화 78, 166
네하마스 53, 57, 70, 79, 207
노예도덕 75, 123, 185, 201, 205, 211, 213, 216, 222, 225, 238

(ㄷ)

더 높은 도덕 75, 124
데리다 72
데이빗슨 51, 52
데카당스 112, 116, 119, 124, 221, 233, 236
데카당스 가치 232
도덕 비판가 162
도덕법칙 82, 88, 111, 137, 147, 169
도덕에서의 노예 반란 122, 204, 209, 218, 222
도덕에서의 자연주의 66, 85
도덕의 가치 물음 130, 146
도덕의 자기 극복 7, 41, 43, 66, 85, 102, 127, 148, 164, 215, 220, 241

도덕의 자기 지양 66, 85, 102, 164
도덕의 자연성 7, 42, 86, 102, 127, 144, 145, 148, 175, 215, 220
도덕의 자연적 기원 89, 128, 134, 139
도덕의 정초 9, 102, 108, 116, 154, 178, 222, 238
도덕재평가 130, 149
도덕적 가치 65, 69, 77, 81, 87, 109, 111, 114, 118, 139, 145, 149, 178, 203, 206, 209, 213, 232
도덕적 개인주의 82, 92
도덕적 상상력 169
도덕적 이상주의 222, 238
도덕적 자연주의 66, 86, 96, 172, 175, 179, 185, 193, 196, 219, 238, 243
도덕적 절대주의 92, 170, 190, 241
도덕적 파토스 7, 66, 127, 152, 242
도덕적 회의주의 179, 192
도덕주의 42, 81, 88, 167, 222, 238, 241
도덕주의자 70, 72, 105, 109, 179, 182, 235
도덕주의적 열망 94, 96
도덕화 79, 209
독단론 229, 234, 243
동일화 166

동정 110, 115, 141, 221, 231, 237, 244
동정 윤리학 110, 115
듀리치 20
듀이 46, 58, 84, 94, 143, 181, 184, 188
드 까로 153, 155
드 맨 72
들뢰즈 20

몸의 복권 49
몸의 총체성 46, 59, 63
무 28
무도덕주의 65
뮐러-라우터 20
미적 가치평가 69, 181, 193
미적 세계 해석 69
미학적 비도덕주의 69, 75, 80
미학주의 72

(ㄹ)

라이들리 214
라이터 9, 72, 75, 83, 128, 153, 155, 158, 162, 167, 173, 179, 214
레진스터 206, 210
로버트슨 68, 128, 160, 171, 214
로티 6, 45, 72

(ㅁ)

매그너스 33
맥아더 153, 155
모든 가치의 전도 32, 42, 102, 177, 230
몸 48, 58, 61, 63, 85, 165, 192, 233

(ㅂ)

반본질주의 60
반실재론 68, 79, 82, 93, 96, 163
반실재론자 83
반자연, 112, 121, 195, 221, 236, 242, 244
반자연성 122, 124, 236
반자연적 도덕 108, 121, 125, 188, 194, 198, 205, 215
발생적 오류 207, 231
방법론적 자연주의 156, 158
번스타인 93
범주 오류 188
벨러 20
보편적 규범성 181, 182, 186, 192
보편적 도덕원리 110, 169, 177, 179, 185, 193

본질주의 45, 63
분석철학 45, 158
비도덕주의 7, 65, 69, 75, 80, 86, 96, 175, 186, 193, 196, 238
비도덕주의자 7, 65, 68, 78, 85, 175, 193, 241
비이기적인 것 117
빨랑드 65

(ㅅ)

사실 유형 159
사적 영역 55, 190
삶의 광학 47, 91, 239
삶의 도구 88, 215, 240
삶의 원리 6, 88, 148
삶의 형식 65, 161, 165
상상의 복수 123, 211
상상적 인과성 106, 110
생성 48, 52, 183
샤흐트 86, 153, 160, 163, 165, 173
선악의 저편 32, 73, 78, 146, 167, 177
선택적 강조 84
성직자적 철학자 235
셸러 220, 224
소크라테스주의 113
쇼펜하우어 110, 115, 141, 230, 232

슈리프트 33
슈티르너 65
승화 71, 184
시시포스 64
신체적 토대 58
신체화된 경험 84, 93, 168
신체화된 관점주의 46, 60, 63
신학자-본능 37, 42, 112, 221, 231, 233, 237, 244
실재론 68, 82, 93, 96
실재론자 83
실재성 119, 221, 228, 231, 234, 236, 244
실체론적 자연주의 156, 158
심리학주의 227

(ㅇ)

아이러니 51, 52, 56, 188
아이러니스트 6, 55, 56
아이러니즘 55, 56
앨더만 33
야스퍼스 220, 222
양심의 가책 129, 133, 203, 204, 209
언어의 우연성 46, 57, 63
엘갓 207
역사-발전적 자연주의 161
연속성의 원리 58

영미 철학 7
영상도식 62
오웬 214
완성된 주체성 50
완전주의 171
우연성 6, 45, 51, 56, 60, 63, 160
우연성의 철학 45, 51
원한 123, 195, 201, 205, 209, 213, 217, 220, 224, 230, 237, 244
원한의 인간 202, 209, 210, 213, 217, 230, 243
위버멘쉬 50, 55, 57, 60, 63
윌리엄스 8, 77
유토피아 이론 187, 196
윤리 8, 68, 76, 82, 90, 104, 131, 162
윤리적 비도덕주의 69, 75, 80
윤리적 전환 97, 192
은유 51
은유적 투사 62
의도된 도덕 42, 91, 106
의무 윤리학 110, 111
의지작용 49, 58
이론 비판가 162
이상주의 42, 88, 187, 228
인간을 위한 도덕 164, 169
인지과학 61, 84, 168, 191
일과적 이론 52

(ㅈ)
자연 111, 175
자연의 도덕적 명법 92, 108, 138, 180, 188
자연적 규범성 92, 96, 108, 167, 176, 182, 188, 191, 193, 197, 220, 239
자연적 도덕 86, 108, 144, 188, 193, 222, 240
자연주의 158, 190, 197
자연주의적 관점 10, 128, 152, 173, 175, 227
전통적 도덕 129, 133, 189
정동 90, 115, 165, 178, 193
정언명법 106, 122
제너웨이 160, 167
존슨 62, 164, 168, 192
존재 망각 22, 28, 38, 39, 50
존재 망각의 역사 23
존재 물음 21, 28, 31, 39, 43
존재 우위 39
존재의 진리 21, 24, 34, 40, 43, 50
존재의 형이상학 23
존재자 우위 39
존재자성 24
종교적 신경증 117
좋은 것 9, 66, 81, 93, 94, 96, 154, 168, 170, 173, 177, 181, 185,

191, 194
좋은 것의 윤리학 10, 68, 94, 96, 153, 172, 174, 192, 197
좋은 것의 정초 67, 81
죄 64, 119, 204, 212, 237
주인도덕 75, 82, 87, 154, 185, 202, 216
주체성의 형이상학 30
진리 23, 27, 35, 41, 45, 47, 51, 56, 61, 89, 101, 108, 113, 130, 135, 166, 228

(ㅊ)

참된 세계 113, 234
창발적 161
철학적 열망 51, 95, 97, 178
체험주의 9, 47, 61, 63, 84, 94, 110, 154, 168, 173, 191
초도덕적 165
초월 191, 220, 224, 243
초월론자 113
초월적 자유 111
초자연주의 156, 158
최고 가치 29, 48, 122
최고선 9, 81, 154
최종적 어휘 57

(ㅋ)

카우프만 19, 31, 38, 41
칸트 37, 45, 55, 101, 110, 165, 180, 221, 234, 240
코스가드 165, 186
코프만 72
콘웨이 57
클락 8, 32, 38, 71, 75, 83
키르케 101, 182

(ㅌ)

타인에 대한 해악 170, 191
탈도덕주의 87
탈신체화된 관점주의 47, 60, 63
탈자연화 119, 236, 242
토대성 45
토대주의적 인식론 45

(ㅍ)

퍼트남 176
포괄자 225
폴너 206
푸코 8, 66, 82
풋 70, 79, 128
풍습 89, 103, 110, 128, 131, 135
풍습의 윤리 90, 103, 129, 131, 136

프로이트 54, 160
플라톤주의 30, 42, 54, 155
필연적 관점주의 50
핑크 20

(ㅎ)
하버마스 6, 151
하이데거 6, 19, 50, 54
허구세계 221, 236
허구적 도덕 119, 236
허구적 종교 119, 236
허무주의 19, 23, 27, 31, 40, 46, 47, 51, 61, 63, 170, 178, 233, 239
현대성 152, 233
혐오 201, 212, 216
형이상학 21, 22, 43, 50, 128
환원주의 162, 228, 238, 244
후진운동 22, 39, 43
힘에의 의지 21, 25, 26, 31, 41, 47, 49, 54, 57, 60, 63, 161, 165, 181, 185, 188, 193, 196, 210, 225, 232, 241
힘에의 의지의 형이상학 6, 21, 26, 34, 43

니체와 도덕
허무의 극복과 도덕 비판

전경진 지음

초판 1쇄 발행 2025년 6월 20일

펴낸이 이나연
펴낸곳 새날출판사
출판등록 제1988-000002호(1988.5.17.)

주소 광주광역시 동구 문화전당로 23번길 5-19
전화 062-223-0029 전자우편 sn29@hanmail.net

ⓒ 새날출판사, 2025
ISBN 978-89-92422-64-2(93160)
값 18,000원

*저자와의 합의하에 인지는 생략합니다.